現代流通の諸相

坂本 秀夫 著

はしがき

　本書は拙著『現代流通の解読（三訂版）』（同友館，平成20年）をベースとして執筆したものである。

　流通を取り巻く状況が水の流れの如く刻々と変化するのは周知の通りであるが，前著刊行後，大きな状況変化があった。中心市街地の空洞化問題（都市の空洞化問題）やフードデザート問題（食の砂漠化問題）とも密接に関連する「新たな」零細小売業問題の発生，零細小売店（とりわけ１～２人規模店）の激減現象と近隣型・地域型商店街の崩壊現象のさらなる進行，再改正中心市街地活性化法の成立を中心とする政策変化，「平成26年・商業統計速報」の公表等々がそれである。

　以上のような事情から前著を改訂せざるを得なくなったわけであるが，データ面の一新も含めて改訂作業を進めていくうちに，単なる改訂版の域をはるかに超えることとなってしまった。したがって，この際，『現代流通の諸相』と書名も一新して公刊することとなった次第である。

　本書の大きな特徴は，以下の諸点に示すように，流通論として確保されるべき不変的な部分は保持しつつも，近年の日本の流通を大きく規定する価格破壊現象，流通の国際化，流通規制緩和，「新たな」零細小売業問題の発生などにも光を当てて，これらを流通弱者，国民本位の立場から解明し，あわせて，中小流通業者の生き残り策やあるべき流通政策の姿を求めての具体的提言も行っているところにある。

① 流通論として確保されるべき不変的な部分……第１章，第２章，第３章，第４章，第６章，第７章，第11章
② 近年の日本の流通を大きく規定する諸問題に関する実態分析……第５章，第８章，第10章，第12章，第13章
③ 中小流通業者の生き残り策に関する提言……第５章，第８章
④ 中小商業問題（「新たな」零細小売業問題を含む）に関する分析……第９章，第10章

⑤　流通政策に関する分析と提言……第14章，第15章

　本書の多くの章は著者の既発表論稿を中心にとりまとめたものである。しかし，それらの大半の章は加筆修正または削除が施され，再編成されており，なかにはほぼ原型をとどめていないものもある。なお，既発表論稿のタイトルおよび初出文献は各章・節・項の末尾にすべて明示されている。あわせて参照されたい。

　本書が大学生諸君の学生教材として，また研究者，実務家諸氏の参考資料としていささかなりとも役立つのであれば，著者としてこれ以上の喜びはない。

　最後になったが，出版事情がきわめて厳しい折，いつものことながら，出版の機会を快く与えてくださった同友館代表取締役の脇坂康弘氏，そして著者の粗雑な原稿を整理し，編集の労をとっていただいている佐藤文彦氏には，改めて深く感謝の意を表する次第である。

　平成27年8月24日

　　　　　　　　　　　　　　　　　　　　　　　　　坂　本　秀　夫

目　次

はしがき

第1章　流通，商業，およびマーケティングの概念　1
第1節　流通の概念　1
第2節　商業の概念　3
第3節　マーケティングの概念　7
第4節　流通，商業，およびマーケティングの相違・関連　12
　第1項　流通と商業の相違・関連　12
　第2項　流通とマーケティングの相違・関連　13

第2章　流通およびマーケティングの研究方法　15
第1節　伝統的アプローチ　15
　第1項　制度的（機関的）アプローチ　15
　第2項　商品別アプローチ　16
　第3項　機能的アプローチ　17
第2節　現代マーケティング論の研究方法──近代的アプローチ──　18
　第1項　マネジリアル・アプローチ　18
　第2項　システムズ・アプローチ　19
　第3項　インターディシプリナリー・アプローチ　20
　第4項　ソーシャル・アプローチ　22
　第5項　エコロジカル・アプローチ　24
　第6項　マルクス経済学的アプローチ　25
第3節　現代流通論の研究方法　26

第3章　流通機構の史的形成　29
第1節　本章の意義　29
第2節　日本の流通機構の変遷　30
　第1項　流通経路の長さ　30
　第2項　卸売業者の機能　34

第 3 項　卸売業者と小売業者とへの分化　35
　　　第 4 項　商業における自由参入　36
　　　第 5 項　店舗営業　37
　　第 3 節　欧米の流通機構の変遷　37
　　　第 1 項　流通経路の長さ　37
　　　第 2 項　卸売業者の機能　41
　　　第 3 項　卸売業者と小売業者とへの分化　41
　　　第 4 項　商業における自由参入　42
　　　第 5 項　店舗営業　42
　　第 4 節　日・欧米の流通機構変遷に関する要約とその比較分析　43
　　　第 1 項　流通経路の長さに関する比較　44
　　　第 2 項　卸売業者の機能に関する比較　46
　　　第 3 項　卸売業者と小売業者とへの分化に関する比較　48
　　　第 4 項　商業における自由参入に関する比較　49
　　　第 5 項　店舗営業に関する比較　49
　　第 5 節　総括　50

第 4 章　卸売業の概念および分類とその役割　55

　　第 1 節　卸売業の概念と基本機能　55
　　　第 1 項　卸売業の概念　55
　　　第 2 項　卸売業の基本機能　56
　　第 2 節　卸売業の分類　58
　　第 3 節　卸売業の社会的役割　64
　　　第 1 項　集荷分散機能　64
　　　第 2 項　需給結合・調整機能　65
　　　第 3 項　社会的流通コスト節減機能　65
　　　第 4 項　社会的危険負担機能　67
　　　第 5 項　卸売業に求められる新たな役割　67

第5章　卸売業における構造・環境変化と生き残り方向　71

第1節　卸売業の構造変化　71
第2節　卸売業を取り巻く環境変化　76
　第1項　メーカー主導型流通の崩壊　77
　第2項　メーカー・小売業者間の取引形態の変化　79
　第3項　流通情報システム化の進展　80
　第4項　流通の国際化の進展　82
第3節　今後の卸売業（中小卸）の生き残り方向　83
　第1項　物流・情報機能の高度化　83
　第2項　リテイル・サポート機能の強化　84
　第3項　メーカー・サポート機能の強化　85
　第4項　独自の事業領域の確保　86

第6章　小売業の概念および分類とその役割　91

第1節　小売業の概念と基本機能　91
　第1項　小売業の概念　91
　第2項　小売業の基本機能　92
第2節　小売業の分類　94
第3節　小売業の社会的役割　103
　第1項　消費者に対する役割　103
　第2項　生産者・卸売業者に対する役割　104
　第3項　地域社会に対する役割　104

第7章　小売業における主要業態と経営方式　107

第1節　既存研究における業態論　107
第2節　小売業の業態認識とタイプ分類　109
第3節　小売業態の生起・発展理論　112
　第1項　小売の輪仮説　112
　第2項　真空地帯仮説　114

第3項　小売アコーディオン仮説　116
　第4項　弁証法仮説　117
　第5項　小売3つの輪仮説　118
　第6項　小売ライフ・サイクル仮説　120
　第7項　各仮説に共通した問題点と総括　122
第4節　主要小売業態　123
第5節　チェーン・オペレーション　132
　第1項　レギュラー・チェーン　132
　第2項　ボランタリー・チェーン　133
　第3項　フランチャイズ・チェーン　135

第8章　小売業に進む構造変化と中小小売業の生き残り方向　139

第1節　小売業に進む構造変化　139
　第1項　商業統計上の分析　139
　第2項　商店街の崩壊現象　143
第2節　中小小売業の生き残り方向　148
　第1項　個店としての対応戦略　148
　第2項　商店街としての対応戦略　153
　第3項　組織化による対応戦略　157
　第4項　有効なまちづくりに向けての課題・提言　159

第9章　大型店問題調整の展開プロセス　163

第1節　戦前の大型店問題　163
　第1項　大型店問題の発端　163
　第2項　反百貨店運動と第1次百貨店法の制定　165
第2節　戦後の大型店問題　167
　第1項　中小商業保護路線の時期（昭和20〜35年）　167
　第2項　流通近代化推進の時期（昭和36〜48年）　170
　第3項　摩擦と大店法混迷の時期（昭和49〜59年）　175
　第4項　大店法規制緩和の時期（昭和60年〜）　178

第10章　零細小売商業施設の諸問題と存在意義　187

　第1節　本章の意義　187
　第2節　零細小売業問題の意味　188
　　第1項　従来の零細小売業問題　188
　　第2項　新たな零細小売業問題の発生　190
　第3節　零細小売商業施設の捉え方　195
　第4節　零細小売商業施設の存在意義　198
　第5節　総括　203

第11章　メーカーのチャネル戦略　205

　第1節　流通チャネルの概念と類型　205
　　第1項　流通チャネルの概念　205
　　第2項　流通チャネルの類型　207
　第2節　流通チャネルの決定要因　208
　第3節　チャネル政策の主体と体系　209
　　第1項　チャネル政策の主体　209
　　第2項　メーカーのチャネル政策　212
　　第3項　チャネル政策の体系（メーカーの場合）　214
　第4節　流通チャネルの系列化　218
　　第1項　流通チャネル系列化の諸方式　218
　　第2項　流通チャネル系列化の諸問題　220
　第5節　複合的チャネル政策の展開　222

第12章　価格破壊と流通　229

　第1節　価格破壊のルーツ　229
　第2節　価格破壊のメカニズム　230
　　第1項　価格破壊の発生要因　230
　　第2項　各要因別分析　232
　第3節　価格破壊の影響　239

        第1項　消費者の反応　239
        第2項　中小小売業に対する影響　242
    第4節　中小小売商への提言　245

第13章　流通外資の日本進出とその影響　247
    第1節　流通の国際化の形態　247
    第2節　流通外資の進出背景　251
        第1項　進出を阻止してきた要因　251
        第2項　進出を阻止してきた要因の崩壊　254
    第3節　流通外資の進出状況　256
        第1項　トイザらスの進出　256
        第2項　1990年代以降における主な流通外資の進出動向　258
        第3項　勝ち組外資と負け組外資　262
    第4節　巨大流通外資の日本市場攻略戦略　266
        第1項　国外進出の動機　266
        第2項　日本市場攻略戦略　268
        第3項　日本市場での成功の可能性　272
    第5節　流通外資進出の影響予測　274

第14章　流通政策の体系と小売流通政策　279
    第1節　流通政策の体系　279
        第1項　市場原理重視型流通政策　279
        第2項　社会政策組込型流通政策　282
        第3項　「まちづくり」視点重視型流通政策　284
    第2節　小売流通政策の変遷　286
    第3節　規制緩和と国際流通政策　289
        第1項　進みゆく規制緩和の本質　289
        第2項　政府による国際流通政策の動向　292
        第3項　国際流通政策のあるべき姿　296

第15章　流通政策の大転換　299

第1節　本章の意義　299
第2節　大店法規制緩和（撤廃）批判の論拠　300
第3節　大店法廃止と新法制定　305
　第1項　ポスト大店法の新たな法体系　305
　第2項　大店立地法の概要　306
　第3項　大店立地法の分析　309
　第4項　大店立地法施行後の状況　314
第4節　まちづくり3法の改正　320
　第1項　まちづくり3法改正の背景　320
　第2項　まちづくり3法改正への流れ　321
　第3項　改正まちづくり3法のポイント　322
　第4項　再改正中心市街地活性化法のポイント　325
第5節　政策的提言　328

主要参照文献　334

事項索引　345

人名・団体名索引　354

第1章　流通, 商業, およびマーケティングの概念

第1節　流通の概念

「流通」の類似語として「商業」および「マーケティング」を挙げることができるが, まず流通の概念について概観しておこう。

結論から先にいえば, 流通とは生産と消費とを結びつけるものである。自給自足経済のもとでは, 生産と消費は未分化であり, したがって両者を結びつける流通は不必要であり, 存在もしない。しかし, 社会の進展に伴い, 分業が拡大したことの結果として, 生産と消費との間の距離はしだいに大きくなり, 両者を架橋するものが必要になった。その役割を果たすものが流通である。

生産と消費との間の距離は, 以下の6つに分けて考えることができる。

① 社会的距離（人的懸隔）：生産者と消費者が別人であるということを意味する。
② 地理的距離（場所的懸隔）：生産地と消費地が異なることを意味する。
③ 時間的距離（懸隔）：生産の時期と消費の時期にずれがあることを意味する。
④ 数量的距離（懸隔）：量的な生産の単位と消費の単位とが個別的に一致しないことを意味する。
⑤ 品質的距離（懸隔）：商品の品質面で不揃いのものや特定のものを供給されても, 消費者は満足しないことを表す。
⑥ 情報的距離（懸隔）：生産者は消費の事情に疎く, 逆に消費者は生産の事情に暗いことを指す。

さて, 生産と消費との間の距離が小さいうちは流通も単純で, 初歩的な機能を営むだけで足りるが, その距離が拡大するにつれ, 流通活動も複雑にならざ

るを得ないし，また流通活動がさまざまな人々によって分担されるようになる。すなわち，流通の内部でも社会的分業が発生するわけである。たとえば，小売業と卸売業とへの分化，1次卸と2次卸とへの分化，産地卸と消費地卸との分化，あるいは売買を中心にした商流（商的流通，取引流通）と，輸送，保管を中心にした物流（物的流通）との分化がその例である。この流通に関する分業の社会的機構が流通機構である。なお，マルクス（Marx, K.）は『資本論』のなかで，商流を「純粋流通」という用語で表現している。マルクス経済学では，『資本論』以来，輸送や保管は「流通過程にまで延長された活動」であるとして，若干の意義を認めているが，売買を中心にした「純粋流通」は社会的空費であるとしている。

流通の具体的活動は，商流と物流の2つに大別することができる。昔は商流

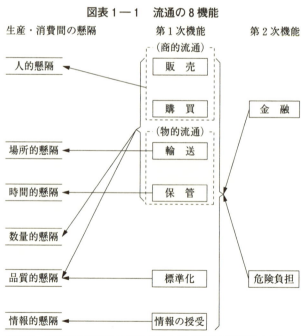

図表1−1 流通の8機能

（資料）商業施設技術体系編集委員会編『商業施設技術体系』
（社）商業施設技術団体連合会，平成3年，11頁。

と物流が一体化して商業者によって営まれていたが，今日では，社会的分業の進展とともに，商流は商業者によって，物流は物流専業者と呼ばれる輸送業者や倉庫業者によって営まれるケースも少なくない。そして，こうした基本的な流通活動すなわち商流と物流を補完するものとして，情報活動や金融活動，あるいは保険業務などが行われるわけである。

なお，流通の主要機能を図示すると，図表1―1のようになる。本図表の分類は次節で触れるクラーク（Clark, F. E.）による商業機能の分類とほぼ照応しているが，流通機能すなわち商業機能といっても過言ではない。

第2節　商業の概念

商業とは何か。『広辞苑』によれば，商業とは「商品の売買によって生産者と消費者との財貨の転換の媒介をし，利益を得ることを業とするもの」と記載されている。そこには，以下3つの意味が含まれている。すなわち，①商品の売買を行うこと，②生産者でも消費者でもない第三者的な中間媒介の立場にあること，③営利を目的として事業が行われること，がそれである。

商業について一般的に理解すれば以上のようになろうが，これを学問的に理解していくと，以下のようにさまざまな見解がある[1]。

(1) **交換説**

交換説とは，商業の本質は商品の交換にある，とする見解である。自給自足経済の場合には，商業はもちろん存在しない。しかし，社会的な分業が発生し，生産と消費とが別人格によって行われるようになると，生産から消費へと商品を移転するための交換が必要となってくる。交換は生産によって造出された価値を生産から消費へと移転する活動であり，固有の活動領域を有するものである。このような交換を商業の本質であると主張するのが，交換説の特徴である。

しかし，交換という行為は何も商業独自の活動ではなく，交換説をもって商業の本質を把握すると，偶発的，臨時的な交換，そして商人以外の人々による交換も商業となり，固有の商業が曖昧となる。また，機能的にみて，交換は商

業の中核ではあるが，交換だけでは商業を正当に捉えることは不可能である。

交換説は，商業を専門の業とする商人の出現により，評価されなくなった。

(2) 営利説

営利説とは，商業の本質は利益の追求にある，とする見解である。たとえば，「商業とは，独立の生産によらずに財貨を購入し，商人自らこれに本質的変化を加えずに売却することにより，利潤を求める営利行為である」とする生産営利区別説や，「商業とは営利の目的をもって財貨を購入し，これを加工せずに販売することを業として行うことである」とする再販売購入行為説などは代表的な営利説である。

しかし，営利説に対しては，以下のような点で批判が生ずる。①資本主義社会においては，営利の追求は商業だけに限定されたものではない。②商業には，国・地方公共団体による公営商業，消費生活協同組合（consumers' cooperative）による商品の共同購入など，必ずしも営利を目的としない商業もある。③商業は生産から消費への商品の移転という社会的な活動であり，必ずしも営利目的を動機としていない。④商業は営利目的をもって活動するという主張のために，商業本来の役割や機能を不当に低く評価する社会風潮をもたらした。

営利説は商業に対する有力な説として唱えられてきたが，以上のような批判からも明らかなように，営利説でもって商業の本質を説明することは不可能である。

(3) 生産説

生産説とは，商業は商品の時間的効用，場所的効用，および所有の効用を造出するから，商業は生産的である，とする見解である。たとえば，「経済財の時間的・場所的欠如を克服することを任務とするから生産的である」とか，「商業とは，時間的，場所的，および所有の効用の創造に含まれるあらゆる活動である」といった主張がそれである。

しかし，商業ははたして生産的であるであろうか。そもそも生産の側が創造するのは商品としての使用価値であり，これに対して商業の側が創造するのは商品の交換価値である。それゆえに，価値の創造とはいっても，両者は本質的

に異なっている。

生産説は商業が果たしている役割——交換価値の創造——を明確にした点では確かに評価できようが，反面，商業固有の領域を曖昧にしてしまった。

(4) **配給組織体説**

配給組織体説とは，「財貨を生産から消費へ流すのが配給であり，配給を一定の秩序のもとに継続的に行うのが商業である」とか，「財貨の人的移転は人間の労働によって行われるが，この労働が統一的意思のもとに組織されるとき，この組織体を商業という」といった見解である。配給組織体説の特色は，①生産から消費へと商品を移転する活動を配給として捉えている点，②この配給を継続的に行う組織を商業としている点，にある。

しかし，配給組織体説に従うと，生産者商業や消費者商業もすべて商業に包含されることになり，固有の商業とは何かが曖昧になる。また，配給の対象を財貨としているが，財貨では範囲が広すぎる。

結局，配給組織体説においては，商業が果たす活動を生産活動や消費活動とは異なる配給という独自の概念として捉え，この配給を専門の業とするのが商業であることを明らかにしている点では高く評価できるが，生産者商業や消費者商業との区別の点で曖昧さが残る。

(5) **取引企業説**

これは，福田敬太郎氏の見解である。福田氏は，「商業の商は取引行為を意味し，業は経営体を意味する。あわせて取引行為経営体，すなわち取引企業を意味する。取引客体は，商品という有体財だけでなく，資本や用役のような無体財も含む。また取引形態は売買だけでなく，賃貸取引や用役の授受取引も含む」と定義している。

取引企業説は商業を生産や消費と峻別し，取引という商業固有の活動を専門に遂行する営利組織であるとした点は高く評価できるが，しかし，商業の取引客体および取引方法を拡大しすぎて，商業固有の領域を曖昧にしている点で不満が残る。

以上，商業とは何かという商業の本質に関する諸見解を紹介してきたが，いずれの説においても一長一短がある。結局，商業とは何かを規定する場合に

は，①経済体制，②経済発展の段階，③産業構造，④情報化の段階，⑤文化，⑥歴史，⑦国民性，など各種の要因を総合的に考量したうえで規定すべきであると思われるが，宮原義友氏は，現在の日本の商業を研究対象とし，これを以下のように定義している[2]。

広義商業：「商業とは経済財の取引を通して生産と消費とを調整し，再統合を図ることを専門の業とする取引企業である」。広義商業における取引主体は取引企業であり，取引客体はすべての経済財である。また，取引方法は自己売買，委託売買，代理取引，仲介取引，賃貸取引のすべてを含む。取引地域は国内市場，海外市場とも含む。

狭義商業：「商業とは商品の取引を通して生産と消費とを調整し，再統合を図ることを専門の業とする取引企業である」。狭義商業における取引主体は取引企業，取引客体は有形財であるが，有形財のなかでも市場向けに生産された商品を意味し，無形財であるサービスは除かれる。取引方法は自己売買，委託売買，代理取引，仲介取引を含むが，賃貸取引は除く。取引地域は国内市場，海外市場を含むが，日本の商業研究という立場からは，国内市場を取引対象とする商品売買業が研究対象となる。

以上をまとめて示したのが図表1―2である。本図表から明らかなように，

図表1―2　商業の領域

```
        ┌ 商品売買業  ┌ 貿易商品売買業―貿易商社，総合商社
    広 │ （狭義商業）│ 国内商品売買業 ┌ 直接商業（卸売業，小売業）
        │            └               └ 中継商業（問屋，商品仲介人，代理商）
        │ 広告・販促代理業（広告代理業，販促代理業）
    義 │ 情報機関（市場調査機関，情報処理機関）
        │ 通 信 業（通信・電話業，放送通信業，出版業）
        │ 運 送 業（陸上，海上，航空の各運送業）
    商 │ 倉 庫 業（営業倉庫業）
        │ 金 融 業（銀行業，信託業，証券売買業など）
        │ 取 引 所（商品取引所および証券取引所）
        │ 保 険 業（生命保険業および損害保険業）
    業 └ 各種仲介業
```

（資料）　宮原義友「総論」宮原・望月・有田著『商学総論』同文舘，昭和62年，26頁。

広義商業は多岐にわたっている。商業の商品取引という視点に立てば,広告・販促代理業以下各種仲介業までを機関商業または傍系商業と称する。

なお,商業機能は,クラーク(Clark, F. E.)によれば,①商流機能(交換機能)(購買および販売),②物流機能(輸送,保管,および通信),③助成的機能(金融,危険負担,市場情報,および標準化),に大別できる[3]。

1) 詳しくは,宮原義友「総論」宮原・望月・有田著『商学総論』同文舘,昭和62年,10-15頁を参照されたい。
2) 詳しくは,同論文,24-28頁を参照されたい。
3) F. E. Clark, *Principles of Marketing*, Macmillan, 1947, p. 13.

第3節　マーケティングの概念

マーケティングは,今世紀初頭のアメリカにおいてその端緒的研究をみたが,その最初の体系的研究は,ショー(Shaw, A. W.)の論文「市場配給の若干の問題点」(1912年)にみられる。以来,実にさまざまなアプローチによってマーケティングの研究は進められてきているが,日本にマーケティングが本格的に導入され始めたのは,1950年代に入ってからのことである。その後,日本のマーケティングはめざましい発展を遂げ,いまや世界の最高水準に達するまでになったといっても過言ではない。それを裏づけるかのように,今日,各国で日本の経営およびマーケティングに対する関心が高まっている。

この半世紀に近い日本のマーケティング研究の歴史を振り返るとき,そこには実に多様な,そして幅広い研究努力と経験の積み重ねを通じた,マーケティングの確立過程をみることができる。事実,この間,この分野での高度な専門書も数多く公刊されている。

しかし,「マーケティング」はもとより実学的側面がきわめて濃厚な学問分野であり,そのことを考慮すれば,マーケティングの発展もその理論と実践との密接な連繋があって初めて可能になるものである,といえる。したがって,マーケティングの基礎理論といわれるものも時代や環境の変化とまったく無関係に普遍的に存在するものばかりではない。

とはいえ，現段階では，マーケティングとはどのように定義できるのか。また，その基本はどこに求められるのか。以下，これらの点について，論を進めよう。

マーケティングとは何かと問われても，その定義の仕方については，前述したように学問としての歴史が浅いせいもあって，研究者，研究機関によってまちまちである。ここでは，権威あるマーケティング研究機関であるアメリカマーケティング協会（American Marketing Association，略称 AMA）と日本マーケティング協会（Japan Marketing Association，略称 JMA）による最新の定義を概観しておこう。

まず，AMA のマーケティング定義であるが，1935年（昭和10年）に最初の公表が行われて以来，1948年（昭和23年），1960年（昭和35年），1985年（昭和60年），2004年（平成16年），2013年（平成25年）と5回にわたる定義改訂が試みられている。

最新の2013年（平成25年）の定義では，「マーケティングは，顧客，クライアント，パートナー，社会全般に対して価値ある物を創造し，伝達し，提供し，交換する活動，一連の組織および過程である」と，規定されている。後述の2004年（平成16年）定義，1985年（昭和60年）定義よりは難解ではないものの，マーケティングの媒介物が「価値ある物」というのでは，あまりにも抽象的に過ぎる。また，後述するマーケティングの4本柱である4Pをまったく考慮していない点でも疑問が残る。

なお，2004年（平成16年）の定義では，「マーケティングは，組織とそのステークホルダー（利害関係者）にとって有益となるよう，顧客に対して価値を創造，伝達，提供し，顧客との関係性を構築するための組織的な働きと一連のプロセスである」と，規定されている。この定義の意味するところは，マーケティングの実施主体がマーケティングによって顧客とのコミュニケーションをいかに継続的に確保・推進するかを考慮・検討すること自体がマーケティングの本質である，ということである。しかし，4Pをまったく考慮していない点や，マーケティング固有の領域が判然としない点などで，大きな疑問が残る。

また，1985年（昭和60年）の定義では，「マーケティングは個人や組織の目

的を満たす諸交換を創造するために，アイデア，財，サービスの着想，価格，プロモーション，流通を計画・実行する過程である」と規定されている。きわめて大雑把ではあるが，かみくだいていえば，要は「マーケティングとは，財（製品）やサービス，アイデアなどの交換もしくは交換過程である」ということである。この85年定義には，以下に示すいくつかのポイントがある。すなわち，①計画・実行の過程として経営管理志向を採用していること，②営利活動のみならず非営利組織の活動を含め，同時に財（製品）に加えて，アイデアやサービスを同列に対象として扱っていること，③マーケティングを交換創造活動として総括型で捉えていること，④多様な目的を認めて，その満足化を目指すものと規定したこと，などである。

しかし，85年定義については，近年のマーケティングの境界論争や領域論をかなり反映したものではあるが，一方でマーケティングのマクロ的規定を弱めた点，マーケティング経済活動固有論を排除した点など，なお反論の余地がある，とする研究者もいる。ちなみに，48年・60年定義では，マーケティングとは「生産者から消費者あるいは使用者への財およびサービスの流れを管理する諸事業活動の遂行」であると，規定されていた[1]。48年・60年定義に基づくのであれば，要は，マーケティングとは「生産と消費とを結びつける諸活動である」と規定される。

次に，JMAのマーケティング定義であるが，平成2年（1990年）に誕生している。定義は下記の通りである。

「マーケティングとは，企業および他の組織[i]がグローバルな視野[ii]に立ち，顧客[iii]との相互理解を得ながら，公正な競争を通じて行う市場創造のための総合的活動[iv]である」

 i) 教育・医療・行政などの機関，団体を含む。
 ii) 国内外の社会，文化，自然環境の重視。
 iii) 一般消費者，取引先，関係する機関・個人，および地域住民を含む。
 iv) 組織の内外に向けて統合・調整されたリサーチ・製品・価格・プロモーション・流通，および顧客・環境関係などにかかわる諸活動をいう。

JMAのマーケティング定義は，定義としてはやや煩雑すぎるきらいもある

が，逆にいえば，それだけ緻密であるということでもある。JMA の定義の意味するところは，総括的に表現すれば，組織内・外における「顧客関係の創造・維持・発展」というキーフレーズに集約することができると考えられる。

さて，マーケティング理論においては，とくにアメリカにおいてマネジリアルな視点の理論化，一般化が進められてきた。戦略的に利用できる形に体系化することはまだ不充分であるが，それら諸構成要素の分類，整理は一応の成果をみせている。

マーケティング事象の諸構成要素の分類，整理には，ボーデン（Borden, N. N.），レイザー（Lazer, W.），コトラー（Kotler, P.），マッカーシー（McCarthy, E. J.）などによりさまざまなアプローチが採られているが，いずれのモデルにおいても，ニュアンスの差はあるものの基本的に大きな相違はない。これらのマーケティング・モデルのなかで最もポピュラーかつ簡潔なのは，マッカ

図表1―3　マーケティング事象の分類

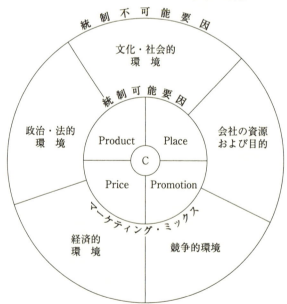

（資料）　E. J. McCarthy, *Basic Marketing*, 6th ed., Irwin, 1978.
　　　　（p. 36と p. 40の合成図）

ーシーのモデルである。

　図表1―3に示すように，マッカーシーは，マーケティング事象をマーケティング・マネジャー（マーケティング担当の管理者）にとってコントロール可能な要因と不可能な要因とに大きく2分している。コントロール可能な要因は，① product（製品），② place（場所）[2]，③ promotion（プロモーション）[3]，④ price（価格）の4変数である。これは広く用いられている有名な4P理論であるが，4Pはマーケティングの4本柱であり，マーケティング・ツールとしてマーケティング・ミックスを構成する。マーケティング・マネジャーは，この4PをCで示されている顧客（customer）に向けて使用する。その際，マーケティング・マネジャーはコントロールできない5変数，すなわち①文化・社会的環境，②政治・法的環境，③経済的環境，④競争的環境，⑤会社の資源および目的を考慮に入れなければならない。顧客は4Pによって強く影響を受け購買行動をするが，どのように行動するかは4Pだけでなく，マーケティング・マネジャーにとってコントロールできない変数によっても強く作用される。マーケティング・マネジャーにとってコントロールできないこれらの諸変数をまとめて，マーケティング環境という。

1) 1960年（昭和35年）の定義改訂では，定義の本文についてではなく，定義に付されたコメントについて若干の改訂が行われた。すなわち，1948年（昭和23年）の定義に付されたコメントでは，パッケージング以外の製品計画を生産活動の領域に入るものとしてマーケティング活動の範囲外と規定していたが，1960年（昭和35年）のコメントでは，パッケージング以外の製品計画をもマーケティングの領域内活動と認め，さらにマーケティング・リサーチ，輸送，クレジットなどに関する活動をマーケティングの領域内活動として追加するということが明示された。これは，1950年代の後半からマネジリアル・マーケティングの発想が急速に抬頭し，製品計画がマーケティングの中枢として重視され始めた動きを反映したものである。

2) この言葉はゴロ合わせ的に用いられた色合いが濃く，本来は流通（distribution）あるいは流通経路（channel of distribution, distribution channel）というべきものである。マッカーシーの定義によれば，標的市場へ正しい製品を届けるプロセスのことである。

3) プロモーションとは，通常，広義の販売促進を指すが，それには人的販売

（personal selling），広告（advertising），パブリシティ（publicity），およびセールス・プロモーション（sales promotion）が含まれる。なお，セールス・プロモーションとは，通常，狭義の販売促進を指す。

第4節　流通，商業，およびマーケティングの相違・関連

以上，「流通」，「商業」，および「マーケティング」という3つの用語の概念を概観してきたが，さらに理解を深めるために，本節では，流通と，その類似語である商業およびマーケティングとの相違・関連を探っていこう。

第1項　流通と商業の相違・関連

本項では，商業のうち便宜的に，直接商業である卸売業と小売業とを取り上げて，流通との相違・関連を概観していこう。

図表1―4から明らかなように，かりに小売価格100円の商品があり，その生産コストが40円であるとすれば，流通コストは60円である。ところが，40円で生産した商品をメーカーが20円のマージンを取って卸売へ販売し，卸売が10円のマージンを取って小売へ，さらに小売は30円のマージンを取って100円で消費者に販売したとする。この場合，卸売マージン10円と小売マージン30円の計40円が商業コストとなる。すなわち，「流通」には60円，「商業」には40円がコストとして計上できるということで，明らかに「流通」と「商業」は区別し

図表1―4　流通と商業の相違・関連

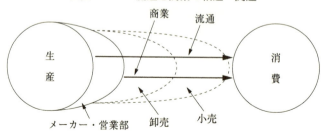

（資料）　拙著『日本中小商業の研究』信山社，平成元年，86頁。

なければならない[1]。

　端的にいうならば，生産と消費とを架橋するものが「流通」であるのに対し，生産者と消費者とを架橋するものは「商業」である。商業者は商品の流通ないし取引の場である市場において，仕入と販売，すなわち再販売購入活動を通じて流通上の主要な役割を演じ，社会に貢献し，そして，その報酬として利益＝利潤を手中にする。商業は流通の一部として位置づけることができる，ということである。

　1）「流通」と「商業」の相違について，以上は，宇野政雄「流通新時代における競争・協調・コンフリクト」『流通コンフリクトの研究』早稲田大学産業経営研究所・産研シリーズ第8号，昭和57年，1-2頁を参照している。

第2項　流通とマーケティングの相違・関連

　本項では，流通とマーケティングの相違・関連を概観することとする。なお，本項でいう「マーケティング」とは前述のAMAの1948年・60年のマーケティング定義，すなわち「生産と消費とを結びつける諸活動」を意味するものとする。

　「流通」も「マーケティング」も，広義に解釈すれば，財貨の社会的移転を行うという意味で同義語である。しかし，財貨の移転には，社会経済的な現象として大きな視野から捉えようとする側面と，これに関係する個人や組織体の企業経営的な活動として個別的に捉えようとする側面とがある。狭義に解釈すれば，前者のマクロ面が「流通」であり，後者のミクロ面を「マーケティング」であるとするのが一般的である。

　以上を図示すれば，図表1―5の通りとなる。

　なお白髭武氏は，流通とマーケティングの相違・関連について，引用がやや長くなるが，以下のように述べている。「生産されたものが消費されるまでの社会経済的過程は流通であり（傍点坂本），流通を担当し，促進することを配給という。マーケティングとは（傍点坂本），従来，このような配給をさすことが多く（傍点坂本），商業を中心とする配給現象の中に，製造業による配給活動の占める役割が顕著となるにつれて，独占的大規模製造業の実践する配給

図表1－5　流通とマーケティングの相違・関連

（資料）　図表1－1の文献，6頁。

をマーケティングと呼ぶこともできた。しかし，マーケティングは，製造した製品の消費者までの配給を含みながらも（傍点坂本），単に製品を移動・供給することではなく，積極的に市場の諸条件に働きかけて，大量販売を推進するものである（傍点坂本）」[1]と。

1)　白髭武『現代マーケティング論』日本評論社，昭和52年，8-9頁。

(付記)

　本章は，拙著『現代マーケティング概論』（信山社，平成5年）の第1章「マーケティングの定義」に加筆修正または削除を施し，再編成したものである。

第2章　流通およびマーケティングの研究方法

第1節　伝統的アプローチ

　流通研究の接近方法（アプローチ）としては，アメリカで開発されたマーケティング論の伝統的アプローチがある。コンバース（Converse, P. D.）は，マーケティング論の研究方法として，①制度的（機関的）アプローチ（institutional approach），②商品別アプローチ（commodity approach），③機能的アプローチ（functional approach），という3つのアプローチを挙げている[1]。本節では，コンバースの類型化に基づいて，これら3つのアプローチの内容を詳述していこう。

1) 詳しくは，P. D. Converse, "Development of Marketing Theory：Fifty years of progress", in H. Wales (ed.), *Changing Perspectives in Marketing*, The University of Illinois Press, 1951, pp. 1-31 を参照されたい。

第1項　制度的（機関的）アプローチ

　制度的（機関的）アプローチとは，流通を担当する機関[1]ないし制度を中心として研究するアプローチである。より具体的にいえば，マーケティング活動ないし流通活動の主体に即して，特定の機関（たとえば卸売業者，小売業者など）の形態，構造，慣習上の特質や機能，およびそれらの進化に焦点を当てるアプローチである。このアプローチの延長上に，マーケティング・チャネル（流通チャネル）概念が生み出されたといえる。

　なお，制度的アプローチの分析で見逃せないものとして，誰がチャネル・システムのリーダーシップをとるのかという問題がある[2]。

　1957年（昭和32年），オルダーソン（Alderson, W.）がチャネルを「組織さ

れた行動システム」(Organized Behavior System：O. B. S.) として理解して以来，今日では，チャネルのシステム性が広く認められている。そうした考え方のなかから新しい概念がいくつか生まれてきたが，そのひとつが「チャネル・キャプテン」(channel captain) という概念である。チャネル・キャプテンとは，チャネル・システム全体を設計し，運営し，管理する責任者を指す。

今日，日本における流通チャネルのタイプは，大きくは①大規模メーカー主導型，②大規模小売業主導型，③卸売業主導型，④消費者（生活協同組合）主導型，の4形態に類型化できる。どの流通機関も流通チャネルのリーダーシップを獲得しようとして，激烈な競争を展開している。なお，近年における日本の流通システムの新しい動向の特徴として，大規模消費財メーカーと大規模小売業とのいわゆる「製販同盟」の動きが注目される[3]。製販同盟の展開は，流通チャネルを主宰する機関と流通システムのあり方を根本から変革する可能性を秘めている。

1) 流通機能を遂行する担い手を流通機関というが，生産者も消費者も流通機関である。生産者と消費者以外の流通機関としては，両者の間に介在する卸売業者〔通産省（現・経済産業省）『商業統計』上は，代理商・仲立業もこれに含める〕，小売業者が挙げられる。そのほか，輸送業者や倉庫業者の物流機関や，商取引や物流活動を促進する通信機関，調査機関，広告機関，金融機関，および販売促進機関などの流通助成機関も流通機関に含むことができる。なお，流通機構の構成員は商流を担当する流通機関に限定し，物流機関や流通助成機関は流通機関に含めない考え方もある。
2) この問題については，第11章第3節で詳述する。
3) 製販同盟を捉える視点やその展開内容，流通システムに対する影響などについて，詳しくは，鷲尾紀吉『現代流通の潮流』同友館，平成11年，200-208頁を参照されたい。

第2項　商品別アプローチ

商品別アプローチとは，流通する商品ないし商品群を中心として研究するアプローチである。より具体的にいえば，特定の商品に焦点を当てて，それらがどのように生産され，また中間業者を経て最終消費者へ流通されるのかを捉え

るアプローチである。このアプローチの延長上に商品分類の研究が生まれたといえるが，現在では他のアプローチと合わせて使われることが多い。

なお，商品の分類法についてであるが，コープランド（Copeland, M. T.）による商品3分類法はあまりにも有名である。コープランドによれば，商品を消費者の購入慣習・動機から分類すると，①最寄品，②買回品，③専門品に大別される。①は最寄りの店舗で習慣的に購入される商品である。たとえば，煙草，洗剤，薬品，新聞・雑誌，多くの食料品などがこれに該当する。②は，消費者が選択と購入の過程において，適応性・品質・価格・スタイルなどを比較・検討するような商品をいう。たとえば，家具，婦人服，紳士服，装身具類などがこれに該当する。③は，消費者が特定のブランドに価格以外の点で特別の魅力を感じて，それに固執し，特別の購入努力をしようとする商品をいう。たとえば，高級時計，自動車，高級家具，絵画などがこれに該当する。

第3項　機能的アプローチ

機能的アプローチとは，マーケティング活動ないし流通活動の果たす機能を中心として研究するアプローチである。より具体的にいえば，販売（需要創造），購買，輸送，保管，標準化と格付，金融，危険負担，情報提供，といったいろいろのマーケティング機能ないし流通機能に焦点を当てたアプローチである。

このアプローチは伝統的アプローチのなかでは最も分析的であるといわれているが，とくに流通が商流（商的流通）と物流（物的流通）という2つの流れから成ることを明らかにした点で大きな功績があった。すなわち，前章で取り上げたクラーク（Clark, F. E.）の分類に従うのであれば，上記の機能のうち，販売（需要創造）および購買は所有権の移転による交換機能（商流機能）であり，輸送および保管は物的な移動による物流機能であり，また標準化と格付，金融，危険負担，および情報提供は以上の諸機能を可能かつ円滑化する助成的機能である。

以上のようなアプローチによる研究はその後も成果をあげ，戦後のマーケティング論ないし流通論の展開に大きく貢献しているが，とりわけ制度的アプロ

ーチ，機能的アプローチは多様な成果を生んでいる。しかし，当時のこうしたアプローチはマクロ視点に立った流通問題解明を中心テーマとしていたため，戦後のミクロ視点のマーケティング問題を解明するものとしては不充分であった。そこで，次節で紹介するような現代マーケティング論の研究方法，すなわちマネジリアル・アプローチ（managerial approach）を始めとして，近代的アプローチといわれるいくつかの研究方法が展開されることとなったのである。

第2節　現代マーケティング論の研究方法[1]
―― 近代的アプローチ ――

第1項　マネジリアル・アプローチ

マネジリアル・アプローチ（managerial approach）は企業視点にたったアプローチである。すなわち，複雑なマーケティング環境に適切に対応していくために，マーケティングを全経営活動のどの部分にも関わり合いのある重要な構成部分として取り扱い，これをトップ・マネジメントの立場から考えていこうとするアプローチである。

　なお，ミクロ・レベルでのマーケティングとは換言すればマネジリアル・マーケティングである。マネジリアル・マーケティングのコンセプトは消費者志向ともいわれるように，消費者のニーズとウォンツに合致した製品を生産することによって企業の最も重要な目的である利潤の達成を図るものである。この考え方は一般的に広く受け入れられており，マーケティング・コンセプトの基本的概念となっている。たとえば，マッカーシー（McCarthy, E. J.）はマーケティング・コンセプトを次のように述べている。「マーケティング・コンセプトの基礎的原理は，企業の内部的活動や資源の利用に主要な力点がおかれるというよりはむしろ，採算のとれる範囲で顧客のニーズに合致するように企業が探索することである。当然のことながら後者の諸要素は重要ではあるが，マーケティング・コンセプトに信頼をおく者たちは次のように考えている。すなわち，顧客のニーズは企業にとって第一義的な力をもつものであり，企業資源はそれら顧客のニーズを満足させることができるように組織化されるべきもので

ある」[2]と。

　経営者は以上のようなマーケティング・コンセプトを正しく理解することによって，マーケティング環境の変化に対応していくことができるのである。

1) 本節は，拙著『現代マーケティング概論』（信山社，平成5年）の第2章「マーケティングの研究方法」の第2節および第3節に加筆修正または削除を施し，再編成したものである。
2) E. J. McCarthy, *Basic Marketing*, 4th ed., Irwin, 1971, p. 27. なお，本書はアメリカでマーケティングの最も標準的なテキストであるとされている。

第2項　システムズ・アプローチ

　システムズ・アプローチ（systems approach）はケリー（Kelley, E. J.）とレイザー（Lazer, W.）によって導入されたものであるが[1]，マネジリアル・マーケティングの概念を具体化するための有効なアプローチである。すなわち，マネジリアル・マーケティングにおいては企業内外の環境への適応行動が重要な課題となるが，システムズ・アプローチはそのための用具として，マーケティングをシステムとして理解していこうとするものである。

　システムズ・アプローチの思想基盤は，オルダーソン（Alderson, W.）の「機能主義」（functionalism）に見出せる[2]。彼はマーケティングが理論たるためには，より現実適合的，より包括的であるべきだと考え，科学としてのマーケティング理論形成の基礎を行動科学に求めた。そしてマーケティング論の対象は，生産物（財および用役）の社会的流通なる現象と，そこにおいて機能する人間（個人および集団）ならびにそれが構成する諸制度の行動であると考え，マーケティング理論体系構築に向けてのアプローチとして，「システムとその産出物に注目し，システムの構造と行動を究明することによってシステム行動の改善方策を統合的に解明する」機能主義を採った[3]。前節でも触れたように，オルダーソンはチャネルを「組織された行動システム」として理解したが，以来，多くの研究者によってチャネルもひとつのシステムであると理解され，今日では，チャネルのシステム性は広く認められている。

　ところで，システムズ・アプローチは元来，自然科学を中心に用いられてい

たものであるが，それは，「①常に諸要因と全体との関連に注目し，②諸要因間の関連態様を明らかにし，③その動的変化に対する諸要因やその相互関連態様の適応的変化の解明に関心をもち，④これら諸関連から構成されるシステム全体の行為効率の改善への方策を究明することを志向する研究方法ないし思考様式である」[4]。このシステムズ・アプローチの特徴は，①下位システムはより上位のシステムに効率的に統合される，②連繋（リンケージ）の概念がある，③経営者の意思決定の不確実性を軽減するために，OR（オペレーションズ・リサーチ）を中心とした科学的分析手法を援用しようとしている，といった点に見出せる。

ケリーとレイザーは，システムズ・アプローチを，異質多様な諸要因から成るマーケティングの世界を「統一的全体として把握するための技法および論理的展開の拠りどころとして利用した」[5]のである。

1) マーケティングへのシステムズ・アプローチは，下記文献においてケリーとレイザーによって明らかにされている。E. J. Kelley and W. Lazer (eds.), *Managerial Marketing : Perspectives and Viewpoints*, 2nd ed., Irwin, 1962.
2) 荒川祐吉「マーケティングの近代理論とその展開」荒川・山中・風呂・村田著『マーケティング経営論』日本経営出版会，昭和42年，28頁。
3) 同論文，21頁。
4) 荒川祐吉『体系マーケティング・マネジメント』千倉書房，昭和41年，71頁。
5) 同書，64頁。

第3項　インターディシプリナリー・アプローチ

インターディシプリナリー・アプローチ（interdisciplinary approach）は複雑多様なマーケティング諸現象の解明を通して，マーケティング・システム全体を体系化していくために，関連諸科学を援用する学際的アプローチである。前項のシステムズ・アプローチとも密接な関連をもっている。このアプローチを積極的に提唱したのもケリーとレイザーであるが，その芽は，1940年代末期，行動科学にマーケティング理論構築の基礎を求めたオルダーソンとコックス（Cox, R.）にあった。

さて，図表2—1は，マーケティングと関連諸科学（経営管理を除く）との

図表2―1　マーケティングと関連諸科学（経営管理を除く）との学際的な関係の評価

関連諸科学	潜在的有用性	視角とアプローチへの有用性	技法，コンセプト，理論開発への有用性	重要な適用性
遺伝学	○	○	○	
OR			○	○
科学哲学		○		
経済学　計量――		○	○	
国際――		○	○	
マクロ――		○	○	
ミクロ――			○	○
経済地理学		○		
言語学	○			
工　学　システム――			○	
電子――		○		
人間――		○	○	
国際関係論		○		
コミュニケーション				
コンピュータ技術				○
社会学				○
農村――				○
社会心理学			○	○
人口統計学				○
心理学　ゲシュタルト――			○	○
行動主義――			○	○
人格――			○	
臨床――			○	○
人類学（社会，文化）	○			
（フィジカル）	○			
数　学			○	○
政治学		○		
精神医学		○		
生態学			○	
生物学	○	○		
地域経済学		○		
天然資源論				
統計学				○
都市計画学	○			
美　学		○		
法　学			○	
倫理学		○	○	
歴史学	○			

＊マーケティングへの包括的な関連諸科学の貢献を評価することは，きわめてむずかしい。さらに，ここに用いられたカテゴリーは，相互排他的なものでもなく，異なる研究者によって異なる見方もなされよう。しかし，この評価から，いくつかの傾向をみることができる。

（資料）　片岡一郎監訳，村田昭治・嶋口充輝訳『現代のマーケティング』丸善，昭和49年，661頁。(W. Lazer, *Marketing Management : A Systems Perspective*, Wiley, 1971.)

学際的な関係の評価を行ったものである。ケリーとレイザーは次のようにいっている。「これら諸科学からの貢献はマーケティングの概念を拡大し，分析手法を改善し，意思決定の効率を高めることによって既存のマーケティング領域に新しい展開を与えるだろう」[1]と。

1) 片岡・村田・貝瀬訳『マネジリアル・マーケティング（下）』丸善，昭和44年，655頁。〔E. J. Kelley and W. Lazer (eds.), *Managerial Marketing : Perspectives and Viewpoints*, 3rd ed., Irwin, 1967.〕

第4項　ソーシャル・アプローチ

ソーシャル・アプローチ（social approach）は「種々のマーケティング活動およびその機関によって生まれる社会的な貢献と費用に焦点をお」[1]くアプローチである。このアプローチは，近年のマーケティングの発達とその社会へのインパクトの大きさに視点をおいたもので，「企業は自己の利益性だけでなく，社会における自己の活動成果についても評価しなければならない」，と考えるものである。すなわち，「製品，コスト，利益は，社会的製品，社会的コスト，社会的利益として評価される必要がある」という理解の仕方にポイントがある。

なお，ソーシャル・アプローチを重視したマーケティングをソーシャル・マーケティング[2]という。ソーシャル・マーケティングは，その発生において2つの研究視角をもっている。第1は，コトラー（Kotler, P.）を中心とする流れであるが，マーケティングの領域の拡大化を図っている[3]。すなわち，従来のマネジリアル・マーケティングの技法を（営利）企業だけでなく，たとえば政府，博物館といった非営利組織にまで応用，拡張していくことによって，より良いサービス，アイデアを提供できれば，社会に大きな満足を与えられるものであり，社会へ貢献できるというものである。第2は，レイザーを中心とする流れであるが，これまでのマーケティング行動に社会的対応が欠如していたという反省のもとに，評価判定基準に社会的利益や社会的価値をおこうとしている[4]。

レイザーの流れを重視すれば，そこで問題視されるのは，具体的には，公

害,計画的陳腐化[5],欠陥商品の販売,広告の信憑性,効率などである。そして,そこにマーケティング監査の強化,倫理コードの見直し,マーケティング・ライアビリティの確立,生活の指標づくり,などの研究が進められている。

さらに,レイザーは次のようにいう。「現代のマーケティングは,概念的には,マネジリアル・マーケティングとソーシャル・マーケティングの両方の面が強調されるメタセオリー(結合理論)として理解できる」[6]と。そしてそこにおいては,システムズ・アプローチとインターディシプリナリー・アプローチが大きな貢献を果たすものとしたうえで,現代マーケティングの構図を図表2―2のように描いている。

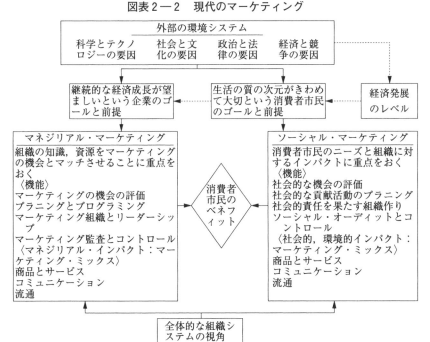

図表2―2 現代のマーケティング

(資料) ウィリアム・レイザー「ソーシャル・マーケティング」村田昭治編著『ソーシャル・マーケティングの構図』税務経理協会,昭和51年,233頁。

1) 村田昭治監修, 和田充夫・上原征彦訳『マーケティング原理』ダイヤモンド社, 昭和58年, 29頁.（P. Kotler, *Principles of Marketing*, Prentice-Hall, 1980.）
2) 類似語として「ソサイエタル・マーケティング」という用語があるが, これは企業の, 社会的影響力を考慮しつつ行う具体的マーケティング活動をいう. なお, 広い意味でソーシャル・マーケティングに含まれることが多い.
3) 詳しくは, P. Kotler and S. J. Levy, "Broadening the Concept of Marketing", *Journal of Marketing*, Vol. 33, No. 1, 1969, pp. 10-15を参照されたい.
4) 詳しくは, W. Lazer and E. J. Kelley (eds.), *Social Marketing : Perspectives and Viewpoints*, Richard D. Irwin, 1973, pp. 2-12 を参照されたい.
5) これは, 企業が製品のスタイルやデザインなどを変更したり, その原材料や製造工程を操作することによって, 既存製品の旧式化, 廃物化を計画的に進め, 新製品の販売機会を創造していこうとする製品政策をいう. それには大別して, ①機能的陳腐化, ②心理的陳腐化, ③物理的陳腐化, という3つの形態があるが, 主として寡占企業が更新需要を刺激・開発する目的で採用する, 既存製品の製品寿命の意識的・計画的な短縮化を目指す活動である, といってよい.
6) ウィリアム・レイザー「ソーシャル・マーケティング」村田昭治編著『ソーシャル・マーケティングの構図』税務経理協会, 昭和51年, 233-234頁.

第5項 エコロジカル・アプローチ

エコロジカル・アプローチ (ecological approach) はマーケティング意思決定にインパクトを及ぼす諸環境の変化と企業がそれに対応する方法に焦点をおくアプローチである. このアプローチは, 古くはオルダーソンによって, また近年ではハロウェイ (Holloway, R. J.) とハンコック (Hancock, R. S.)[1]らによって提唱されている.

エコロジカル・アプローチを重視したマーケティングをエコロジカル・マーケティングというが, 1960年代末頃から, 環境問題の激化とともに, 人間と環境との間に合理的かつ永続性のある関係を樹立することが重要な課題となった. これはエコロジカル（生態学的）な課題であり, これに対応すべく登場したマーケティングの分野がエコロジカル・マーケティングである. 具体的には, 生態学的に有意義な属性をもつ製品, サービスもしくはアイデアを消費者または使用者に受け入れさせるために, 企業や非営利組織が行うマーケティン

グ活動を指す。たとえば，有害物質を含まない新製品の開発と市場への導入，固形廃棄物のリサイクリング経路の構築などをその例として挙げることができる。

なお，エコロジカル・マーケティングの分野の代表的研究者の1人にフィスク（Fisk, G.）がいる。彼は，生態的危機の視点から「責任ある消費」および「責任あるマーケティング」の重要性を認識させると同時に，企業のマーケティングのあり方に重要な示唆を与えている[2]。

1) R. J. Holloway and R. S. Hancock, *The Environment of Marketing Behavior*, Wiley, 1964. など。
2) 詳しくは，下記文献を参照されたい。G. Fisk, *Marketing and Ecological Crisis*, Harper & Row, 1974.（西村・三浦・辻本・小原訳『マーケティング環境論』中央経済社，昭和58年。）

第6項　マルクス経済学的アプローチ

マルクス経済学的アプローチを採る者は，日本において関西系の学者，研究者に多く見受けられる。彼らが規定しているマーケティングとは，寡占メーカーが実践している大量販売の推進活動である。すなわち，今日のマーケティング全体のなかにおいて最も基本的なものは，寡占メーカーが実践しているところの消費財の国内的なマーケティングであるが，この種のマーケティングについて研究しているわけである。

さて，日本において，マーケティングが本格的に研究されるようになったのは，第2次大戦後のことである。昭和30年（1955年）頃から抬頭した技術革新時代になって，初めてマーケティングが盛んに研究されるようになったのである。以来，日本におけるマーケティング研究は，主としてマネジリアル・マーケティングの実用的研究が隆盛をきわめた。

以上のようなマーケティング研究の実態面を，マルクス経済学的アプローチを採る研究者は，まず批判的に検討する。すなわち，こうしたマーケティング研究は，「とくに，企業におけるマーケティングの管理・決定・システムなどの現段階的なマーケティング実践問題を，経営者実践思考的に検討し，マーケ

ティングを現象的に技術的な側面において固定的に研究するだけにとどまっている」[1]と。そのうえで，マーケティングとは,「どのような本質をもった経済的活動であり，どんな理念や原理をもってどのように実践されているのか。さらにまた，それは，どのように歴史的に発生し，変化・発展しており，その結果はどうなのか。われわれは，このような課題をこそ基本的に問題とすべきである」[2]とし，マーケティング研究が究極的にはマーケティング経済論となることを提唱する。

以上から明らかなように，マーケティングに対するマルクス経済学的アプローチとは，端的にいうならば，マーケティングを経済的な実体として本質的に研究するアプローチである。すなわち，この立場では，マーケティングの表面的・技術的な現象面に執着することなく,「社会的に歴史的な経済活動としてのマーケティングを科学的に研究し，独占的大資本のマーケティング活動を現実的に把握しようと」[3]している。

1) 白髭武『現代マーケティング論』日本評論社，昭和52年，20頁。
2) 同書，21頁。
3) 同書，24頁。

第3節　現代流通論の研究方法

現代流通論は，現代経済学の一部門経済論である。したがって，現代流通論の研究方法としては，現代経済学と同じく社会科学の方法が求められる。保田芳昭氏はいう。「何よりも混沌とした現象のなかから研究対象の具体的事実に関する資料の収集と分析が必要であり，また関連する諸事実にも配意しつつ，抽象力を駆使して流通における人と人との社会的諸関係を解明し，流通の本質，その構造と発展の法則を明らかにする必要があろう」[1]と。また，現代流通がますます複雑化し，その重要性を高めている今日的情勢に鑑みると，これを総合的に解明するためには学際的研究が求められる。

図表2−3は，現代流通を研究するうえでの関連学問を整理したものであるが[2]，以下，これに基づいて現代流通論の研究方法を学際的視点から詳述して

図表 2 — 3　現代流通を研究する際の関連学問

〈基礎的学問〉
①　経済学（近代経済学，マルクス経済学）
②　経営学
〈直接，流通にかかわる学問〉
①　商業論
②　マーケティング論
③　貿易論
④　市場論
⑤　協同組合論
⑥　流通関連法
〈流通の諸側面にかかわる学問〉
①　交通論…物流面
②　倉庫論…物流面
③　情報論…物流面
④　金融論…貨幣的側面
⑤　証券論…貨幣的側面
⑥　保険論…リスク面
⑦　労働経済論…労働面
⑧　商業史…歴史的側面
⑨　商業政策ないし流通政策………政策的側面
⑩　流通学説史（未成立）…………流通学説面

（資料）　保田芳昭「現代流通をどうみるか」保田芳昭・加藤義忠編『現代流通論入門（新版）』有斐閣，平成6年，4-6頁をもとに作成。

いこう。

　流通を研究するには，まず広く経済学の知識が必要である。また，流通業の経営を研究するために，広く経営学の知識も求められる。経済学や経営学は，現代流通を研究するにあたっての基礎的学問となる。

　また，直接，流通にかかわる学問としては，商業論，マーケティング論，貿易論，市場論，協同組合論がある。これらの学問分野から，現代流通を直接的に研究していくわけである。加えて，さまざまな流通関連法規[3]を研究する法的アプローチも必要である。

　さらには，現代流通の諸側面を研究していくために，下記の学問分野からの

アプローチも必要となる。物流面の研究では，交通論や倉庫論，近年の情報論が関連する。商品流通の貨幣的側面では金融論や証券論，リスク面では保険論，流通労働者の労働面では労働経済論が関連する。また，商品流通の歴史的研究では商業史，政策的研究では商業政策ないし流通政策が関連する。なお，流通の学説を研究するには流通学説史が関連するかと思われるが，これはまだ未成立の状態である。

　ともあれ，ますます複雑化し，その重要性を高めつつある現代流通を総合的に解明していくためには，以上のような関連学問分野からの学際的研究が必要であるということである。

1) 保田芳昭「現代流通をどうみるか」保田芳昭・加藤義忠編『現代流通論入門（新版）』有斐閣，平成6年，5頁。
2) 詳しくは，同論文，5－6頁を参照されたい。
3) 流通関連法規の主なものとしては，下記の諸法規を挙げることができる。
　（流通活動全般に関するもの）
　　私的独占の禁止及び公正取引の確保に関する法律（独禁法）；昭和22年（1947年），割賦販売法；昭和36年（1961年），不当景品類及び不当表示防止法（景表法）；昭和37年（1962年）。
　（流通活動の主体に関するもの）
　　農業協同組合法；昭和22（1947年），消費生活協同組合法；昭和23年（1948年），小売商業調整特別措置法；昭和34年（1959年），中小小売商業振興法；昭和48年（1973年），大規模小売店舗立地法（大店立地法）；平成10年（1998年）……百貨店法〔第1次；昭和12年（1937年），第2次；昭和31年（1956年）〕，大規模小売店舗における小売業の事業活動の調整に関する法律（大店法）；昭和48年（1973年）の流れを継承，中心市街地における市街地の整備改善及び商業等の活性化の一体的推進に関する法律〔平成18年（2006年），「中心市街地の活性化に関する法律」に名称変更〕（中心市街地活性化法）；平成10年（1998年）。
　（流通活動の許認可に関するもの）
　　酒税法；昭和28年（1953年），薬事法；昭和35年（1960年），卸売市場法；昭和46年（1971年）……中央卸売市場法〔大正12年（1923年）〕を継承，主要食糧の需給及び価格の安定に関する法律（新食糧法）；平成7年（1995年）……食糧管理法〔昭和17年（1942年）〕を継承，公益事業関連諸法規。

第3章　流通機構の史的形成

第1節　本章の意義

　現在,日本の流通機構はさまざまな問題を抱えており,わけても流通経路[1]の「非効率性」が企業活動を著しく制約している,といわれている。また,近年,国際的にも,日本の流通システムが製品輸出の障害となっているという批判が高まっている。批判の焦点は,流通システムの非効率性,流通システムにおける独占の弊害,という2つの点に集約される。

　しかし,留意しなければならないのは,日本の流通機構が抱えるこれらの諸問題は,いまになって発生したものではなく,長い歴史のなかで形成されてきたものであるということである。したがって,この問題を解決するためには,まず,流通経路に関する歴史的背景を探る必要がある。その際,日本の流通史を研究しなければならないことはいうまでもないが,同時に欧米の流通史を研究することも,流通経路という社会的存在を正確に理解するためには不可欠である。

　著者は,なぜ日本の流通機構がさまざまな問題を抱えているのか,また,なぜ日本の流通システムが国際的な批判の対象となっているのか,という点に大いなる関心を抱いている。そこには,日本的な何かが必ず潜んでいるはずである。すなわち,「日本型流通システム」とでも称すべきものの特質である。その特質を解明するためには,流通経路という社会的存在を正確に把握しておくことが前提条件となる。

　本章の目的は,日本と欧米との流通機構の変遷過程を比較検討するという作業を通ずることによって,「日本型流通システムの特質」を浮き彫りにするための前提条件を提示することにある。

なお，比較項目としてはさまざまなものが考えられるが，とりあえずは，①流通経路の長さ，②卸売業者の機能，③卸売業者と小売業者とへの分化，④商業における自由参入，⑤店舗営業，を取り上げることにする。

1) 従来，流通経路という表現を用いた場合，流通機構とか配給経路，あるいはマーケティング・チャネルという概念を区別せず，一括して，曖昧な理解が黙認されてきた。しかし，第11章で詳述するが，流通経路をマクロ的視点から捉えれば，それは流通機構を意味している場合が多い。一方，流通経路をミクロ的視点から捉えれば，それはマーケティング・チャネルになる。したがって，本章では，流通機構という用語を使用した場合，それはマクロ的視点から捉えた流通経路，すなわち生産物の社会的流通のメカニズム全体を総括的に把握したときの流通経路を意味するものとする。

第2節　日本の流通機構の変遷

第1項　流通経路の長さ

流通経路を長くする規定因とは何か。第1の規定因は，社会的分業の進展である。元来，流通経路の長さは商品経済の成長と密接な関連をもつが，商品経済が進み，隔地間取引も活発に行われ，社会的分業が進展するにつれて，流通経路も長くなるのである。第2は，商人階級の特権取得である。これも流通経路を長くする一因となる。第3は，商品特性と関連する。購入頻度が多く，粗利益が少なく，調整も少なくて済み，消費時間も短く，探索時間も短い商品の場合，流通経路は長いのが通例である。

以下，日本の場合，流通経路の長さが歴史的にいかに変容してきたのか，検討していこう。

まず，古代にあっては，流通経路はきわめて短かった。なぜなら，自給自足経済体制下にあり，社会的分業が完全には成立していない当時の流通経路には，卸売業者や小売業者が介在していなかったからである。当時の大消費地である平城京や平安京に収集された物資は，ほとんどが租税として農民から徴収され，農民自らの使役労働によって運ばれたものであった。

しかし，平安時代末期から鎌倉時代に入ると流通経路はかなり長くなる。そ

れは，荘園経済が進み，隔地間取引も行われるようになって，自立的な商人が出現したからである。一例を美濃紙に求めると，その流通経路は図表3―1の通りである。そこには地方仲買，紙問屋・商人宿，座商人など性格を異にする卸売業者が介在し，卸売業の分業化が実現されていることがわかる。

そして江戸時代に入ると，流通経路はさらに長くなり，しかも鎌倉・室町時代の卸売業者とは性格を異にする新しいタイプの卸売業者の出現をみるに至る。図表3―2は木綿の流通経路であるが，そこには小仲買，仲買，買次問屋，江戸問屋という4種の卸売業者が介在し，経路はきわめて長い。この流通経路でさらに注目すべき点は，木綿取引が排他的に行われていたという事実である。すなわち，買次問屋は地方ごとにまとまって仲間を形成し，江戸問屋と結合して仲間外商人による直売を防いでいたし，江戸の木綿問屋も仲間を形成し，他人が木綿の卸売りをすることを拒否していたのである。このような仲間による申し合わせは，一方では幕府の指導によるものでもあった。このように，仲間による申し合わせが行われ，しかもそれが幕府の指導によるものであったため，この長い流通経路は外部から撹乱されず，温存されることとなった[1]。

以上，木綿の流通経路の場合を事例として検討してきたように，こうして江戸時代の商業組織は，伝統的な日本の流通機構の構造をも特徴づける最も決定的な刻印を残すこととなった。

ひとつは，日本の流通機構が卸売業者（問屋・仲買）主導型の構造になったということである。すなわち，「大規模な問屋・仲買は生産段階と小売段階のギャップを，その中間に位置することによって相互に調整し媒介する役割を果たし，その中間的地位を戦略的に活用して価格形成を支配し，流通機構の中枢を掌握したのである」[2]。そして，これらの問屋・仲買は，機能においても，また取扱商品においても，いっそう専門化を推進していったのである。

いまひとつは，日本の流通機構が複雑で紆余曲折した構造になったということである。商品は生産者から消費者に渡るまでに，何段階もの中間段階を経なければならなくなった。江戸時代の複雑な流通経路の典型的なパターンは，図表3―3の米穀の流通経路にみることができる。しかも本図表の経路は，「商

図表3—1　中世，美濃紙の流通経路

（資料）　佐々木銀弥『中世の商業』至文堂，昭和41年，133頁。

図表3—2　江戸時代，木綿の流通経路

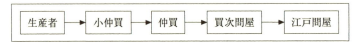

（資料）　林玲子「近世中後期の商業」豊田武・児玉幸多編『流通史（Ⅰ）』山川出版社，昭和44年，204頁。

図表3—3　江戸時代，米穀の流通経路

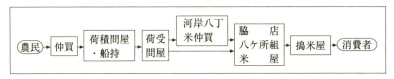

（資料）　佐藤肇『日本の流通機構』有斐閣，昭和49年，54頁。

品が産地から消費地に直接送られた荷受問屋（上方では下り米問屋，関東では関東米穀三組問屋，関東ならびに奥州では地廻米穀問屋など）に入る場合であって，これを他の消費地に送るときは，荷受問屋からさらに，積問屋──他地問屋──仲買──小売商──消費者という経路をとったのである。なお，これは納屋物といわれる民間米の場合であって，幕府および各藩が農民から取り立てた貢租米である蔵物の場合は，産地会所（国産会所）──蔵屋敷──立入入札商（問屋）──河岸八丁米仲買──脇店八カ所組米屋──搗米屋──消費

者という経路をとったのである」[3]。ともあれ，いずれの場合も，問屋・仲買を何段階も経なければならないという点で変わりはなかった。

このように，問屋・仲買制を基軸として卸売業者主導型の流通システムが形成されたのはなぜか。その理由として，前掲図表３—２の木綿の流通経路の場合にみたように，取引が排他的に行われ，しかもそれが幕府の指導によるものであったためであるというような事情，ケースも挙げられよう。しかし，それ以上に大きな理由は，いうまでもなく，「一方で小規模な生産者が圧倒的であり，他方で小規模な小売商が支配的であり，あわせて輸送・保管・荷役など物的流通や通信・報道など情報流通の技術や方法も未熟であったためであり，生産地・集散地・消費地の距離が離れれば離れるほど，問屋・仲買を中心として多くの仲立ちを必要とし」[4]たからである。そして，そのことが江戸時代の流通機構をいっそう複雑で紆余曲折したものにしたのである。

明治時代以降も，日本の流通機構の構造的特質が江戸時代以来の伝統的な卸売業者主導型の流通システムを継承し，基本的なシステムとしては，第２次大戦の敗戦に至るまで何ら変わりはなかった。

その後，戦後日本における大衆消費市場の出現に対応して，メーカー主導型の流通システムが支配的となり，現在では，多元的な流通システムが相互に競争し，角逐し，対抗しつつ共存するという関係が形成されつつある。しかし，膨大な数にのぼる小規模零細な卸・小売業者が複雑で紆余曲折した流通経路を形成しながら存立しているという点では，江戸時代以降，現在も何ら変わりはない[5]。このことは，明治時代以降，日本経済があらゆる局面できわめて基礎的かつダイナミックな変化をみせたことと対比すると，きわめて特異な現象である。

1) 江尻弘『流通経路』産業能率短期大学，昭和48年，26頁。
2) 佐藤肇『日本の流通機構』有斐閣，昭和49年，53-54頁。
3) 同書，54頁。
4) 同書，同頁。
5) 江戸時代以降，現在も変わりがないということの要因に関する分析は，本章第4節第1項で行う。

第 2 項　卸売業者の機能

　平安時代末期から河川を利用した水上運送業者が出現したが，彼らを問とか問丸と称した。当初，問丸は荘園年貢米の運送を主たる業務としていたが，貨幣経済の進展に伴い，年貢の委託販売も引き受け，さらには貨物仲介業，代理業，伝馬業，宿屋業も営むに至った。前掲図表 3 — 1 に記してある桑名紙問屋・商人宿というのは，桑名に所在した問丸が問屋業を営みつつ，宿屋業も併営していたことを物語る。この間，問丸が転じて問屋という卸売業者の呼称が生まれたことは周知の通りである。

　鎌倉時代から安土桃山時代にかけては，最も重要な役割を果たした卸売業者は，権門社寺と結合している座商人であった。彼らは公家，神社，寺院に身分的に従属し，それらに対して奉仕する代償として，権門社寺が必要とする商品の独占的営業権を得ていた。そのため，今日の卸売業者と比較すると，以下 3 つの点で機能的特色を有していた[1]。

① 　取扱商品の限定。たとえば，前掲図表 3 — 1 の保内紙座商人は紙しか取り扱っていない。

② 　各種独占権の取得。販売独占，仕入独占，商品運送路の独占，営業形態に関する独占，関津税・営業税免除などの特権のうえに卸売活動を展開していた。

③ 　参入不自由性。希望すれば誰でも座商人になれるという自由はない。

　しかし，以上のような特色は有するものの，基本的な機能の面では疑いもなく卸売業者である。

　江戸時代に入ると，卸売業者の機能は，今日の卸売業者のそれと比較しても，本質的に差異が見受けられなくなる。卸売業者の機能は明確化し，伝馬業や宿屋業も分離してくるのである。前掲図表 3 — 2 に記されている仲買とは，規模は問屋より小さいが，問屋ではできそうにない細かな仕事をすべく江戸時代に出現し，生産者と問屋との間に立って中継ぎの役割を担った卸売業者である。また，同じく図表 3 — 2 に記されている買次問屋とは，地方に所在し，仲買から商品を仕入れて江戸や大坂の市中問屋にそれを供給する機能を担った卸売業者である。なお，前掲図表 3 — 2 の木綿の流通経路の場合においてすでに

触れたように，仲間の結束が強く，幕府による指導もあったため，仲買が直接，江戸問屋に商品を供給することは許されず，仲買は常に買次問屋を経由して商品を供給するよりほかなかった[2]。

なお，現代における日本の卸売業の機能を検討する際には，総合商社を分析対象に加えなければならないが，この点については，問題があまりにも大きいので，別の機会に検討してみたい。

1) 詳しくは，佐々木銀弥『中世の商業』至文堂，昭和41年，149-153頁を参照されたい。
2) 江尻弘『流通経路』産業能率短期大学，昭和48年，27頁。

第3項　卸売業者と小売業者とへの分化

隔地間取引が進展するまでは，当然ながら，商人の卸売業者と小売業者とへの分化は生じていない。その分化が明確化し始めたのは，江戸時代に入ってからのことである。ただし，以下に記すように，それ以前にすでに分化が発生していたケースもある。

① 問丸はもともと運送業からスタートしたこともあって，早くから卸売りに専念し，直接小売りすることはなかった[1]。
② 都市に位置する座商人と農村に本拠をおく村落座商人とでは性格が異なり，村落座商人の場合，遠隔地との取引の必要に迫られ卸売業者化していった[2]。
③ 座商人のなかでも，その座の統率者が問屋化していったケースもある[3]。

したがって，卸売業者と小売業者とへの分化の萌芽的形態は，中世においてすでに現われ始めていたとみてよい。

1) 佐々木銀弥『中世の商業』至文堂，昭和41年，92頁。
2) 同書，108頁。
3) 江尻弘『流通経路』産業能率短期大学，昭和48年，28頁。

第4項　商業における自由参入

　中世以前にあっては，商業における自由参入は制度的に承認されていなかった。古代の市であれ，中世の座であれ，商人が権門社寺に従属していたのは，朝廷，公家，神社または寺院の保護なくして商業活動を営むことができなかったからである。したがって，権門社寺の保護を前提とした商業であったがために，ひとたび保護の特権を得た商人たちは自己の立場を擁護すべく排他的な姿勢をとり，他人の商業活動に対する参入を抑止しようとした[1]。

　江戸時代に入ると，安土桃山時代の楽市・楽座の原則を踏襲し，商人の活動を自由にした反面，士農工商の身分制度を固定化したために，誰でも自由に商業を営むことは許されなくなった。

　さらに江戸時代中期に進むと，幕府の政策は問屋の保護に転じ，排他的な仲間組織すなわち株仲間の形成を容認しつつ，株仲間の機能を通じて商品流通市場の統制を行う方向に転換した。他方，各藩では，城下町に商人を集め，領内市場の確立を一方で図りつつも，他方では領外商人が自領内の消費者に直接小売りすることを規制し，城下町問屋商人との取引のみを許可する，という流通統制を行った[2]。図表３―４は，このような状況下における流通経路（藩領域内流通）を示したものである。

　以上から明らかなように，商業における自由参入は古代から江戸時代まで許されず，その間わずかに安土桃山時代という動揺期に自由化傾向がみられた程度に過ぎない。商業における自由参入が本格的に認められるようになったのは，実に明治時代に入ってから後のことである。

図表３―４　江戸時代における藩領域内流通

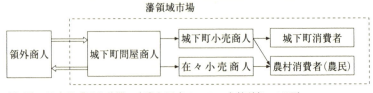

（資料）　竹内誠「近世前期の商業」図表３―２の文献所収，149頁。

1)　江尻弘『流通経路』産業能率短期大学，昭和48年，28頁。

2) 竹内誠「近世前期の商業」豊田武・児玉幸多編『流通史（Ⅰ）』山川出版社，昭和44年，149頁。

第5項　店舗営業

平安時代末期から各地で定期的な市が開催されるようになった。たとえば，今日，五日市というような地名をもつ場所では，毎月5日，15日，および25日に市が開催されたのである。ただし，当時，市は定期的に開催されたものの，本格的な店舗営業は，京都などの都市以外ではまだみられなかった。商人は市の当日に来て，市にある仮屋という固定設備を利用していたに過ぎない[1]。

では，常設的店舗による営業がみられるようになったのはいつ頃からであろうか。それは，地方では鎌倉時代中期以降のことであるが，京都などの都市ではその時点よりもかなり早い平安時代末期頃から，座商人が店舗営業を実現していた。店舗営業が実現するに至ったのは，商品経済が進展して，農民とは異なる専門的商人が出現し，商人の定住化が行われるようになったからである。

なお，今日，店舗を「みせ」と称するが，それは平安時代末期の見世棚と称された，商品を並べる棚に起源をもっているという説が有力である。見世棚は往来する人々に商品を見せるために構えられたものであって，後に「店」と記されるようになった[2]。

こうして常設的店舗が現われてからは，定期的な市はすたれ，代わって店舗が商品流通の中心的な役割を果たすに至ったのである。

1) 江尻弘『流通経路』産業能率短期大学，昭和48年，29頁。
2) 佐々木銀弥『中世の商業』至文堂，昭和41年，56頁。

第3節　欧米の流通機構の変遷

第1項　流通経路の長さ

図表3—5から3—9は，アメリカにおける食品流通経路を示したものである。そこでは，経路の時系列的変化が明確に読み取れる。今日のアメリカにおける加工食品の流通経路は，①生産者──→卸売業者──→小売業者──→消費者，

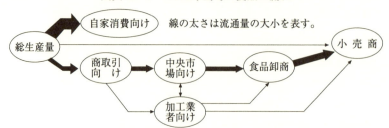

図表3—5　1850年当時の食品の流れ

（資料）　渡辺伍良訳『食品産業・アメリカの生命線』ダイヤモンド社，昭和43年，6‑7頁。(E. C. Hampe Jr. and M. Wittenberg, *The Lifeline of America Development of the Food Industry*, McGraw-Hill, 1964.)

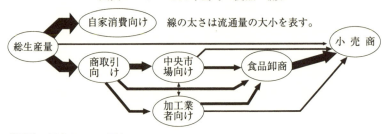

図表3—6　1900年当時の食品の流れ

（資料）　図表3—5に同じ。

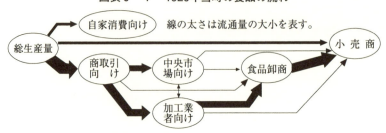

図表3—7　1920年当時の食品の流れ

（資料）　図表3—5の文献，8‑9頁。

第3章　流通機構の史的形成　39

図表3−8　1940年当時の食品の流れ

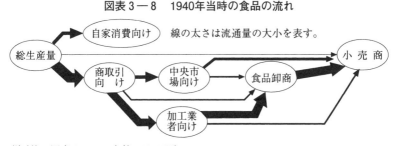

（資料）　図表3−5の文献，10-11頁。

図表3−9　1960年当時の食品の流れ

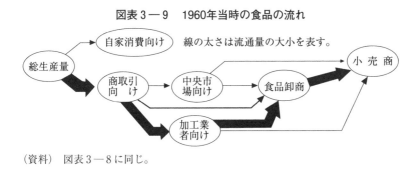

（資料）　図表3−8に同じ。

または②生産者──→小売業者──→消費者に集約されるが，日本のそれと比較してきわめて短い。

　では，かなり以前の時点における欧米の流通経路も，現在のように短かったのであろうか。近世においては，欧米でも卸売業者が仲間売りをしていたため，流通経路は長かった。たとえば，図表3−10は18世紀イギリスにおける羊毛・毛織物・穀物の流通経路を示したものであるが，卸売業者が分化し，経路はきわめて長経路化している。しかし，すでに触れたように，流通経路が長いことは社会的分業の進展と比例関係にあり，隔地間取引もなければ社会の分業体制も確立していなかった古代，中世においては，逆に流通経路は短かった[1]。

1)　江尻弘『流通経路』産業能率短期大学，昭和48年，33頁。

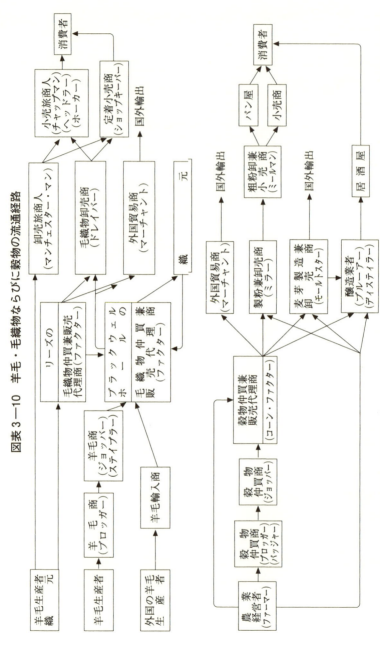

図表３−10　羊毛・毛織物ならびに穀物の流通経路

(資料) 山下幸夫「国内市場の形成と商業組織の発達」大塚・高橋・松田編著『西洋経済史講座(Ⅱ)』岩波書店、昭和35年、314頁。

第2項　卸売業者の機能

前述したように，前掲図表3─10は18世紀イギリスにおける羊毛・毛織物・穀物の流通経路を示したものであるが，そこには輸入商，仲買商，販売代理商，卸売旅商人，卸売商，外国貿易商といったさまざまな呼称をもつ卸売業者が示されている。これらの卸売業者は今日なお残存し，機能的にも同一の働きをしているのであろうか。結論から先にいえば，商品経済の進展に伴い個々の社会的比重が変化し，機能的に多少変質しているものの，基本的には各類型とも今日なお存在している。

たとえば，卸売旅商人は，交通機関の発達のために存在意義を失いつつあるが，トラック・ジョバーとかワゴン・ディストリビューターという卸売業者の一形態として，今日なおわずかながら残存している。仲買商（ジョッパー）は，今日では通常の全機能卸売業者と区別することが困難となり，一般にいう卸売商の概念に包摂されている。販売代理商は，今日なお厳然として存在しているものの，18世紀の主たる販売代理商としてのファクターはごく限られた業種の金融業者を指す表現に変質している。他方，当時，仲買商であったブロッガーは，今日ではブローカーと称され，販売代理商の一態様となっている[1]。

1) 江尻弘『流通経路』産業能率短期大学，昭和48年，34頁。

第3項　卸売業者と小売業者とへの分化

今日，欧米でも卸売業者と小売業者とは明確に分化しているが，昔からその分化は存在していたのであろうか。この問題については，前掲図表3─10における穀物の流通経路から明らかなように，ミールマンと称される粗粉卸兼小売商が存在していたことから，卸売業者と小売業者とは明確には分化していなかったものと推測される。

日本の中世に座が存在していたのと相似的に，ヨーロッパにおいても中世から近世初頭にかけて，商人の特権団体としてギルドが存在していた。このギルドのうち，地方に所在するものはもっぱら小売りを行い，他地方の商人に卸売活動を委ねていたが，都市に所在するものは小売活動だけでなく，卸売活動も展開していた[1]。したがって，都市ギルドについては，卸売業者と小売業者と

への明確な分化はなかったと理解してよい。

　ヨーロッパにおいても，近世中期以降になってようやく卸売業者と小売業者とが分化するに至った。その分化とともに，一方で見本の使用に基づく大規模な取引形態が出現することになったし，他方では卸売業者も小売業者も定着化して店舗営業を行うようになったのである[2]。

1) L. P. Bucklin, *Competition and Evolution in the Distributive Trade*, Prentice-Hall, 1972, pp. 176-177.
2) 詳しくは，山下幸夫「国内市場の形成と商業組織の発達」大塚・高橋・松田編著『西洋経済史講座（Ⅱ）』岩波書店，昭和35年，316-319頁を参照されたい。

第4項　商業における自由参入

　中世の商人や手工業者たちは自発的に共同体を組織づくり，外に対しては営業の独占を打ち出し，内に対しては平等関係を維持するための諸規制を強制したが，この共同体組織をギルドと称した[1]。商人ギルドは閉鎖的組織であったため，日本の座と同じように自由参入が認められず，希望さえすれば誰でも商業を営むことができるというような状態にはなかったのである。

　しかしながら，経済活動がしだいに進展するにつれて商人ギルドの独占権は弱まり，17世紀頃から商業の自由化は進展することとなった。それは，①各国が海軍力を強化し，海上輸送に力を注いだこと，②銀行制度が発達したこと，③取引規制が国際化したこと，によって市場機構が整備されたことに起因している[2]。

1) 中木康夫「商業の発達とギルド制の変容」大塚・高橋・松田編著『西洋経済史講座（Ⅰ）』岩波書店，昭和35年，231-232頁。
2) L. P. Bucklin, *Competition and Evolution in the Distributive Trade*, Prentice-Hall, 1972, pp. 181-182.

第5項　店舗営業

　中世ヨーロッパの商人は商人ギルドを形成し，巡歴商人として商品を携え，各地を移動した。ヨーロッパ各地に開かれた市で交易するために，商人たちは

巡歴したのであるが，最も有名なのがフランスのシャムパーニュ地方で開催された「シャムパーニュの大市」である。シャムパーニュの大市は，12世紀までに毎年4ヵ所で6回（1月ラニュイ，3月パール・シ・ローブ，5月プロヴァンス，6月トロワ，9月プロヴァンス，10月トロワ）と，年間を通してほとんど開催されていた。開市の前週に各地から隊商が到着して荷を解き，最初の10日は毛織物の大市，次の10日は皮革と毛皮の大市が開かれ，東方の産品の大市も開かれた。世界中の商品が取引され，その一隅ではいろいろの見世物が客を集めた。最後の数日は支払期間で，取引の決済，為替手形（「大市手形」）の授受，契約書への大市印章の押捺などが行われた。両替，預託，貸付，手形などの金融業務は主にイタリア商人が行ったが，シャムパーニュの大市は信用取引を発達させ，交換所の萌芽となった[1]。

シャムパーニュの大市は常設的な市場の観を呈するほどの賑わいであったということであるが，しかしながら，当時，商人はまだ定住していなかったので，店舗営業を行うには至っていなかった。

その後，中世末期に至ると，商業交通上の要地，城塞地，司教居住地などに巡歴商人たちが定住し始め，商業集落が形成され，その商業集落が囲壁を巡らすようになった結果，そこに都市が誕生することとなった[2]。そして，商人が定住し，都市が発達すると，そこに店舗営業も出現することになったのである。

1) 諸田實「中世の商業組織」石坂・壽永・諸田・山下著『商業史』有斐閣，昭和55年，46-47頁。
2) 中木康夫「商業の発達とギルド制の変容」大塚・高橋・松田編著『西洋経済史講座（Ⅰ）』岩波書店，昭和35年，234頁。

第4節　日・欧米の流通機構変遷に関する要約とその比較分析

以上，①流通経路の長さ，②卸売業者の機能，③卸売業者と小売業者とへの分化，④商業における自由参入，⑤店舗営業，という5つの比較項目を通じて，日・欧米の流通機構の変遷過程をたどってきた。

以下では，日・欧米の流通機構の変遷に関する要約を行いながら，両者の比較分析を展開していこう。

第1項　流通経路の長さに関する比較

今日，日本の流通経路にはさまざまな卸売業者が介在し，きわめて長い経路になっているが，昔もそうであったのであろうか。また，欧米の場合はどうであったのであろうか。

まずは，日本の場合である。日本の場合，自給自足経済体制下にあった古代では，もちろん社会的分業も成立しておらず，したがって流通経路もきわめて短かった。しかし，平安時代末期から鎌倉時代に入ると荘園経済が進み，隔地間取引も行われるようになって，自立的な商人の出現をみるに至り，その結果，流通経路はかなり長くなった。そして，江戸時代に入ると流通経路はさらに長くなり，しかも鎌倉・室町時代の卸売業者とは性格を異にする新しいタイプの卸売業者をみるに至った。今日，膨大な数にのぼる小規模零細な卸・小売業者が，複雑で紆余曲折した流通経路を形成しながら存立しているが，これは江戸時代以来の伝統であった。日本の流通機構には，江戸時代から現代に至る約400年もの歴史と伝統の刻印が刻み込まれており，それが決定的な意味をもっていたのである。

一方，欧米の場合はどうであったのであろうか。アメリカにおける加工食品の流通経路にみたように，欧米の流通経路は日本のそれと比較してきわめて短かった。しかし，前掲図表3―10の18世紀イギリスにおける羊毛・毛織物・穀物の流通経路にみたように，近世においては，流通経路はきわめて長経路化していた。とはいえ，隔地間取引もなければ社会の分業体制も確立していなかった古代，中世においては，欧米でももちろん流通経路は短かった。

このようにみてくると，ごく大づかみにいって，日・欧米の流通経路は，古代から中世，近世にかけては，ほぼ同様の時系列変化を示しているが，現代においては，長・短という対極の位置にあることがわかる。近世までほぼ同様の時系列変化を示してきたにもかかわらず，現代において相違してしまったのはなぜか。それを解明するためには，明治時代以降も日本の流通経路が江戸時代

以来の伝統を踏襲して，小規模零細で複雑に紆余曲折し，長経路化せざるを得なかった要因を分析・提示しなければならない。

　その要因の第1は，日本においては消費市場が順調に発展してこなかったということである。明治時代以来，日本経済の産業化は消費市場の順調な成長を犠牲にして行われ，消費者の消費支出が少ないだけでなく，所得水準そのものが低いために，消費者はごく少量ずつそのたびごとに商品を購買することを余儀なくされた。このことは食料品のような日常必需品の場合，とりわけそうであった。所得が限定されていること，貯蔵の方法がないこと，しかも鮮度を重視したいとする日本国民の生鮮食料品に対する強い趣味嗜好などは，家庭の主婦をそのたびごとの毎日のショッピングに導いたのである。したがって，必然的に，このようなショッピングの行動半径は近隣に限られることになる。

　このように，消費者の行動半径に制約があること，そのたびごとの毎日のショッピングの習慣があることが，日本において膨大な数にのぼる小規模零細な店舗を存立させる要因のひとつになったものと考えられる。

　第2の要因は，日本においては小規模零細な生産者が依然として重要な地位を占めているということである。消費財の生産の分野ではとりわけそうである。小規模零細な生産者が数多く存在することが，その生産物を流通させるために，膨大な数にのぼる中間卸売業者の存在を必要とすることは，当然の帰結である。日本の流通機構が複雑で多段階の中間卸売業者の存在を必要とするようになった要因は，この点にある。

　第3の要因は，日本の商業組織が余剰労働力の大部分を吸収するプールの役割を果たしていたという事情である。日本の商業組織は，約50年前まで，たえず文字通り潜在的失業者のプールと考えられ，また事実その通りであった。このような事情が，さらに小規模零細な小売店舗の増加をもたらしたのである。そこで展開される競争はきわめて激烈なものとならざるを得ず，多くの者は生計の維持・充実を主目的とし，企業として順調に成長することなどは最初から断念されていた。

　第4の要因は，運輸・荷役・保管・包装などの物的流通の基礎条件がきわめて貧困であったという事情である。たとえば，道路事情ひとつとってみても，

確かに徐々に改善されつつあるとはいえ，主要先進工業諸国のなかで最悪の状態にある。物的流通の基礎条件のこのような貧困性も，小規模零細で複雑に紆余曲折した流通機構を存立させる要因のひとつになったものと考えられる。

以上，ごく大づかみにではあるが，日本の流通経路が小規模零細で複雑に紆余曲折し，きわめて長経路化せざるを得なかった４つの要因を提示した。これは，アメリカの場合とまったく対照的である。アメリカの商業組織は，「19世紀の半ばから社会的生産力の発達にともなって消費市場が成長してくるのに対応して，市場の拡大あるいは販路の拡大の方法としてきわめて順調に段階的に発達していった」[1]。これに対して日本の場合には，「同じ19世紀の半ばから生産力の急ピッチな発展がおこなわれたにもかかわらず，それはむしろ消費市場の犠牲においておこなわれ，したがってこれに対応する商業組織は順調に成長せず，長く保守と停滞を余儀なくされたのである」[2]。

1) 佐藤肇『日本の流通機構』有斐閣，昭和49年，82頁。
2) 同書，同頁。

第２項　卸売業者の機能に関する比較

本項の主要な課題は，今日の卸売業者と同様の機能を昔の卸売業者も担っていたのであろうかという点について，日・欧米の場合を比較検討することである。

日本の場合，卸売業者の機能について，今日の卸売業者が果たしている機能と本質的に差異が見受けられなくなったのは，江戸時代以降のことであった。

さて，図表３―11によると，日本の食料・飲料卸売業者は，直取引卸，元卸，中間卸，最終卸，その他の卸と分化している。しかし，それら卸売業者の間に機能的な差異はほとんどない。元卸とは生産者と直接取引している卸売業者（全国卸の性格に近い）であり，最終卸とは小売業者と取引している卸売業者（地方に本拠をもち，地方卸の性格に近い）である。また，中間卸は元卸と最終卸とを媒介する卸売業者である。それら卸売業者の差異は，商圏が全国にまたがっているか，それとも地方のごく一部に限定されているか，というように単に商圏が異なっているというだけに過ぎない。

図表3―11　食料・飲料の流通経路

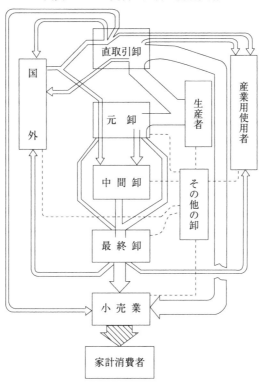

（資料）　通産省（現・経済産業省）『商業統計表，流通経路別統計篇』。

　しかし，前掲図表3―10に示されているイギリスの卸売業者は，単なる商圏の相違によってではなく，果たしている機能の差異によって類型化したものである。このように，卸売業者といっても，機能を異にするいくつかの卸売業者が存在していたということが欧米の流通機構の過去の特徴であったし，今日にまで受け継がれている特質でもあるということに，留意しておかなければならない。

　なお，卸売業者の種類についてであるが，日本でも欧米でも，過去，卸売業者の種類は数多くあった。しかしながら，今日のアメリカ商務省の統計でみる限り，むしろ欧米の卸売業者の種類の方が多い。

図表3―12　アメリカにおける卸売業者の体系

① 卸　売　商	②メーカーの販売事業所	③ 石　油　基　地	④代理商・仲立人	⑤農産物集荷業者
1）ジョバーを含む通常の卸売商	物的流通機能をもつ販売事業所	1）小規模基地	1）せ　り　会　社	1）地方在住手数料仕入担当者
2）現金持ち帰り卸売商	物的流通機能をもたない販売事業所	2）大規模基地	2）仲　立　人（ブローカー）	2）集　荷　業　者
3）生産財流通業者		3）液化ガス基地	3）手数料代理商	3）農産物協同組合
4）コンバーター			4）輸　出　代　理　商	4）協同組合制仕入代理商
5）直　送　卸　売　商			5）輸　入　代　理　商	5）クリーム（乳脂）集荷業者
6）通信販売卸売商			6）販　売　代　理　商	6）大規模穀物倉庫
7）輸　　入　　商			7）生産者代理商	7）包装・出荷業者
8）輸　　出　　商			8）商品仕入事業所	
9）トラック卸売商			9）仕　入　代　理　商	
10）チェーン・ストアの仕入本部・倉庫			10）販　売　代　理　協　同　組　合	
11）卸主宰・小売主宰ボランタリー・チェーンの本部				

（資料）　D. A. Revzan, *Wholesaling in Marketing Organization*, John Wiley & Sons, 1961, pp. 26-39をもとに作成。

　アメリカにおける一般的な卸売業者の体系は図表3―12の通りである。そこから明らかなように，アメリカ商務省は営業形態別の卸売業者分類を基軸としている。なお，日本では卸売業者を産業分類別に把握することが基調となっている。アメリカでは卸売業者の体系化が日本よりもはるかに進んでおり，アメリカの体系化は日本の卸売業者を体系化するうえで大いに参考になるであろう。

第3項　卸売業者と小売業者とへの分化に関する比較

　今日，日本でも欧米でも，卸売業者と小売業者とはかなり明確に分化しているが，昔もそうであったのであろうか。この点について，日・欧米の場合を比較検討することが本項の課題である。

　日本において，卸売業者と小売業者とへの分化が明確化してきたのは江戸時代からであるが，その萌芽的形態としては，中世においてすでに現われ始めていた。一方，欧米では，近世中期以降になってようやく卸売業者と小売業者と

が分化するに至った。

　要は，日本の場合であれ，欧米の場合であれ，最初から卸売業者と小売業者とが分化していたのではなく，隔地間取引が進展し始めてから，両者に分化したということである。隔地間取引の進展が卸売業者と小売業者とへの分化をもたらしたという点については，日本の場合，欧米の場合ともまったく同様である。

第4項　商業における自由参入に関する比較

　現在では，希望すれば誰でも卸売活動をしたり，小売業者になったりすることができるが，昔も自由に卸売業者や小売業者になれたのであろうか。この点について日・欧米の場合を比較検討してみよう。

　まず，日本の場合であるが，商業における自由参入は古代から江戸時代まで許されなかった。唯一の例外として安土桃山時代という動揺期に自由化傾向がみられただけで，自由参入が本格的に認められるようになったのは明治時代に入ってからのことであった。

　一方，欧米においても，中世にあっては商人ギルドの独占権が強く，日本の座と同じように自由参入が認められず，誰でも希望するならば商業を営むことができるという状態にはなかった。欧米において商業における自由参入が進展することになったのは，17世紀以降のことであった。

　日本の場合であれ，欧米の場合であれ，商業における自由参入は最初から認められていたのではないということである。過去の歴史をながめると，日本でも座商人，株仲間という特権をもつ商人が存在したし，欧米でもギルドなど特権的商人組織が存在していた。したがって，特権的商人の存在は封建時代の日・欧米に共通するひとつの特徴的現象である。

第5項　店舗営業に関する比較

　今日，ほとんどすべての卸売業者や小売業者は店舗をもち，毎日でも営業を行うことができるようになっているが，昔もそうであったのであろうか。この点について日・欧米の場合を比較検討してみよう。

まず，日本の場合であるが，店舗の定着化は平安時代末期以降の現象であった。ただ，市で商売をすることも平安時代末期以降の現象であるが，市は定期化したものの，毎日開催されたわけではない。時間的順序からいえば，店舗営業は市がすたれた後に一般化した。

一方，欧米では，中世ヨーロッパの商人たちは商人ギルドを結成し，巡歴商人として商品を携え，ヨーロッパ各地に開かれた市で交易した。各地に開かれた市のなかでも，とりわけ「シャムパーニュの大市」は常設的な市場の観を呈するほどの賑わいであった。しかし，店舗営業を行うには至っていなかった。欧米で店舗営業が行われるようになったのは，中世末期以降のことであった。

日本の場合であれ，欧米の場合であれ，最初から店舗営業が存在していたのではないということであるが，店舗営業が実現するには，まず，商品経済が進み，商人の定住化が行われなければならないことはいうまでもない。もちろん，日・欧米の場合とも商人が定住してから店舗営業が出現したのである。

第5節　総括

以上，①流通経路の長さ，②卸売業者の機能，③卸売業者と小売業者とへの分化，④商業における自由参入，⑤店舗営業を比較項目として取り上げ，日・欧米の流通機構の変遷過程をたどり，両者の変遷過程に関する比較分析を展開してきた。

日・欧米の流通機構の変遷過程を分析する際には，日本の総合商社の役割をどう評価し，どう位置づけるか，さらに，日・欧米の流通機構を歴史的にみた場合の相違の着眼点として，商慣行の問題，流通コンフリクトの問題，チャネル・キャプテンの問題などをどう位置づけるか，といったことについても検討しなければならない。しかし，これらのことについての検討，比較分析は，本章ではなされていない。また，流通機構の変遷過程を国際的に比較分析する場合には，国別，時代別に綿密に検討しなければならないが，本章では，欧米諸国については「欧米」という大枠にひとくくりにして把握し，時代区分についてもきわめて大づかみなものである。今後さらに論理を精緻化しなければなら

ないが，そうした意味で，本章で展開されてきた分析内容はきわめて大づかみなものである。

とはいえ，大づかみな分析内容のなかでも，日・欧米の流通機構ないしその変遷過程には，①流通経路の長さ，②卸売業者の機能，という２つの比較項目において大きな差異を見出せた。なお，前記③〜⑤の比較項目においては，ほぼ差異がなかった。

②の「卸売業者の機能」においては，日本における卸売業者の分類法自体が抱える問題，すなわち分類の仕方が機能別に把握されておらず，その体系化が未整備であるという問題があった。また，本章では，総合商社を分析対象に入れていないという点で，本章の分析内容自体が不完全であり，限界があった。卸売業者の機能については，分類法の問題，総合商社の問題も含めて，今後さらに検討を進めなければならない。

しかし，①の「流通経路の長さ」においては，日・欧米のそれを比較分析した結果，決定的な差異を見出せた。

一般的にも，日本の流通機構は，欧米諸国に比較して非効率的であるといわれている。一般的な指摘についてもっと具体的にいえば，以下の通りとなる。すなわち，「日本の流通機構は複雑で，製品がメーカーから消費者に渡るまでの経路が何段階もあって，流通コストが大きい。これに対し，欧米諸国の流通経路は短縮されており，安く消費者に製品が届く。日本は工業先進国だが，流通では後進国である。したがって，流通機構が合理化すれば，消費者はもっと安く物を買えるようになるし，複雑な流通システムが製品輸出の障害となっているというような対外的な批判も受けない」というものである。

流通機構が効率的であるか非効率的であるかという問題については，いろいろな判断の仕方が考えられる。たとえば，小売商業部門の効率化に限定すれば，その生産性がまず問題となるが，それを国際比較する場合，産業分類の相違などデータ処理上の問題がある。また，W／R比率の異常な高さによって，日本の流通経路は長いとされているが，W／R比率自体，その国の産業構造そのものによっても影響されるから，一国の流通経路の尺度としては不適切である。したがって，何をもって測定されるかによって判断が分かれ，いちがい

に日本の流通機構は非効率的であると断言するわけにはいかない，という問題も生ずる。さらには，すでに触れたように，流通経路の長さは商品特性とも関連しており，購入頻度が多く，粗利益が少なく，調整も少なくて済み，消費時間も短く，探索時間も短い商品の場合，むしろ流通経路は長いのが通例である。したがって，すべての商品において流通経路は短い方が望ましいと断言するわけにもいかない。

とはいえ，そういう諸条件を加味しても，本章で展開してきたように，日・欧米の流通機構の変遷過程を歴史的視点から比較分析する限りでは，日本の流通機構は，わけても経路の長さにおいて非効率的であると断言せざるを得ない。ただし，日・欧米の場合を歴史的視点から比較分析する限りにおいて，経路の長さの面で非効率的であるといっているのであって，そのことをもって直ちに日本の流通機構は前近代的ないし非合理的であると短絡しているわけではない。この点について，樋口兼次氏の所説は実に示唆的である。樋口氏はいう。「日本の商業流通構造の特質は『稠密』構造というにふさわしい。垂直面には規模の大小と取引関係という階層性（深さ）を，横断面には業種・業態の著しい多様性と分化（広がり）をもつ立体構造をなしている。──中略──この稠密構造は，優劣・強弱・成長と停滞の著しい格差を内包した不安定な体系をなしているために，総体として『活力』を生むのである」[1]と。であるとすれば，日本の流通機構は，前近代的ないし非合理的であるというよりはむしろ逆に，「活力」に富んだ性質を有していることになる。

流通機構の近代化ないし合理化といった場合には，「何のための近代化，合理化」であり，「誰のための近代化，合理化」であるのかという視点が問われなければならない。それは大企業本位ではなく，あくまでも国民本位の立場から遂行されて然るべきものである。

合理化を図る場合，膨大な数にのぼる小規模零細卸・小売業者に落ちこぼれる部分が生ずることも当然予測されるが，その際，落ちこぼれる彼らの生活の保障も考慮しなければならない。ひとつの試論ではあるが，社会保障制度のいっそうの充実が考えられる。たとえばイギリスでは，「ゆりかごから墓場まで」というフレーズに象徴されるように，社会保障制度が充実しており，落ち

こぼれる小規模零細卸・小売業者は社会保障制度によって救済され，いわゆる中小商業問題[2]は存在しない。

なお，社会保障制度の完備によって，小規模零細卸・小売業者は勤労意欲を失い，皆，廃業してしまうのではないか，という見解も生ずるかと思われる。しかし，このことについては，保護の対象は小規模零細卸・小売業者だけではなく，生活困難に陥っている全国民であり，保障されるのはあくまでも最低限度の生活[3]である，という点に留意しておかなければならない。したがって，経営維持が可能な場合には，最低限度の生活以上の生活を営むに足るだけの収入が期待できるわけであるから，誰も好き好んで廃業などしないであろう。

最後に，いくつかの見解の相違，追究不足の点もあったかと思われるが，これらの点については，後日検討し直し，さらに論理を精緻化したいということを付記して本章を終える。

1) 樋口兼次談，『日経流通新聞』平成元年 4 月15日付。
2) この問題について詳しくは，下記文献を参照されたい。①拙著『現代日本の中小商業問題』信山社，平成11年。②拙著『大型店出店調整問題』信山社，平成11年。③拙著『日本中小商業問題の解析』同友館，平成16年。
3) 日本国憲法第25条は，「生存権」の保障および国の生存権保障義務を明示しているが，留意しなければならないのは，「健康で文化的な最低限度の生活」とは何かという問題である。「健康で文化的な最低限度の生活」とは，国内における最低所得層の生活水準をもってそれにあたると解すべきものではない〔朝日訴訟第 1 審（東京地判昭和35・10・19行裁例集第11巻第10号，2921頁）〕し，また，それは抽象的・相対的概念であり，その具体的内容は，文化の発達，国民経済の進展その他多数の不確定的要素を総合考慮して初めて決定できるものである〔朝日訴訟上告審（最高裁大法廷判昭和42・5・24民集第21巻第 5 号，1043頁）〕。

（付記）

本章は，拙稿「流通機構形成に関する史的考察」〔『富士論叢（富士短期大学）』第33巻第 1 号，昭和63年所収〕に加筆修正または削除を施し，再編成したものである。

第4章　卸売業の概念および分類とその役割

第1節　卸売業の概念と基本機能

第1項　卸売業の概念

　卸売機構は，いうまでもなく小売機構とともに商業の二大部門のひとつを形成しているが，卸売業とは何か。

　卸売とは，消費者[1]以外の買い手を対象として商品を販売する活動であり，小売以外の商品販売活動すべてを含んでいる。したがって，販売相手には，生産者や卸売業者，小売業者に加えて，官公庁や病院，ホテル，レストランなどの業務購買者が含まれる。こうした「卸売を主たる業務とし，それに専門化している流通機関であって，しかも商業者として機能している企業」[2]を卸売商というが，卸売に従事するのは，卸売商だけではない。たとえば，メーカーが直接，小売業者に商品を販売する場合や，メーカーが他のメーカー，官公庁，病院，サービス業などへ業務用商品を直接販売する場合も卸売に該当する。すなわち，後述するように，卸売活動の主体は卸売商のみに限定されるわけではない，ということである。

　では，卸売業とは何か。「日本標準産業分類」によると，下記の事業所が卸売業とされている。

①　小売業，飲食店，または他の卸売業に商品を販売するもの。
②　鉱工業，建設業，運輸・通信業，サービス業（ホテル，病院，理容所，学校など），官公庁またはその他の産業用使用者に商品を大量または多額に販売するもの。
③　業務用に主として使用される商品〔事務用機械および家具，病院，美容院，レストラン，ホテルなどの設備，産業用機械（農機具を除く），建設

材料〔木材,セメント,板ガラス,瓦など〕など〕を販売するもの。なお,これらの商品は,その大部分が産業用に販売されるものなので,例外的に一般消費者へ主として販売する事業所であっても便宜上卸売業に分類されている。
④ 鉱工業会社が別の場所に経営している自己製品の卸売事業所(統括的・管理的事務を行っている事業所を除く)。
⑤ 他人または事業所のために商品の売買の代理行為を行い,または仲立人として商品の売買の斡旋をするもの。なお,ここで注意すべき点は,メーカーの支店や営業所,商品の所有権をもたずに売買の代理行為を行う業者(代理商・仲立業)も卸売業に含まれることである。

また,一般的には「卸売商」と「問屋」は同意語として扱われているが,次節で詳述するように,商法上では,商品の所有権をもたずに売買の代理行為を行い,売買手数料(コミッション)を得る業者のみを問屋としている。これを「商法上の問屋」と称する場合が多い。

1) 「消費者」という用語は,「最終消費者」と「産業購買者」の両方を含む。「最終消費者」とは自己または家族の欲求充足のために製品を購買・消費(使用)する個人を指し,「産業購買者」とは業務的使用,生産的消費,再販売のために製品を購買する企業または組織体を指す(来住元朗「消費者行動」三浦・来住・市川著『新版マーケティング』ミネルヴァ書房,平成3年,19-20頁)。しかし,一般的には,消費者とは最終消費者を指しており,本書においても,とくに断りのない限り,消費者とは「最終消費者」を指すものとする。
2) 田村正紀「卸売業」鈴木安昭・田村正紀『商業論』有斐閣,昭和55年,178頁。

第2項 卸売業の基本機能

卸売業は,生産者に対しては「販売代理者」として,小売業に対しては「仕入代理者」として,両者を結合する役割を果たしている。以下では,生産者と小売業の中間に位置する卸売業が果たしている基本機能を,実際の活動面からみていくことにする[1]。

① 仕入機能
品揃え機能(merchandising)とも称される。市場の動向を把握し,小売

業の要望を確認したうえで，取扱商品を決定し，メーカーなど生産者から商品を調達する活動である。
② 販売機能
　小売業を対象に，商品を販売するための活動である。具体的には，年次としては，卸・小売相互の信頼関係を深めるためのトップ商談や，販売企画提案，月次としては，特売のための商品陳列提案，週次・日次としては，受注促進のための活動を行う。
③ 金融機能
　小売業に対して販売代金を請求したり，それに基づいて代金回収をしたりする活動である。なお，その際，代金回収期間を長期化するなどの融通を図り，小売業に対して金融面で信用付与する役割を果たすこともある。
④ 受注機能
　販売機能の具体化として，小売業から商品の注文を取る活動である。受注方式としては，巡回受注，電話受注，ファックス受注などがあるが，最近ではコンピュータのオンライン・ネットワークを活用したEOS（electronic ordering system）なども導入されている。
⑤ 発注機能
　仕入機能の具体化として，メーカーなど生産者に対して商品を発注する活動である。発注は，電話，ファックス，オンライン・ネットワークなどを用いて行う。
⑥ 保管機能
　メーカーなど生産者から納品された商品を，物流センターなどの倉庫で荷受けし，注文に基づき小売業に出荷するまでの期間，在庫として保管する活動である。なお，それとともに，出荷する前段階においてのケース単位からバラ単位への小分け，店別仕分け，ルート別仕分けなどの作業もある。
⑦ 配送機能
　小売業からの受注商品を納品する活動である。
⑧ 情報伝達機能
　これには，生産者がもつ商品情報や競合店情報などを小売業に伝達する活

動と，小売業がもつ市場情報や消費者情報を生産者に伝達する活動がある。
⑨　指導援助機能
　　小売支援（retail support）とも称される。得意先小売業の経営向上を図るため，売場活性化支援，販売促進企画支援，店舗開発支援，従業員の教育訓練支援などの活動を行う。
⑩　組織化機能
　　小売支援を進め，得意先小売業を協力店として組織化することもある。
　以上，卸売業には10の基本機能があるが，これらは「強化すべき機能」（①～⑦）と「開発すべき機能」（⑧～⑩）に大別することができる。なお，「強化すべき機能」のうち，①～③は商流に，④～⑦は物流にそれぞれかかわっている。

1)　以下は，林一雄「卸売業」兼村・青木・林・鈴木・小宮路著『現代流通論』八千代出版，平成11年，119-122頁を参照している。

第2節　卸売業の分類

　ひと口に卸売業といっても，それはさまざまな基準・観点から分類することができる[1]。以下では，下記の8つの基準・観点から類型化し，それぞれ整理していこう。
①　規模別分類
②　流通段階別分類
③　取扱商品別分類
④　立地別分類
⑤　商圏別分類
⑥　機能別分類
⑦　経営主体別分類
⑧　所有権の有無別分類

(1)　規模別分類

　これは，資本金額や従業員数，売上高などに基づく分類である。通常，大規

模卸売業と中小規模卸売業に分けられる。ちなみに，中小企業の憲章と位置づけられる中小企業基本法では，資本金額1億円以下または常時従業員数100人以下を中小卸売業としている。

(2) 流通段階別分類

卸売商を流通段階別に分類すると，下記のように類型化できる。

① 第1次卸売業　生産者や国外から仕入を行う卸売業であり，原則として大規模な卸売業である。これを販売先で区分すると，第2次卸売業者へ販売する「元卸」と，第2次卸売業者以外へ販売する「直取引卸」に分けられる。後者はさらに，産業用使用者や国外へ販売する「他部門直取引卸」と，小売業者に販売する「小売直取引卸」に分けられる。

② 第2次卸売業　第1次卸売業者から仕入を行う卸売業であり，取引先も地方の中小小売業が多い。これは，第1次卸売業者から仕入を行い，さらに別の卸売業者に再販売する「中間卸」と，卸売業者以外に販売する「最終卸」から成る。

③ 第3次卸売業　これは第2次卸売業者から仕入を行う卸売業である。

④ その他の卸売業　販売先や仕入先が同一企業内の卸売業および自店内製造品を販売する卸売業である。こうした企業内取引による卸売業は，近年，増加傾向にある。

(3) 取扱商品別分類

取扱商品による分類は，①取扱商品の業種による分類，②財の区分による分類，③品揃えの広さによる分類，という3つの観点から整理できる。以下，3つの観点別に卸売業を類型化していこう。

（取扱商品の業種による分類）

取扱商品の業種による分類は，通産省（現・経済産業省）「商業統計」にみられるものである。図表4―1は商業統計上の業種別分類を示したものであるが，そこでは，特定の商品が販売額の50％以上を占める場合を基準として類型化されている。これはメイン（main）の原則と呼ばれている。また，多種類の商品を扱っていて，どの商品も販売額の50％以上に達しない場合は，各種商品卸売業（たとえば総合商社）とされている。

図表4—1　商業統計における卸売業の業種別分類

```
一般卸売業 ┬─ 各種商品卸売業　481
          ├─ 繊維品卸売業（衣服，身のまわり品を除く）　491
          ├─ 衣服・身のまわり品卸売業　492
          ├─ 農畜産物・水産物卸売業　501
          ├─ 食料・飲料卸売業　502
          ├─ 建築材料卸売業　511
          ├─ 化学製品卸売業　512
          ├─ 鉱物・金属材料卸売業　513
          ├─ 再生資源卸売業　514
          ├─ 一般機械器具卸売業　521
          ├─ 自動車卸売業　522
          ├─ 電気機械器具卸売業　523
          ├─ その他の機械器具卸売業　529
          ├─ 家具・建具・じゅう器等卸売業　531
          ├─ 医薬品・化粧品等卸売業　532
          └─ 他に分類されない卸売業　539
代理商・仲立業　533
  中分類48—各種商品卸売業
  中分類53—代理商，仲立業
```

（財の区分による分類）

　産業財（他の製品を生産するために使われる財）を取り扱う「産業財卸売業」と，消費財（個人的に消費される財）を取り扱う「消費財卸売業」とに分けられる。前者の主な販売先は産業的使用者であるが，後者のそれは小売店である。

　なお，産業財卸と消費財卸を正確に区分することはできないが，産業向け販売の比重の高さからみて，産業財卸の方が商店数は多いものと思われる。

（品揃えの広さによる分類）

　品揃えの広さという点から，下記3つの卸売業に分類できる。

① 総合卸売業　大規模で多品目の商品を取り扱い，部門化された各部門は，専門卸売業のように機能する卸売業である。総合商社を典型例として挙げることができる。

② 専業卸売業　加工食品，日用雑貨，鉄鋼，機械など，特定の業種に属するすべての品目を総合的に取り扱う卸売業である。業種別総合卸売業ともいう。

③ 専門卸売業　専業卸売業よりさらに商品を絞り込んで，特定品目のみを専門に取り扱う卸売業である。たとえば，加工食品のなかでも冷凍食品だけ，食用油だけを取り扱う卸売業がある。業種別限定卸売業ともいう。

(4) 立地別分類

卸売業は立地条件の相違によって，①産地卸売業（生産地に立地），②集散地卸売業（交通上の重要地や商業の中心地に立地），③消費地卸売業（消費地に立地），の3つに分類できる。

なお，上記①〜③は，集荷，中継，分散という配給機能の相違から分類することもできる。すなわち，①は流通過程において集荷（収集）機能をもっぱら果たしていることから，「集荷卸売業」とみることができる。同じように，②は中継機能を果たすことから「中継卸売業」，③は分散機能を果たすことから「分散卸売業」とみることができる。

(5) 商圏別分類

商圏すなわち営業の地理的範囲の程度によって，卸売業は下記の3つに分類できる。

① 全国卸売業　東京，大阪，名古屋の3大都市圏に立地し，主要都市に多店舗展開を行い全国商圏をもつ卸売業である。なお，立地に着目して，全国中心都市に立地することからこれを「中央卸売業」，その他の地域に立地するものを「地域卸売業」または「地方卸売業」と称することもある。

② 広域卸売業　全国的な市場を対象としないが，東北，関東，近畿，九州などといった複数の都道府県から成る商圏を対象とする卸売業である。

③ 局地卸売業　同一県内または2県以内程度から成る商圏を対象とする卸売業である。

(6) 機能別分類

遂行する機能やサービスの範囲による分類であり，下記の4つに分けられる。ただし，実際の卸売商は，取引内容ごとにさまざまな機能で対応するものが多く，機能別に明確に区分することは困難な場合が多い。

① 完全機能卸売業　卸売業が果たす仕入，販売，金融，受注，発注，保管，配達などのすべての機能，またはそのほとんどの機能を遂行する卸売

業である。「全機能卸売業」ともいう。日本に従来からある業種別卸売業（食品卸売業，医薬品卸売業など）のほとんどがこれに該当する。

② 不完全機能卸売業　卸売業が果たす諸機能のうち自らが得意とする機能を選び，それに特化した卸売業である。「限定機能卸売業」ともいう。代表的なものには下記のものがあるが，「現金持ち帰り卸売業」を除いて，日本における事例は少ない。

・現金持ち帰り卸売業（cash and carry wholesaler）　卸売業が店舗または倉庫に商品を陳列し，来店した顧客（小売業者，事務用需要者，他の卸売業者）にセルフサービス方式で販売し，現金取引で商品を持ち帰ってもらうものである。信用付与と配送は行わず，日本では「現金問屋」と呼ばれている。

・直送卸売業（drop shipper）　顧客から注文を受けると，すべてメーカーから直接，配送してもらう卸売業である。したがって，商品の在庫はもたず，保管や配送は行わない。

・通信卸売業（mail-order wholesaler）　顧客に商品カタログ，価格表を郵送し，送られてきた注文書に基づき商品を配送する卸売業である。なお，郵送のみならず，電話，ファックス，Eメールなどによる受注も行われている。

・移動卸売業（truck jobber, wagon distributor）　トラックやワゴン車に商品を積み，顧客を定期的に巡回訪問し，現金取引をする卸売業である。「車積販売卸売業」，「配達卸売業」ともいう。

・陳列棚卸売業（rack jobber）　スーパーマーケットなどの小売業から，特定の商品分野の陳列棚，売場を賃貸料を支払って借り受け，自らの工夫でその商品の構成，価格づけ，補充，陳列，販売促進などを行う卸売業である。

③ 製造卸売業　卸売機能のみならず，生産機能ももっている卸売業である。この形態には，①自ら生産設備をもって生産を行う場合と，②自らは商品企画を行うのみで，製造工程は小規模な生産者に委託する場合がある。製造卸売業は，日本では，繊維産業や食品産業に多く見受けられる。

④ 代理商・仲立業　商品の売買の代理行為を行ったり（代理商），売買の斡旋を行ったりして（仲立業），手数料を受け取る卸売業である。商品の法的所有権をもたず，危険負担も行わない。また，「商業統計」上の年間販売額には，代理商・仲立業の分は計上されていない。なお，代理商・仲立業については，(8)「所有権の有無別分類」のところで詳述する。

(7) **経営主体別分類**

経営の主体がいかなるものかによる分類であり，下記の7つに分けることができる。

① 独立卸売業　経営の主体が独立した経営体である卸売業をいう。通常の多くの卸売業がこれに該当する。
② 製造卸売業　前述したように，卸売業が製造業を兼営するものをいう。
③ 小売兼営卸売業　小売と卸売を兼ねている業者である。通常，卸売業が小売業を兼ねているものをいう。
④ 製造卸売機関　メーカーの販売子会社，販売支店，販売営業所などが該当する。
⑤ 協業的卸売機関　ボランタリー・チェーンやフランチャイズ・チェーンの本部での仕入部門をいう。「ボランタリー卸」，「フランチャイズ卸」とも称される。
⑥ 協同組合卸売業　小売業が協同組合や株式会社などの形態で，独立的な共同仕入機関をつくったものをいう。
⑦ 系統販売卸売機関　生産者や消費者の協同組合がもつ共同仕入機関である。農協，生協などの仕入部門が該当する。

(8) **所有権の有無別分類**

商品の法的な所有権を有するか否かによる分類である。通常の卸売業は所有権を取得して卸売活動を展開しているが，下記の3つは所有権をもたずに，卸売活動を展開している。

① 商法上の問屋　自己の名義で生産者または流通業者に商品を委託されて売買し，委託者から手数料を受け取る卸売業である。商法では，「問屋トハ自己ノ名ヲ以テ他人ノ為ニ物品ノ販売マタハ買入ヲ為スヲ業トスル

者」(商法第551条) と規定されている。「商法上の問屋」は自己の名をもって取引を行うことから取引上のいっさいの責任を負うが、売買損益は委託者のものとなる。

② 代理商　売り手または買い手の代理になり、委託者の名義と責任において取引を代行し、委託者から手数料を受け取る卸売業である。したがって、価格の決定、商品の保管、配送などの活動は行わない。なお、商法では、「代理商トハ使用人ニ非ズシテ一定ノ商人ノ為ニ平常其ノ営業ノ部類ニ属スル取引ノ代理マタハ媒介ヲ為ス者」(商法第46条) と規定されている。

③ 仲立業　売り手と買い手の間に立って、売買が成立するよう斡旋し、手数料を受け取る卸売業である。したがって、代理商と同じく商品の法的所有権をもたず、危険負担も行わない。なお、商法では、「仲立人トハ他人間ノ商行為ノ媒介ヲ為スヲ業トスル者」(商法第543条) と規定されている。

1) たとえば、下記文献を参照されたい。①杉野幹夫「流通における卸売商業の役割」保田芳昭・加藤義忠編『現代流通論入門 (新版)』有斐閣、平成6年、54-56頁。②羽田昇史『現代の流通・商業』学文社、平成7年、142-145頁。③林一雄「卸売業」兼村・青木・林・鈴木・小宮路著『現代流通論』八千代出版、平成11年、125-130頁。④鷲尾紀吉『現代流通の潮流』同友館、平成11年、137-141頁。

第3節　卸売業の社会的役割

第1項　集荷分散機能

卸売業の最も基本的な社会的機能は、集荷分散機能である。集荷分散機能とは、散在している数多くの生産者から商品を収集し、それを散在している数多くの小売業者 (ときには他の卸売業者や需要者) に分散させる機能であるが、それは卸売業の固有機能でもある。

広く分散している生産者と小売業者とを連結する事業者すなわち卸売業者が存在しなければ、商品流通は遂行しえない。

現代では、生産者、小売業者 (需要者) のなかに大規模なものが発生してい

るから，集荷分散機能の地位は相対的に低下しているものの，集荷分散を遂行するということが卸売業の最も基本的な社会的役割であることには変わりがない。

第2項　需給結合・調整機能

　社会的分業が進展した結果，生産（供給）と消費（需要）との間に距離が生じ，両者を結合するために流通が必要となったが，流通機構の構成員としての卸売業がその主たる役割を担っている。すなわち，需給結合機能を担っているということであるが，この需給結合は単に物理的な結合だけを意味しているのではない。物理的な結合だけというのであれば，運輸業が担当するだけで充分である。

　卸売業が生産と消費との間に介在するのは，需要と供給のバランスをとり，市場を形成するという重要な役割を担っているからである。資本主義社会では自由な生産活動や購買活動が行われているが，にもかかわらず，平時において極端なモノ不足やモノ過剰が発生しないのは，流通過程での需給調整機能が働いているからである。その中心的役割を担っているのが卸売業である。

第3項　社会的流通コスト節減機能

　ホール（Hall, M.）は卸売業の社会的役割を，①取引総数極小化の原理（principle of minimum total transactions）と，②集中貯蔵の原理（principle of massed researves）〔不確実性プールの原理（principle of pooling uncertainty）〕として説明した[1]。

　以下，上記①，②の原理の概要を説明しよう。

(1) 取引総数極小化の原理

　この原理は，「卸売業の介在によって，それが介在しない場合と比べて取引総数が減少され，取引総数の減少は，発注から代金決済に至る取引上の費用を節約させる」，とするものである。

　これを具体例で説明しよう。

　いま，ある商品について3人の生産者と5人の小売業者が存在するものとす

る。もし，それぞれの小売業者がすべての生産者と最低1回ずつ取引しなければならないとすると，必要な取引回数は3×5＝15回となる。これに対して，1人の卸売業者が介在し，彼が生産者のすべてと取引しているとすれば，取引回数は，生産者と卸売業者との間に3回，卸売業者と小売業者との間に5回となり，取引総回数は3＋5＝8回となる。

かくして，卸売業が介在することによって，取引回数が減少し，社会的流通コストが節減されることになる，というのがホールの結論であった。

(2) 集中貯蔵の原理

この原理は「不確実性プールの原理」ともいうが，「間欠的な需要を満たすに足る在庫を卸売業が集中的にもつことによって全体の在庫量が節約されることで，流通過程における在庫費用が節減される」，とするものである。

これを具体例で説明しよう。

いま，卸売業者が介在せず，小売業者が10人存在するものとする。そして，不確実な供給や需要に備えて，各業者ともある商品の在庫を100個保有したとすれば，全体の在庫量は100個×10＝1,000個となる。

しかし，卸売業者が介在し，いつでも注文に応じてくれるとすれば，小売業者は100個の在庫をもつ必要はなくなり，たとえば30個の在庫で充分になる。これに対し，卸売業者は予期しない需要増加などに備えるために，(100個－30個)×10＝700個の在庫をもつ必要があるであろうか。これが必要になるのは，小売業者10人に同時に不測の事態が生じた場合だけである。不測の事態が生じる確率を50％とすれば，小売業者10人に同時にこれが生じる確率は $(0.5)^{10}$ となり，きわめて低い。したがって，卸売業者は700個の在庫をもつ必要はなく，たとえば300個の在庫で充分である。

そうなると，結局，流通段階に必要な在庫量は，100個×10＝1,000個から，30個×10＋300個＝600個に減少することになる。

かくして，卸売業に商品が集中貯蔵されることによって，流通過程における在庫費用が節減されることになる。

以上，ホールによる「取引総数極小化の原理」と「集中貯蔵の原理」について概説してきたが，このようにして，卸売業は取引総数や在庫量を少なくし，

社会的流通コストを節減することに貢献している。ホールの理論は，現実の取引実態においては理論通りではない側面もあるが，卸売業の存立根拠を主張する代表的な理論であり，卸売業の社会的有用性を主張する根拠に据えられてきたものである。

1) 詳しくは，住谷宏「卸売機構」久保村隆祐編著『商学通論（新訂版）』同文舘，平成3年，81-83頁を参照されたい。

第4項　社会的危険負担機能

　金融機能は，卸売業の売買活動に不可避的に伴うものである。とりわけ日本のように小規模零細な生産者や小売業が多数存在するところでは，売掛や受取手形のような形態での金融が，商品流通を円滑化するうえで不可欠なものである。こうした与信を行うなかで，卸売業は流通過程で発生する市況変動（商品相場や為替相場の変動など），売れ残り，貸し倒れといった危険を負担し，吸収する役割をも担ってきたのである。

　卸売業の上記のような危険負担活動を社会的視点から捉えれば，卸売業は，こうした危険を吸収するバッファー（緩衝）機構としての役割を果たしているといえよう。

第5項　卸売業に求められる新たな役割

　卸売業を取り巻く環境変化（第5章第2節を参照のこと）は，卸売業者の存立基盤を脅かすものである反面，メーカーや小売業者は，環境変化に対応した新たな役割の遂行を卸売業者に期待している。

　図表4―2は，メーカー，小売業者が卸売業者に期待する機能と卸売業者が重視する機能を整理したものであるが，本図表から明らかなように，現在，卸売業者に求められる機能としては，①物流機能（一括物流システム，納品の迅速化・高精度化など），②情報提供・情報集約機能（売れ筋・売り方情報の提供，小売業者の情報化への対応など）に重点がおかれてきている。卸売業者もこうした重点機能の変化に対応し，流通における結節点として自らの役割が果たせるよう，上記①，②の機能を重視していることがうかがえる[1]。

図表4－2　メーカー，小売業者の期待する機能と卸売業者の重視する機能

メーカーと卸売業者との関係		小売業者と卸売業者との関係	
メーカーが卸売業者に期待する機能	卸売業者が重視する機能	小売業者が卸売業者に期待する機能	卸売業者が重視する機能
1．一括物流システム (60.8%)	1．売れ筋・売り方情報の提供 (27.6%)	1．売れ筋・売り方情報の提供 (62.9%)	1．納品の迅速化・高精度化 (35.1%)
2．売れ筋・売り方情報の提供 (52.9%)	2．小売業者の情報化への対応 (27.4%)	2．納品の迅速化・高精度化 (59.7%)	2．一括物流システム (21.0%)
3．小売業者の情報化への対応 (43.1%)	3．納品の迅速化・高精度化 (18.8%)	3．一括物流システム (43.5%)	3．売れ筋・売り方情報の提供 (20.0%)
4．納品の迅速化・高精度化 (27.5%)	4．一括物流システム (11.4%)	4．小売業者の情報化への対応 (40.3%)	4．フルライン化 (9.3%)
5．危険負担 (27.5%)	5．危険負担 (10.0%)	5．新商品の企画開発 (33.9%)	5．新商品の企画開発 (6.3%)

(備　考)　①メーカーが卸売業者に，小売業者が卸売業者に期待する機能の（　）構成比は複数回答。
　　　　　②卸売業者が重視する機能の（　）構成比は加工食品卸，日用雑貨品卸双方の回答合計の平均値。
(原資料)　公正取引委員会事務総局『卸売業者等の事業活動に関する実態調査報告書』(平成10年)，14頁，15頁，18頁，72頁を一部加工して作成。
(資料)　鷲尾紀吉『現代流通の潮流』同友館，平成11年，163頁。

　つまり，上記①，②の機能の要請に対し，卸売業としていかに対応していくかが，卸売業に求められる新たな役割だといえるが，今後ともこうした機能のいっそうの充実・強化に向けて卸売業者間の激しい競争が展開されていくものと思われる。

　1)　詳しくは，鷲尾紀吉『現代流通の潮流』同友館，平成11年，162-165頁を参照されたい。

(付記)

　本章は，拙稿「現代卸売機構の諸側面」〔『フジ・ビジネス・レビュー（富士

短期大学)』第19号,平成12年所収〕の第1章～第3章に加筆修正または削除を施し,再編成したものである。

第5章　卸売業における構造・環境変化と生き残り方向

第1節　卸売業の構造変化

　卸売機構の内部構造の変化を分析する際には，①規模構造，②業種構造，③地域構造，④垂直構造，という4つの角度からの検討が求められようが[1]，ここでは紙幅の都合もあり，通産省（現・経済産業省）「商業統計」を分析用具としつつ，全般的な動向を分析するにとどめる。なお，商業統計調査は昭和27年（1952年）に第1回調査が実施されて以来，同51年（1976年）までは2年ごとに，平成9年（1997年）までは3年ごとに実施されている。平成9年（1997年）以降は5年ごとに「本調査」が実施され，中間年（本調査の2年後）に「簡易調査」が実施されているが，この制度のもとでの最終本調査は平成19年（2007年）調査である。その後，全国すべての企業・事業所を対象とする「経済センサス」（基礎調査・活動調査）が創設されたことに伴い，従前の商業統計調査（簡易調査）で把握すべき事項は「経済センサス－活動調査」で把握することとし，商業統計調査（本調査）は「経済センサス－活動調査」実施年の2年後に実施されることとなった。この制度のもとでの直近の本調査は平成26年（2014年）調査であり，同27年（2015年）6月30日，速報値が公表されている。

　さて，図表5－1は，卸・小売業の商店数，年間商品販売額，および就業者数の推移を示したものであるが，以下，本図表に基づいての分析を展開しよう。なお，卸売構造は平成3年（1991年）調査以降大きく変化しているので，これ以降の卸売業の構造変化を中心に分析することとする。

　日本の卸売商店数は，昭和60年（1985年）調査時点でやや減少しているが，これは同年の商業統計調査が事業所統計調査と調査時期が著しく隔たっていた

図表5－1　事業所数，年間

		昭和57年（6月1日）		前回比（%） 57年/54年	昭和60年（5月1日）		前回比（%） 60年/57年	昭和63年
		実　数	構成比（%）		実　数	構成比（%）		実　数
事業所数	合　計（店）	2,150,323	100.0	5.3	2,041,660	100.0	▲5.1	2,056,173
	卸売業	428,858	19.9	16.3	413,016	20.2	▲3.7	436,421
	小売業	1,721,465	80.1	2.9	1,628,644	79.8	▲5.4	1,619,752
年間販売商品額	合　計（百万円）	492,507,425	100.0	41.5	529,469,703	100.0	7.5	561,323,898
	卸売業	398,536,234	80.9	45.2	427,750,891	80.8	7.3	446,483,972
	小売業	93,971,191	19.1	27.7	101,718,812	19.2	8.2	114,839,927
就業者数	合　計（人）	－	－	－	－	－	－	－
	うち，従業者数	10,460,345	100.0	8.6	10,327,051	100.0	▲1.3	11,183,062
	卸売業	－	－	－	－	－	－	－
	うち，従業者数	4,090,919	39.1	11.4	3,998,437	38.7	▲2.3	4,331,727
	小売業	－	－	－	－	－	－	－
	うち，従業者数	6,369,426	60.9	6.9	6,328,614	61.3	▲0.6	6,851,335

		平成9年（6月1日）		前回比（%） 9年/6年	平成11年（7月1日）		前回比（%） 11年/9年	平成14年
		実　数	構成比（%）		実　数	構成比（%）		実　数
事業所数	合　計（店）	1,811,270	100.0	▲6.1	1,832,734	100.0	▲7.0	1,679,606
	卸売業	391,574	21.6	▲8.8	425,850	23.2	▲5.2	379,549
	小売業	1,419,696	78.4	▲5.4	1,406,884	76.8	▲7.5	1,300,057
年間販売商品額	合　計（百万円）	627,556,411	100.0	▲4.6	639,285,131	100.0	▲9.3	548,464,125
	卸売業	479,813,295	76.5	▲6.7	495,452,580	77.5	▲9.7	413,354,831
	小売業	147,743,116	23.5	3.1	143,832,551	22.5	▲8.0	135,109,295
就業者数	合　計（人）	－	－	－	13,197,622	100.0	－	12,613,270
	うち，従業者数	11,515,397	100.0	▲3.8	12,524,768	94.9	▲0.5	11,974,766
	卸売業	－	－	－	4,675,300	35.4	－	4,172,696
	うち，従業者数	4,164,685	36.2	▲9.1	4,496,210	34.1	▲5.9	4,001,961
	小売業	－	－	－	8,522,322	64.6	－	8,440,574
	うち，従業者数	7,350,712	63.8	▲0.5	8,028,558	60.8	2.6	7,972,805

（注1）　表頭中の各年の（　）内は，各調査年の実施日である。
（注2）　平成6年（1994年）の産業分類の改訂に伴い，同3年（1991年）の数値は新分類に
（注3）　平成11年（1999年）調査において事業所の補そくを行っており，前回比については
（注4）　就業者数は，従業者数に臨時雇用者数および「他からの派遣・受入者数」を加え，
　　　　から調査を始めたため，同11年（1999年）および同14年（2002年）は「他への派遣・
（注5）　平成19年（2007年）調査より，駅改札内および有料道路内事業所を調査対象に加え
（注6）　平成19年（2007年）調査および同26年（2014年）調査の数値は速報値である。
（資料）　通産省（現・経済産業省）「商業統計」。

商品販売額，就業者数の推移

(6月1日)		平成3年（7月1日）			平成6年（7月1日）		
構成比(%)	前回比(%) 63年/60年	実　数	構成比(%)	前回比(%) 3年/63年	実　数	構成比(%)	前回比(%) 6年/3年
100.0	0.7	2,067,206	100.0	0.5	1,929,250	100.0	▲6.7
21.2	5.7	461,623	22.3	9.1	429,302	22.3	▲7.0
78.8	▲0.5	1,605,583	77.7	▲1.8	1,499,948	77.7	▲6.6
100.0	6.0	713,802,802	100.0	27.2	657,641,928	100.0	▲7.9
79.5	4.4	571,511,669	80.1	28.4	514,316,863	78.2	▲10.0
20.5	12.9	142,291,133	19.9	22.5	143,325,065	21.8	0.7
—	—	—	—	—	—	—	—
100.0	8.3	11,709,235	100.0	4.7	11,965,549	100.0	2.2
—	—	—	—	—	—	—	—
38.7	8.3	4,709,009	40.2	10.2	4,581,372	38.3	▲2.7
61.3	8.3	7,000,226	59.8	1.2	7,384,177	61.7	5.5

(6月1日)		平成16年（6月1日）			平成19年（6月1日）			平成26年（7月1日）	
構成比(%)	前回比(%) 14年/11年	実　数	構成比(%)	前回比(%) 16年/14年	実　数	構成比(%)	前回比(%) 19年/16年	実　数	構成比(%)
100.0	▲8.4	1,613,288	100.0	▲3.9	1,470,995	100.0	▲8.8	1,046,031	100.0
22.6	▲10.9	375,269	23.3	▲1.1	334,240	22.7	▲10.9	265,312	25.4
77.4	▲7.6	1,238,049	76.7	▲4.8	1,136,755	77.3	▲8.2	780,719	74.6
100.0	▲14.2	538,775,810	100.0	▲1.8	545,250,569	100.0	1.2	492,804,280	100.0
75.4	▲16.6	405,497,180	75.3	▲1.9	410,678,894	75.3	1.3	364,909,392	74.0
24.6	▲6.1	133,278,631	24.7	▲1.4	134,571,675	24.7	1.0	127,894,888	26.0
100.0	▲4.4	12,333,889	100.0	▲2.2	11,706,379	100.0	▲5.1	—	—
94.9	▲4.4	11,565,953	93.8	▲3.4	11,133,882	95.1	▲3.7	8,672,803	100.0
33.1	▲10.8	3,957,154	32.1	▲5.2	3,639,307	31.1	▲8.0	—	—
31.7	▲11.0	3,803,652	30.8	▲5.0	3,544,507	30.3	▲6.8	2,804,386	32.3
66.9	▲1.0	8,376,735	67.9	▲0.8	8,067,072	68.9	▲3.7	—	—
63.2	▲0.7	7,762,301	62.9	▲2.6	7,589,375	64.8	▲2.2	5,868,417	67.7

組み替えており前回比とは一致しない。
時系列を考慮したもので算出している。
「他への派遣・出向者」を除いたもの〔ただし，「他への派遣・出向者」は，平成16年（2004年）出向者」は除いていない〕〔就業者数は平成11年（1999年）から調査〕。
た。

ために，対象事業所の把握率が極端に低下し，前回調査減少という「異常値」を生み出したことによるものである[2]。この時点を除けば，卸売商店数は平成3年（1991年）調査まで一貫して増加してきた。しかし，平成6年（1994年）調査以降は一転して減少傾向に転じた。平成3年（1991年）調査では46万1,623店であったが，同19年（2007年）調査では33万4,240店にまで減少した。この16年間で12万7,400店もの卸売業が消滅したことになり，27.6％もの大幅減を示している。その後も卸売商店数の減少傾向に歯止めはかからず，平成26年（2014年）調査では26万5,312店にまで減少した。平成19年（2007年）調査比では20.6％減，同3年（1991年）調査比では実に42.5％もの大幅減である。平成3年（1991年）から同26年（2014年）にかけての23年間で19万6,300店もの卸売業が消滅したことになるが，これは開店と閉店の増減差であるから，実際に閉店または廃業等を行った店はこれよりはるかに多い。

　なお，卸売商店数の減少傾向を従業者・就業者規模別にみると，どの規模でも減少している。小売業の場合にも全体の商店数は減少しているが，これは主として1～2人規模の限界的な零細店の激減によってもたらされたものであることと比べると，対照的である。

　また，平成26年（2014年）調査における卸売商店数の業種別構成比をみると，2万店を超える業種は下記5業種であり，この上位5業種で卸売業全体の53.1％を占めている。①他に分類されない卸売業（3万975店，構成比11.7％），②農畜産物・水産物卸売業（2万9,391店，同11.1％），③食料・飲料卸売業（2万8,902店，同10.9％），④建築材料卸売業（2万6,430店，同10.0％），⑤産業機械器具卸売業（2万5,176店，同9.5％）。なお，平成27年（2015年）6月30日に公表された「商業統計速報」の本文中では，「経済センサス－活動調査」〔平成24年（2012年）調査〕との比較は単位あたりの年間商品販売額等の販売効率の分析においてのみ行われ，「事業所数（商店数）」，「従業者数」および「年間商品販売額」等については行われていない。

　なお，図表5－2をもとに，平成3年（1991年）調査以降の法人・個人別の卸売商店数の推移をみると，両者とも減少しているが，減少率では個人商店の方がはるかに大である。その結果，全卸売商店数に占める法人商店の割合はよ

図表5—2　法人・個人別卸売商店数

	商店数（店）							
	平成3年	平成6年	平成9年	平成11年	平成14年	平成16年	平成19年	平成26年
法　人	355,074 (76.9)	337,173 (78.5)	313,136 (80.0)	339,977 (79.8)	307,259 (81.0)	304,626 (81.2)	273,141 (81.7)	226,973 (85.5)
個　人	106,549 (23.1)	92,129 (21.5)	78,438 (20.0)	85,873 (20.2)	72,290 (19.0)	70,643 (18.8)	61,099 (18.3)	38,339 (14.5)
計	461,623 (100.0)	429,302 (100.0)	391,574 (100.0)	425,850 (100.0)	379,549 (100.0)	375,269 (100.0)	334,240 (100.0)	265,312 (100.0)

	商店数の増減率（％）						
	6年/3年	9年/6年	11年/9年	14年/11年	16年/14年	16年/19年	19年/26年
法　人	▲5.0	▲7.1	▲5.8	▲9.6	▲0.9	▲10.3	▲16.9
個　人	▲13.5	▲14.9	▲3.0	▲15.8	▲2.3	▲13.5	▲37.3
計	▲7.0	▲8.8	▲5.2	▲10.9	▲1.1	▲10.9	▲20.6

（注1）　商店数の欄の上段は実数。下段（　）内は構成比。
（注2）　平成6年（1994年）の産業分類の改訂に伴い，同3年（1991年）の数値は新分類に組み替えている。
（注3）　平成11年（1999年）調査において事業所の補そくを行っており，前回比については時系列を考慮したもので算出している。
（資料）　通産省（現・経済産業省）「商業統計」より作成。

り大きくなり，平成26年（2014年）調査では85.5％を占めている。バブル経済崩壊後は法人商店優位の傾向となっていることをみてとれる。

　以上にみられる卸商店数の減少は，必然的に従業者数の減少をもたらしている。平成19年（2007年）調査では，卸売業に従事する従業者数は354万4,507人（就業者数は363万9,307人）であったが，同3年（1991年）調査比では24.7％減，実数では116万4,500人の減少を示している。その後も従業者数は減少し続け，平成26年（2014年）調査では280万4,386人にまで減少した。平成19年（2007年）調査比では20.9％減，同3年（1991年）調査比では実に40.4％もの大幅減である。

　最後に年間商品販売額をみると，平成26年（2014年）調査では364兆9,094億円となっている。平成3年（1991年）調査以降，同19年（2007年）調査で同16

年（2004年）調査比1.3％増と微増であったものの，これを除けば一貫して減少傾向にある。ちなみに平成3年（1991年）調査の年間商品販売額は571兆5,117億円，同19年（2007年）調査のそれは410兆6,789億円であった。平成19年（2007年）から同26年（2014年）にかけての7年間で45兆7,695億円減少しているが，同3年（1991年）から同26年（2014年）の23年間で実に206兆6,013億円も減少している。減少傾向の要因としては，①バブル経済崩壊による影響，②卸売商店数の減少と構造変革に伴う卸売業者間取引の減少（流通経路の短縮）が考えられよう。

なお，平成26年（2014年）調査における卸売業の1事業所あたりの年間商品販売額は13億7,794万円であり，前回調査〔平成24年（2012年）経済センサス－活動調査〕比7.7％の増加を示している。法人商店優位の傾向がいっそう強まり，店舗の大型化が進んでいる証左であるものと推測される。

1) たとえば，下記文献を参照されたい。①羽田昇史『現代の流通・商業』学文社，平成7年，150-157頁。②鷲尾紀吉『現代流通の潮流』同友館，平成11年，146-153頁。
2) 横森豊雄「商業統計にみるわが国の卸売業の構造と変化」『専修大学商学研究所報』第81号，平成3年，1-2頁。

第2節　卸売業を取り巻く環境変化

1990年代以降，卸売業は大きな転機に直面している。バブル経済の崩壊後，卸売業を取り巻く環境は大きく変化し，これに伴い，卸売業の構造も激変している。とりわけ近年においては，小売業における零細商店の激減傾向が[1]，それらを基盤としてきた中小卸売業者の危機感をいっそう強めている。

卸売業の構造変化を促進してきた環境変化としてはさまざまなものが考えられるが，大きくは，①メーカー主導型流通の崩壊（特約店制・建値制の見直し），②メーカー・小売業者間の取引形態の変化（製販同盟による「卸中抜き」現象），③流通情報システム化の進展，④流通の国際化の進展，であろう。以下，これらの環境変化について分析していこう。

1) 詳しくは，第8章第1節を参照されたい。

第1項　メーカー主導型流通の崩壊

　日本において，メーカーをチャネル・キャプテンとするチャネル・システムは昭和28年（1953年）頃から寡占メーカーによって急速に形成され，いわゆるメーカー主導型流通が確立された。以来1980年代までは，日本の流通業界ではメーカー主導の系列的な商取引が慣行となっていた。それは「特約店制」と「建値制」に代表される。しかし，1990年代以降，こうした取引システムは見直されてきている。とりわけ，加工食品，日用雑貨品といった業種では，そうした動きが顕著である。

　まず，特約店制についてであるが，これは，メーカーが特定の商圏ごとに特定の有力卸売業者のみを特約店として指定し，これに自社商品の専売権を与えて，自社の傘下におくチャネル政策である。この特約店制は，加工食品や日用雑貨品の流通において，現在なお広く採用されている。しかし，バブル経済崩壊後，特約店制は大規模小売業のバイイング・パワーや卸売業のフルライン化によって大きく崩れようとしており，特約店の存在意義そのものが問われている。

　従来は，卸売業は有力ブランド商品をもっているメーカーの特約店という立場を維持さえしていれば，特別の努力を払わなくても小売業に商品を販売することができた。なぜなら，商圏内の小売業がそのメーカーの商品を仕入れる場合には，同メーカーと特約店契約を締結している卸売業から仕入れるしか方法がないためである。したがって，卸売業はメーカーの「販売代理店機能」に徹しさえしていればよかったのである。

　ところが現在は，メーカーと小売業とでは立場が逆転している。従来は，メーカーが小売業に対して取引する卸売業を指定していたが，現在は，小売業が指定する卸売業にメーカーが商品を納品するようになっている。

　しかも，特約店制に対し，総じてメーカーや卸売業者は意義を感じているが，小売業者とりわけ大規模小売業者はあまり意義を感じていない。小売業者が特約店制を意義なしとしている理由は，①商品供給が他の一般卸と同じ状態であること，②有利な取引条件がないこと，③小売店への信頼を得られないこと，にあるとされているが，大規模小売業者ほど商品供給は他の一般卸と同じ

状態であるとみる業者が多い[1]。

　かくして，メーカーの特約店としての卸売業者の役割は形骸化しつつある。

　次に建値制についてであるが，従来，メーカーは最終小売価格の維持を図るために，建値制を採用してきた。建値制は，メーカーが自社製品の販売価格を設定する際，卸売業や小売業の販売価格をもあわせてメーカーが決定する制度であり，当該商品には「メーカー希望小売価格」と称される定価が表示されている。

　こうした建値制を補完するものがリベートであるが，建値制とリベートについては，「建値制によりメーカーが卸売業者および小売業者にマージンを保証し，建値を基準に取引上の決済を行うことを前提とし，取引条件の変化に対応してリベートを支給することによりマージンを調整するということに意味があった」[2]。また，「卸売業者や小売業者もメーカーが設定した建値を基準とした取引の方が一定の粗利益を確保できることもあり，これを受け入れてきた」[3]。

　しかし，近年のディスカウントストアを始めとする大規模小売業の「価格破壊」的な低価格路線は，定価自体の意味を失わせている。低価格化に伴い，製品の価格設定面でもメーカーの価格支配力が弱まり，メーカー希望小売価格は商品の単なる値引率を表す指標へと変わりつつある。

　かくして，メーカー主導の建値制は崩壊しつつあるが，最近では，建値制に代わって，オープン価格制を導入するメーカーも現われ始めている。これは，建値が機能しなくなってきたことから導入され始めたものであるが，メーカーは自らの販売価格のみを設定し，卸売業や小売業の販売価格はそれぞれが自由に設定するものである。こうした「建値制」の崩壊，「オープン価格制」の導入により，価格決定権は川上（メーカー）から川下（小売業者）へ移りつつあるということがわかる。

　オープン価格化は，卸売業者にとって，「リベート制度の下で発生していた立替え払いによる金利負担やリベート対象商品の売上，リベート未収金を管理するための煩雑な事務負担がなくなるというメリットがある」[4]。しかし，オープン価格制のもとでは，「卸売価格の引下げを要求してくる小売業者に対し，自らコスト計算を行い，マージンをのせて価格交渉をしなければならな」[5]い。

建値制のもとでは，多くの卸売業者はメーカーの価格決定機構のなかに組み込まれていたため，自主的な経営判断に基づく価格提示能力やコスト管理意識はあまり要求されなかったが，オープン価格制のもとでは，そうした能力，意識が厳しく問われてくる，ということである。

以上のような特約店制・建値制の廃止はメーカー主導型流通の崩壊を意味するが，と同時に，そうした制度のもとで一定の立場を確保してきた卸売業の位置づけを弱体化するものでもある。

1) 公正取引委員会事務総局『卸売業者等の事業活動に関する実態調査報告書』（平成10年），69頁。
2) 鷲尾紀吉『現代流通の潮流』同友館，平成11年，158頁。
3) 同書，同頁。
4) 同書，159頁。
5) 同書，同頁。

第2項　メーカー・小売業者間の取引形態の変化

これまで，メーカーと小売業者とりわけ大規模小売業者は，価格決定権をめぐり常に対立関係にあったが，近年，両者間の取引形態にも変化が生じつつある。とりわけ，バブル経済崩壊後，いわゆる「製販同盟」が進展しているが，そこでは「卸中抜き」現象と呼ばれる小売業者とメーカーとの直接取引が急速に増加している。

事実，公正取引委員会調査によると，平成3年（1991年）以降，価格・取引条件の交渉をメーカーと小売業者とが直接交渉するケースが増えたとする者が3割から4割おり，今後も増えるとする者がメーカーで75％，卸売業者で62％，小売業者では89％にのぼる。小売業者で，今後メーカーとの直接交渉が増えるとする者がかなり多いのが注目されるが，これを規模別にみると，規模が大きくなるほどメーカーと小売業者との直接交渉の割合が多くなっている。小売業者がメーカーとの直接交渉が増えるとする最大の理由は「新商品情報をメーカーから受けるため」であり，小売全体で51％を占めている[1]。

製販同盟の主な事例としては，後掲図表11—8における事例を挙げることが

できるが，製販同盟による実際の取引は活発化しつつあるとはいえ，まだそれほど多くはない。しかし製販同盟の進展は，今後，流通における卸売業の位置づけに大きな影響を与える可能性がある。これまでは，メーカーと小売業者とが直接取引を行う場合であっても，卸売業に帳合料（ペーパーマージン）は発生していた。しかし，製販同盟のもとでは，仕入価格を極力引き下げるため，卸売業を介在させてはいないのである[2]。

1) 以上詳しくは，公正取引委員会事務総局『卸売業者等の事業活動に関する実態調査報告書』（平成10年），16頁，49頁，および73頁を参照されたい。
2) 林一雄「卸売業の経営課題」兼村・青木・林・鈴木・小宮路著『現代流通論』八千代出版，平成11年，166-167頁。

第3項　流通情報システム化の進展[1]

　流通情報システム化も卸売業の構造変化を促進する環境変化として見逃せない。今日，流通段階間の取引でみられる顕著な傾向は，以下に示すEDI（electronic data interchange，電子交換データ），QR（quick response，迅速な市場対応），ECR（efficient consumer response，効率的消費者対応）などの流通情報システムが急速に広がっていることである。
　まずEDIについてであるが，これは，企業間の取引で発生する受発注などの取引データを，専用回線やVAN（value added network，付加価値通信網）を通じて電子的にやり取りするオンラインデータ交換システムのことである。しかし，最近では，インターネットのネットワークと画面を利用するWeb-EDIがすでに実用化段階に入っている。インターネットに接続するパソコンを使って容易にEDIができるため，Web-EDIはEDIに比べて導入が容易なことから，中小企業や個人も取り込むことができる。今後，Web-EDIに移行することで，EDIの適用分野は企業間の商取引以外にも拡大し，いずれはEC（electronic commerce，電子商取引）との垣根もなくなる，といわれている。
　QRは，1980年代半ば頃，アメリカのアパレル業界が安価な輸入品に対抗する目的で導入した概念である。消費者の購買動向に迅速に対応することを狙いに，商品の売行きに合わせて過不足なく追加生産し，迅速に消費者に届けよう

とするものである。具体的には，POSシステム（point of sales system, 販売時点情報管理システム），EOS（electronic ordering system, 電子式受発注システム），EDIといった情報システムをベースとして調達から販売にかかわる各企業を結合し，情報共有に基づく効率的かつ効果的な商品流通のシステムをつくることになる。なお，QRの実現に際しては，流通経路を構成する各企業間の信頼関係を基礎としたパートナーシップが必要となる。

　ECRは，流通経路を構成するメーカー，卸，小売のそれぞれが協業し，企業の枠を超えて効率的に消費者に対応していくためのシステムである。すなわち，消費が伸び悩む状況のなかで，生産過程や流通過程での非効率性や業務の重複を排除する体制を，メーカー，卸売業，および小売業が一体となってつくりあげることによって，より低価格で商品を供給し，顧客満足の向上を実現しようとする考え方がECRである。ECRの考え方は前述のQRを手本にしている。メーカーにおける生産の状況，卸売業における在庫の状況，小売店頭での売行きを製配販三者で共有し，流通の全体最適化を目指すものともいえる。

　以上のような流通情報システムの積極的導入の動きは，コンピュータ・通信技術を利用して各流通段階間や小売店舗間をオンラインで結び，データ交換や情報の共有化によって，生産段階から消費者への販売段階までの業務の効率化を図ることに対応するものである。

　なお，前述の公正取引委員会調査によると，流通情報システム化の進展によって，メーカー，卸売業者，小売業者のいずれもそのほとんどの者がメリットを感じているが，現段階では正確な情報伝達による営業・事務の効率化にメリットを感じている者が多い[2]。また流通情報システム化の進展によって，今後とも卸売業者の重要性は再認識されるとする者が大半を占めるが，中小日用雑貨卸売業者では14％，日用雑貨メーカーでは24％，年商1,000億円以上の大規模小売業者では25％が，今後の卸売業の重要性は低下するとしている[3]。今後の卸売業の存在意義について，卸売業者自身よりもむしろメーカーや大規模小売業者の方が厳しい見方をしていることが注目される。

　ともあれ，以上のような流通情報システム化の進展に対し，労働集約型の卸売業者にも情報機器の購入などの多額の設備投資が必要となることだけは間違

いない。これに対応できない零細卸売業者は脱落を余儀なくされるであろう。

1) 本項は，拙著『日本中小商業問題の解析』同友館，平成16年，313-316頁を引用したものである。
2) 公正取引委員会事務総局『卸売業者等の事業活動に関する実態調査報告書』（平成10年），22頁。
3) 詳しくは，同書，22頁，54頁，および79頁を参照されたい。

第4項　流通の国際化の進展

流通の国際化の内容はさまざまな角度から論ずることができるが，直接，卸売業に関連するものとしては輸入品の増加を挙げることができる。杉野幹夫氏は，輸入品の増加について繊維品と輸入冷凍品のケースを取り上げ，卸売業の国際化との関連を検討しているが，結論としてとりわけ零細卸にとっては危機的状況に陥りかねないことが強調されている。以下，杉野氏の見解を紹介しておこう[1]。

まず，繊維品分野であるが，近年日本の繊維貿易は輸入超過に転じている。大規模小売業を主体とした海外からの開発輸入が増加し，国産品依存の伝統的卸売商の活動領域は狭められつつある。そうした状況のなかで，大手繊維問屋は輸出入業務に積極的に乗り出している。また，海外有名ブランドの導入による商品開発も進められている。かくして最近では，繊維問屋にも国際的な視野をもつ品揃えや主体的な製品企画力が求められている。零細卸売店がこうした要請に対応していくのは，きわめて困難であるものと思われる。

次は，輸入冷凍品の増加がもたらす影響についてである。近年，輸入冷凍品がかなり増加しているが，これは，スーパーなどの仕入本部が輸入商社や大手水産会社と直接取引するようになったためである。また，卸売市場を通さない，卸売業者からの第三者販売や仲卸業者の直取引も増大している。こうした状況は従来の生鮮食料品流通における卸売市場の役割を大きく変質させ，卸売→卸売の垂直的取引を断ち切り，零細卸の不要化をもたらすものと思われる。

1) 以下は，杉野幹夫「流通における卸売商業の役割」保田芳昭・加藤義忠編『現代流通論入門（新版）』有斐閣，平成6年，65頁を参照している。

第3節　今後の卸売業（中小卸）の生き残り方向

　今後，卸売業は，単に商品をメーカーから仕入れ，小売業に販売していくだけでは生き残れない。メーカーの「販売代理店機能」のみに存在意義を求め，特約店制や建値制に依存する時代は過ぎ去ったのである。そこで本節では，とりわけ環境変化の影響を受けやすい，消費財関連の中小卸売業を中心として，今後の生き残り方向を模索することとする。

第1項　物流・情報機能の高度化

　現在，卸売業者に対し物流・情報機能の遂行が強く期待されているが，これらの機能は卸売業者の本来的機能であり，卸売業者がこれを遂行するのは当然のことである[1]。にもかかわらず，物流・情報機能の遂行が強く要請されるのは，「高度に発達した情報処理技術や情報システムと結びついた物流機能の高度化にいかに対応し，実現するか」[2]が，現在求められているからである。

　卸売業の物流は，得意先小売業の要請に基づき「必要な商品を」，「必要な量」，「必要な時期に」，「必要とする場所」に配達することが基本である。最近は，「多品種・小ロット・短納期物流」といわれるように，得意先の要請はより厳しくなっている。したがって，卸売業としては得意先の要請に応えるようなサービス水準を維持し，なおかつローコストで収益を圧迫されないような物流システムを構築していかなければならない。すなわち，「サービス水準の向上」と「ローコストオペレーション」の実現が物流改善の命題である。しかし，両者は二律背反する命題でもある。この二律背反する命題をいかに調整していくかが物流改善のポイントである。

　もちろん「サービス水準の向上」，「ローコストオペレーション」とも，それぞれ個別的には改善方策がある[3]。たとえば前者については，①欠品率の低下，②誤配送の防止，③指定時間の厳守，④リード・タイム（発注から納品までの時間の差）の短縮，⑤配送頻度のアップ，⑥小分け対応，などを挙げることができよう。一方後者については，①在庫回転率の向上，②センター内作業

の自動化・省力化,③積載効率の向上,④車両回転率の向上,などを挙げることができよう。

しかし,「サービス水準の向上」と「ローコストオペレーション」という二律背反した命題を調整するには,どうすればよいのか。これに対応するためには,「社内における情報システム化,情報ネットワーク化を図ることが絶対的な条件となり,またこれとリンクして初めて物流機能の高度化も図れる」[4]。しかし,高度な物流システムの構築は多額の設備投資を必要とするため,中小卸売業者が単独でこれを構築することはまず不可能である。したがって,同業種あるいは異業種の卸売業者と連携したり,共同で取り組んだりすることが必要となろう。すなわち,高度な物流システムの構築に向けての共同化を図らなければならない,ということである。

また,「情報提供機能も卸売業者に期待されている大きな役割である」[5]が,「すでに市場に出回っている商品の売れ筋情報を提供するだけでは十分ではない」[6]。「どのような新商品が市場から望まれているのか,またどのような売り方で店頭に出せば販売が促進されるか,といった情報」[7]こそが求められているのである。その意味で,卸売業者はリサーチ機能を充分に発揮し,今後は生産者と小売業者とを連結する情報ネットワークの中心となっていかなければならない。

1) 鷲尾紀吉『現代流通の潮流』同友館,平成11年,165頁。
2) 同書,同頁。
3) 詳しくは,林一雄「卸売業の経営課題」兼村・青木・林・鈴木・小宮路著『現代流通論』八千代出版,平成11年,171-172頁を参照されたい。
4) 鷲尾紀吉,前掲書,166頁。
5) 同書,同頁。
6) 同書,同頁。
7) 同書,同頁。

第2項　リテイル・サポート機能の強化

リテイル・サポート(小売支援)は,小売業を得意先とする卸売業にとって,今後生き残っていくために最も必要な機能であるとされ,多くの卸売業者

がこれを実践してきた。今後は，次項で提示する「メーカー・サポート機能」と連動するような形で，この機能をいっそう強化していかなければならない。

なお，リテイル・サポートの内容としては，①マーチャンダイジング提案，②売場改善提案，③対消費者販売促進提案，④システム開発提案，⑤店舗開発提案，⑥教育・指導，などがある[1]。また，リテイル・サポート実施のための条件としては，①幅広い品揃え，②情報ネットワークの確立，③リテイル・サポート担当者の育成，などを挙げることができる[2]。

1) 詳しくは，宮下正房『現代の流通戦略』中央経済社，平成8年，106-107頁を参照されたい。
2) 詳しくは，同書，107-108頁を参照されたい。

第3項　メーカー・サポート機能の強化

いわゆる「製販同盟」は一般に大規模メーカーと大規模小売業者との間で多く見受けられるが，全国にはこうした動きを示す大規模メーカー以外に多数の小規模なメーカーが存在している。とりわけ「中小卸は，このような全国に多数散在する小規模メーカーと小売業者を結びつけ，自らコーディネートする役割を果たすべきである」[1]。すなわち，後述する「メーカー・サポート機能」をもち，これを強化することが重要だということである。

中小メーカーは経営資源に恵まれていないことから，「最先端の市場情報や個性化・多様化した消費者情報を十分に保有することができず，また，自らの力で既存の流通チャネルを活用することも困難な場合が多い」[2]。しかし，消費者ニーズの多様化・個性化が進めば進むほど，ナショナル・ブランド[3]商品以外にも中小メーカー製品を幅広く品揃えして小売店に提供する機能がきわめて重要になってくる[4]。その意味で，中小卸売業者は単なる集荷機能だけではなく，メーカー・サポート機能をもつことが重要になってくる[5]。なお，ここでいうメーカー・サポート機能とは，「小規模なメーカーに対して消費者情報を提供することにより，製品開発や適正な生産計画の支援を行ったり，あるいは中小メーカー製品のストック機能と物流機能の提供，その他営業活動に関する多様な支援を行うものである」[6]。

こうしたメーカー・サポート機能が強化され，中小メーカーと卸売業者（とりわけ中小卸売業者）との提携や結合関係が形成されることによって，前項で述べたリテイル・サポート機能も生かされてくるのである[7]。

1) 鷲尾紀吉『現代流通の潮流』同友館，平成11年，166頁．
2) 同書，166-167頁．
3) メーカーが自らの製品に付与する商標のことであり，全国商標ともいう．全国的に単一のブランドで売られるところから，そのように呼ばれる．
4) 鷲尾紀吉，前掲書，167頁．
5) 同書，同頁．
6) 同書，同頁．
7) 同書，同頁．

第4項　独自の事業領域の確保

今後の卸売業者には，単なる中間商人やメーカーの代理店の枠を超えて，独自の流通機能をもつことが要請されてくる．鷲尾紀吉氏は「中小卸の中には，限られた経営資源を最大限に活用するには，むしろ，特定の限られた機能に特化して，それを得意分野にして自らの存立を図るという積極的・能動的な対応をする企業も見受けられるようになった」[1]として，こうしたタイプの卸売業者を①新ベンダー型，②企画提案型，③ラック・ジョバー型，④業務需要対応型という4つのタイプに類型化している[2]．鷲尾氏がいうような，独自の事業領域を確保できるような卸売業者になることができれば，中小卸売業といえども生き残れる可能性は大であろう．

以下では，上記の4タイプに「キャッシュ&キャリー型」も付加して，独自の事業領域の確保を図る卸売業者のタイプについて詳細に紹介していこう．

①　新ベンダー型

卸売業者とりわけ中小卸売業者が限定機能に特化するという動きが顕著になった契機のひとつは，ベンダー・システムである[3]．ベンダーとはもともとは「行商」の意味であるが，ここでいうベンダー・システムとは，「1980年代後半から主流になった大規模小売チェーンの物流システムのことで，チェーン本部と取引メーカーが決めた条件の下で，卸売業者は商品の仕分けや在庫管理を行

い，多様な商品を一括してチェーン各店舗に配送するというものであ」り，「そこでの卸売機能は，品揃え機能よりも効果的な在庫，仕分け，配送といった物流機能を遂行することが卸売業者の主要業務となっている」[4]。

しかし，これからの卸売業者とりわけ中小卸売業者は，以下に示すように，単なる物流機能を担う従来型のベンダーからの脱皮を図り，新しい機能を追求していかなければならない。

新ベンダー型の卸売業者とは，「特定の業態店（コンビニエンス・ストア，ホームセンター等）や組織小売業（レギュラー・チェーンやフランチャイズ・チェーン）等に販路を限定し，温度管理物流，多頻度小口24時間配送といったきめ細かさで高度な物流技術を構築するとともに，取引小売店の商品管理，仕入管理，発注業務等の円滑化を支援する卸売業者である」[5]。なお，「このタイプの卸売業者は，商品開発にも力を入れており，メーカーとの共同商品開発を行ったり，あるいは開発輸入をするなどして独自の商品開発機能をもっているのが特徴である」[6]。

② 企画提案型

企画提案型の卸売業者とは，「豊富な情報力をもとに，小売業者に対し，商品企画，品揃え（売場）提案，情報システムを通じて，小売業者の店づくりやオペレーションの支援を行う卸売業者である」[7]。なお，企画提案型卸売業は小売業態までをも開発して支援することがあるので，小売業態創造型卸売業ということもできる[8]。

ともあれ，中小卸売業者としては，企画提案型のタイプに特化して生き残っていくこともひとつの有効な方策であるものと思われる。

③ ラック・ジョバー型

ラック・ジョバー型の卸売業者とは，「特定の商品分野について，品揃え，値づけ，商品補充，棚管理，店頭販促等に特化して，その機能を遂行する卸売業者である」[9]。なお，「ラック・ジョバー（rack jobber）は，もともとアメリカにおいてスーパーマーケットの中の食料品以外の商品部門（sundry goods，小間物雑貨）の棚を管理する卸売業者として重用されたものである」[10]。

ラック・ジョバー型卸売業の活動領域はきわめて限定されるが，今後日本に

おいても明確な機能遂行という点で注目されてこよう[11]。その意味で，中小卸売業者にとっては，ラック・ジョバー型のタイプに特化して生き残っていくこともひとつの有効な方策である。

④ キャッシュ＆キャリー型

中小卸売業としては，消費者により接近することを狙って，小売業の機能を取り込むことで生き残っていくこともひとつの有効な方策であろう。キャッシュ＆キャリー（cash and carry wholesaler）といわれる「現金持ち帰り卸売業」はその代表格である[12]。

今後，受注と配送だけを主として手がけてきた2次，3次卸売業が淘汰されていくと，小規模零細な小売業はキャッシュ＆キャリーを利用するようになるものと思われる[13]。その意味でも，中小卸売業にとっては，キャッシュ＆キャリー型のタイプは有望であろう。

⑤ 業務需要対応型

業務需要者は特殊な品揃えと取扱商品のノウハウを必要とし，しかも新規産業・事業の発展に伴って，たえず新しい商品ニーズをもっている。したがって，どの卸売業者でもこれに対応できるものではない[14]。しかし，現実に「このような業務需要者に対し商品開発，個別・専門的物流，あるいは新市場情報の提供等を行い，業務需要者の特殊性に合わせた機能に特化して自らの存立基盤を堅固にしている卸売業者が登場している」[15]。

業務需要対応型で生き残るには，業務需要者の特殊性に鑑みれば，組織が硬直化しがちな大規模卸売業よりもむしろ柔軟性・機動性に富む中小卸売業の方が有利だといえよう[16]。

以上①～⑤はあくまでもひとつの考え方であり，もちろんこれ以外のタイプもあってよい。ともあれ，経営資源に制約がある中小卸売業であっても，限定された機能に特化し，独自の事業領域を確保することができれば，生き残る可能性は大であるといえよう。

1) 鷲尾紀吉『現代流通の潮流』同友館，平成11年，168頁。
2) 詳しくは，同書，168-169頁を参照されたい。
3) 同書，168頁。

4) 同書,同頁。
5) 同書,同頁。
6) 同書,168-169頁。
7) 同書,169頁。
8) 同書,同頁。
9) 同書,同頁。
10) 同書,同頁。
11) 同書,同頁。
12) 林一雄「卸売業の経営課題」兼村・青木・林・鈴木・小宮路著『現代流通論』八千代出版,平成11年,168頁。
13) 同書,同頁。
14) 鷲尾紀吉,前掲書,169頁。
15) 同書,同頁。
16) 同書,同頁。

(付記)

本章は,拙稿「現代卸売機構の諸側面」〔『フジ・ビジネス・レビュー(富士短期大学)』第19号,平成12年所収〕の第4章〜第6章に加筆修正または削除を施し,再編成したものである。

第6章　小売業の概念および分類とその役割

第1節　小売業の概念と基本機能

第1項　小売業の概念

　小売とは，最終消費者に対して消費財を販売する活動をいう。このような小売を主な業とする企業体を小売業あるいは小売業者（小売商）という。また，小売業を営むために設けられる事業所を小売店舗という。この場合，小売店舗とは買い手の来訪を受けてそこで小売販売を行うための施設であって，永久的かつ固定的なものをいう[1]。

　なお，現実には，小売と卸売を兼業しているケースが見受けられるが，通産省（現・経済産業省）「商業統計」では，「日本標準産業分類」に依拠し，「主な事業」によって小売業または卸売業に分類するものとされている。第4章第2節でも触れたように，これはメインの原則と呼ばれているが，企業売上高の50％以上を小売または卸売のいずれの販売額が占めているのかという基準に基づいて認定しようとするものである。

　ちなみに「商業統計」では，小売業とは主として次の業務を行う事業所と定義している。

① 個人用（個人経営の農林漁家への販売を含む）または家庭用消費のために商品を販売するもの。

② 商品を小売りし，かつ同種商品の修理を行うもの。修理料収入の方が多くても同種商品を販売している場合は修理業とせず，小売業とする。ただし，修理を専業としている事業所は修理業（サービス業）となる。この場合，修理のために部品などを取り替えても商品の販売とはしない。

③ 製造した商品をその場所で個人または家庭用消費者に販売するもの（製

造小売業であるが，洋服店，菓子店，パン屋，豆腐屋，家具屋，建具屋，畳屋，調剤薬局などにこの例が多くある）。
④　ガソリンスタンド。
⑤　主として無店舗販売（訪問販売または通信・カタログ販売）を行うもの。
1) 田島義博『流通機構の話（新版）』日本経済新聞社，平成2年，46頁。

第2項　小売業の基本機能

　一般に，商品は，生産者→卸売商→小売商→消費者，という経路を経て流通する。このことから明らかなように，小売業は，消費者が商品を生産者や卸売業者から入手するための代理機能を果たしているといえる。
　しかし，インストア・ベーカリーのような製造小売や，大手小売業がメーカーと共同して行うプライベート・ブランド[1]商品の開発などに典型的にみられるように，小売業のなかには財の生産機能を分担する小売業も見受けられる。小売業のこうした機能の発揮は，業態間競争として注目されるが，純粋の意味での「商業者」としての小売機能ではない。
　したがって，以下では「商業者」としての小売業，そして小売業のほとんどを占める「店舗小売業」に的を絞って，小売業の基本機能について概説していくこととする[2]。

(1) 所有権移転機能遂行の活動

　所有権移転機能に関する活動には，①商品の検索，②品揃えの選択，③仕入先の選定，④発注，⑤仕入代金の支払い，⑥販売価格の決定，⑦販売代金の受取り，などがある。これらは，消費者に財の所有権を移転するための活動であるが，小売業の商流ともいうべき機能である。
　小売業は，消費者がいかなる商品を求めているかを常に把握し，消費者に代わって商品を探索し，商品を取り揃えなければならない。その際，消費者の商品選択という欲求を満たすために同一品種の商品を多様（色・柄・サイズなど）に取り揃え，また消費者の購買時間の節減を満たすために幅広い品種の商品を取り揃えなければならない。そうした品揃えの方針に基づいて適切な仕入

先を選定し，発注を行い，仕入代金の支払いを行う。仕入れられた商品は店頭で販売用に陳列されるが，ここで重要なのは，商品の品質に見合った適正な価格を設定しなければならないということである。大手メーカーの建値制が崩壊しつつあり，小売業自らの判断で販売価格を設定しなければならなくなっている。こうして商品が販売されたら代金を受領し，所有権移転機能の活動が完了する。

(2) 情報伝達機能遂行の活動

小売業は，消費者と仕入先（メーカー，卸売業者など）とを結合する結節点にある。したがって，小売業の情報伝達機能の活動としては，①消費者との間の情報伝達，②仕入先との間の情報伝達がある。

上記①としては，取り揃えた商品に関する情報，消費者の商品選択に寄与する情報，商品の使用に関する情報など幅広い情報を，常に消費者に提供していかなければならない。②については，消費者の購買代理人として消費者から商品情報を受け取り，仕入活動の判断材料とするための活動やPOSデータ，あるいは各種買物データなどから得られる商品情報を仕入先に伝達する，ということである。そのうえで，こうした商品情報を消費者の欲求に合致した商品の供給活動に役立てていくのである。

(3) 物流機能遂行の活動

消費者が実際に商品を入手できるように財の移転を行うことが，小売業の物流機能である。物流機能遂行のための活動には，①荷受，②保管・店舗内外の移動，③値づけ，④陳列，⑤包装，⑥配送，⑦流通加工，などがある。

小売業は仕入先から納入された商品を検品し，値づけを行った後で，商品陳列を行う。また，消費者が必要なタイミングにおいて必要な量の商品を入手できるよう，適正量の商品を常に在庫保有していなければならない。販売後は，商品を包装し，消費者の求めに応じて配送も行う。

1) 流通業者が自らの商品に独自に付与する商標のことである。商業者商標またはストア・ブランドともいい，卸売業者や小売業者がメーカー・加工業者に製造を依頼した商品，あるいは自ら加工した商品に付与される。
2) 以下は，下記文献を参考にしている。①鈴木安昭『新・流通と商業』有斐閣，

平成5年, 127-132頁。②鷲尾紀吉『現代流通の潮流』同友館, 平成11年, 90-92頁。

第2節　小売業の分類

　小売業の社会的集合体を小売機構と呼ぶが, 現代の小売機構は種々の形態の小売業によって構成されている。これらの諸形態を分類する基準は多岐にわたるが[1], ここでは, 下記の5つの基準・観点から類型化し, それぞれ整理していくこととする。

① 　規模別分類
② 　取扱商品別分類
③ 　業態別分類
④ 　販売形態別分類
⑤ 　集積形態別分類

(1)　**規模別分類**

　これは, 資本金額や従業員数, 売上高などに基づく分類である。

　糸園辰雄氏は, 常時従業者数に依拠して, 50人以上を大規模小売業, 49人以下を中小小売業とし, 後者についてはさらに, 20～49人規模を中規模小売業, 5～19人規模を小規模小売業, 4人以下を零細小売業とし, 5～49人規模を一括して「狭義の中小小売業」としている[2]。

　なお, 中小企業基本法では, 資本金額5,000万円以下または常時従業者数50人以下を中小小売業としている。

(2)　**取扱商品別分類**

　何を売っているかで分類する方法であるが, これを「業種」(kind of business) という。

　「商業統計」においては,「日本標準産業分類」に基づいて, 図表6—1に示すような業種別統計を行っている。なお, 分類に際しては, 卸売業の場合と同じくメインの原則が適用されている。すなわち, 本図表における小分類（3桁分類）は, 取扱商品の販売額が50％を超える部門を基準として分類されたもの

図表6-1　商業統計における小売業の業種別分類

54	各種商品小売業	57　自動車・自転車小売業
541	百貨店	571　自動車小売業
549	その他の各種商品小売業	572　自転車小売業
55	織物・衣服・身の回り品小売業	58　家具・じゅう器・家庭用機械器具小売業
551	呉服・服地・寝具小売業	581　家具・建具・タタミ小売業
552	男子服小売業	582　金物・荒物小売業
553	婦人・子供服小売業	583　陶磁器・ガラス器小売業
554	靴・履物小売業	584　家庭用機械器具小売業
559	その他の織物・衣服・身の回り品小売業	589　その他のじゅう器小売業
56	飲食料品小売業	59　その他の小売業
561	各種食料品小売業	591　医薬品・化粧品小売業
562	酒小売業	592　農耕用品小売業
563	食肉小売業	593　燃料小売業
564	鮮魚小売業	594　書籍・文房具小売業
565	乾物小売業	595　スポーツ用品・がん具・娯楽用品・楽器小売業
566	野菜・果実小売業	596　写真機・写真材料小売業
567	菓子・パン小売業	597　時計・眼鏡・光学機械小売業
568	米穀類小売業	598　中古品小売業
569	その他の飲食料品小売業	599　他に分類されない小売業

である。この場合，すべての商品群で50％を超える部門がないときは，「各種商品小売業」に分類される。さらに中分類（2桁分類）では分類できるが，小分類において50％を超える部門がない場合は「その他の（中分類）小売業」として分類する。たとえば，「その他の飲食料品小売業」などがそれである。

(3) 業態別分類

近年，あらゆる小売業が「業種（kind of business）より業態（types of operation）へ」というフレーズを使うようになり，既存店の業態転換も盛んに行われている。それとともに，業種による小売業の分類や捉え方では，小売業についての理解ができなくなっている。したがって，業種別分類とは別に「業態」別分類が必要となる。

さて，一般的に，業態とは営業形態すなわちマーケティング戦略のパターン（とりわけ小売店舗において実現されるマーケティング戦略のパターン）を指すことが多い。しかし，小売業態という場合には，3つのレベルで捉えることができる[3]。すなわち，営業形態レベル，経営形態レベル，および企業形態レ

ベルである。以下,これら3つのレベル別に業態分類を行っていこう。

（営業形態別分類）

　小売業は,競争上優位に立つ競合他社の活動を模倣して,自らの競争優位性を向上させようとする場合も多いことから,いくつかの「似たような」パターンのマーケティング戦略を採る小売業の集まり,いわば戦略グループを形成する。この戦略グループが営業形態ということになる[4]。営業形態別分類は,小売業のマーケティング戦略のパターンによる分類である。

　しかしながら,営業形態の分類と把握はきわめて困難である。なぜなら,小売業は小売ミックスに含まれるさまざまな活動（図表6－2参照）を日々刻々と変化させるため,営業形態は時の経過とともに変遷してしまうからである。

　したがって,以下では,これまで小売市場に登場し,確立された代表的な営業形態を列挙すると,下記の通りとなる。

① 百貨店（department store）
② スーパーマーケット（supermarket）
③ GMS（general merchandise store）

図表6－2　小売ミックス

分類次元	小売ミックスの要素	
	店舗	商業集積
品揃え	品揃えの品質水準 品揃えの広さ・深さ	業種・業態構成
立　地	公共交通機関によるアクセス/自家用車・自転車・徒歩によるアクセス/駐車・駐輪場	公共交通機関によるアクセス/自家用車・自転車・徒歩によるアクセス/駐車・駐輪場
買い物環境	レイアウト/BGM/空調/エレベーター・トイレ・休憩室	レイアウト/モール/BGM/空調/エレベーター・トイレ・休憩室
プロモーションおよび付帯サービス	販売員活動/広告/パブリシティー/セールス・プロモーション/返品/クレジット受け入れ/配送	広告/パブリシティー/セールス・プロモーション/レジャー施設
価　格	表示価格/割引/値上げ	特売

（資料）　青木均「小売業」兼村・青木・林・鈴木・小宮路著『現代流通論』八千代出版,平成11年,88頁。

④　コンビニエンスストア（convenience store）
⑤　ディスカウントストア（discount store）
⑥　カテゴリーキラー（category killer）
⑦　ドラッグストア（drug store）
⑧　ホームセンター（home center）
⑨　ロードサイドショップ（roadside shop）
⑩　専門店（specialty store）

なお，①〜⑩について詳しくは，次章で検討する。

（経営形態別分類）

これは，小売業の店舗の展開方法を基準とした分類である。大きくは，他企業と組織化という形で関係をもち合うか否かという観点から分類するが，関係がない場合は独立小売業，関係がある場合は組織化小売業という。

①　独立小売業　店舗展開に際して，他企業との組織化に関係することなく，単独で経営される小売業をいう。独立小売業は，単一店舗経営型と複数店舗経営型に分類される。後者は，チェーン・ストア（chain store）経営と本・支店経営に分類することができる。

チェーン・ストア経営は，中央本部が各店舗の仕入活動を集中・一括して大量仕入を実現し，在庫商品の保管，配送，広告などを行い，各店舗は中央本部の経営方針に従い，販売活動に専念するというチェーン・オペレーション（chain operation）を採用し，複数店舗を設ける経営形態である。日本では，レギュラー・チェーン（regular chain）と呼ばれることが多い。

本・支店経営はチェーン・ストアに比して，中央本部（本店）による各店（支店）の統制が緩やかである。支店は，小売業の基本機能である商品仕入と販売を始めとした経営活動の独立性を認められている。

なお，アメリカでは，店舗数10店未満の場合を独立小売業と呼んでいる。

②　組織化小売業　店舗展開に際して，他企業との組織化に関係する小売業を組織化小売業という。組織化小売業はボランタリー・チェーン（voluntary chain）とフランチャイズ・チェーン（franchise chain）に分類することができるが，詳しくは次章で検討する。

なお，組織化小売業は，店舗網の広がりに着目して，①ローカル・チェーン（local chain），②リージョナル・チェーン（regional chain），③ナショナル・チェーン（national chain）に区分することもできる。この区分はレギュラー・チェーンの場合にも適用できる。

（企業形態別分類）

これは，出資方法や出資目的を基準とした分類である。小売業は企業形態別に，①個人組織，②会社組織，③協同組合組織の3つに分類できる。①は出資者が1人の企業形態である。②は出資者が2人以上の企業形態であり，合名会社，合資会社，合同会社，特例有限会社，株式会社がある。③は非営利の組織であるが，消費生活協同組合，事業協同組合，農業協同組合などがある。

(4) **販売形態別分類**

これは，店舗を有するか否かによって分類するものである。この基準で分類すると，小売業は有店舗小売業と無店舗小売業に大別される。多くの小売業が有店舗小売業に該当する。無店舗小売業には通信販売業，自動販売業，訪問販売業などがあるが，最近では電子小売業（インターネットを活用した小売業等）も登場している。

(5) **集積形態別分類**

小売業者が一定の地域に集合している状態を小売集積または商業集積というが，それには下記①〜⑦の形態がある。

① 商店街　一般的には，都市の特定地域に自然発生的に生まれ，成長してきた小売店の集積をいう。ただし，まったく自然のままということはなく，核店舗を誘致したり，アーケードを設けたりするなどして，顧客吸引力を高める努力がなされてきているのが普通である。

なお，商店街は，①近隣型商店街，②地域型商店街，③広域型商店街，④超広域型商店街，に類型化できるが，近年，商店街の圧倒的多数を占める①，②のタイプの商店街のかなりの部分が，いわゆる「歯抜け商店街」や「シャッター通り」と化し，問題となっている。こうした動向は，とく

に地方都市において顕著である[5]。
② 小売市場　ショッピングセンターに類する小規模集団の商業施設として，小売市場がある。これは小型ながらひとつの建物内に野菜，鮮魚，その他の食品等を販売する複数の小店舗が入居して，共同立地の利点を活用しようとするものである。

なお，小売市場には，公設・私設の2種類があるが，多く見受けられるのは関西方面や沖縄である。

③ 寄合百貨店　中小商業政策の一環として昭和38年（1963年）以降，助成の対象となってきたもので，共同店舗を建設して多数の小規模小売店を1ヵ所に集中せしめ，百貨店方式で営業させようとするものである。

そのメリットとしては，下記の諸点を挙げることができる。①百貨店イメージで多くの顧客を吸引でき，大型店への対抗策として考えられる。②共同経営により，管理事務の統合や共同広告・共同売出しなどを効率的に行うことが可能になる。③低金利の高度化資金が利用できる。

こうしたメリットがある反面，下記に示すように，限界や問題点も多い。すなわち，①多種多様な小売商の寄合世帯であることから生ずる意識面における不一致と，そこからもたらされる非効率性，②チェーン組織がもつ仕入その他の面におけるスケール・メリットの欠如，③百貨店にみられるような優秀な人材確保は期待しえないこと，がそれである[6]。

④ 寄合スーパー　寄合百貨店と同様，中小商業政策の一環として昭和38年（1963年）以降，助成の対象となってきたもので，共同店舗を建設して多数の小規模小売店を1ヵ所に集中せしめ，スーパー（セルフサービス店）方式で営業させようとするものである。

そのメリットとしては，下記の諸点を挙げることができる。①セルフサービス方式など近代的小売技術とイメージを導入することによって多くの顧客を吸引でき，大型店への対抗策として考えられる。②共同経営による効率化が可能になる。③低金利の高度化資金が利用できる。

しかし，限界や問題点もあり，それらは寄合百貨店の場合と共通している[7]。

⑤　ショッピングセンター　　ショッピングセンターは，商店街などと同様同じ小売業者等の集団立地でありながら，あたかもひとつの小売形態ともいうべき，すべて計画された共同体的商業集積であることを特徴とする。すなわち，専門の開発業者（ディベロッパー）が施設を整えて，小売業，飲食業，サービス業などの入店者（テナント）を募集し，全体として統一されたコンセプトのもとに営業するものである。

　規模の大きいものは，百貨店や総合スーパーをキー・テナントとし，文化・娯楽施設や宿泊施設などまで収容または併設したりして，集客を図っている。その集客力は個々の百貨店や総合スーパーをはるかに超えている。立地としては，ショッピングセンターは，駅前の再開発計画に基づいて設けられたり，あるいは自動車の普及や郊外住宅地の発展に伴い，郊外の高速自動車道の近くなどに設けられたりしている。なお，郊外立地型は広大な駐車場を付設することが不可欠である。

⑥　パワーセンター　　パワーセンターとは，ディスカウントストアやカテゴリーキラーを数社集めて，ショッピングセンターとしての形態を採ったものである。パワーセンターは1980年代にアメリカで急成長したものであるが，カテゴリーキラーの低価格販売力に加えて，トータルとしての多様な品揃えの実現やワンストップ・ショッピングの利点を有するため，強力な集客力を誇っている。

　日本では，平成3年（1991年）11月に開業した近鉄ハーツ（東大阪市）が初のパワーセンターであるとされている。しかし，近鉄ハーツは単にロードサイド型店舗を集積しただけに過ぎず，その意味では，翌年（1992年）4月に開業したウエルタ新宮（福岡県新宮町）を初の日本型パワーセンターの原形のひとつとみた方が妥当であろう。これは，ディスカウントストア型専門大店（カテゴリーキラー）であるトイザらスを核として，低価格志向の郊外型物販店や飲食店が集まったショッピングセンターである。

　ここで日本型としたのは，日本のパワーセンターはアメリカのそれとは規模やテナント構成がまったく異なっているからである。アメリカのパワ

ーセンターは敷地面積15万 m² 以上，営業面積3万 m² 以上と大規模なうえに，カテゴリーキラーや総合ディスカウントストアなどのパワーリテイラー（代表例はウォルマート，ホームデポ，トイザらスなど）が核店舗として5店舗以上集積している。しかし，日本では，まだパワーリテイラーが

図表6－3　日本型パワーセンターのパターン類型

タイプ	業態の組み合わせ	核店舗及び主要テナント	具体的事例	規模
大規模複合型	カテゴリーキラー 総合ディスカウント・ストア ディスカウント専門店 アミューズメント 飲食・サービス	カテゴリーキラー2～3店（トイザらス等） 総合ディスカウント・ストア SSM 1店，ディスカウント専門店10～20店，マルチスクリーン映画館，アミューズメント，フードコート	パワーシティ四日市 上越ウイング	29,000m² 37,000m²
フルラインDS中心型	総合ディスカウント・ストア スーパーSM ディスカウント専門店	総合ディスカウント・ストア1店（Mr. Max. ビッグ・バーン） スーパーSM 1店 ディスカウント専門店10～15店	ハイパーモール・メルクス本城等	13,000m²
アウトレット・センター型	ファクトリー・アウトレット リテイル・アウトレット ディスカウント専門店	アウトレット・ストア20～50店 ディスカウント専門店10～20店 フードコート，その他	アウトレットモール・リズム 鶴見はなぽ～と・ブロッサム	9,000m² 11,000m²
カテゴリーキラー型	カテゴリーキラー ディスカウント専門店 飲食・サービス	カテゴリーキラー2～3店（トイザらス，コメリ） ディスカウント専門店10～20店（オータニアイン，オートバックス，ユニクロ，ゼビオ等）	パピヨンプラザ 長岡アークプラザ	12,000m² 17,000m²
生鮮食料品中心型	生鮮三品ディスカウント・ストア ディスカウント専門店 日用雑貨＋軽衣料	大型生鮮食料品店（カウボーイ） 日用雑貨＋軽衣料〔九州屋（青果），北辰，魚耕（鮮魚），ニュー・クイック（精肉）〕など生鮮食品のカテゴリーキラー中心	苫小牧パワーセンター 岡島パワーセンター	10,000m² 2,000m²

(資料)　(財)広域関東圏産業活性化センター『郊外型ビジネスの実態把握と将来方向に関する調査研究報告書』（平成8年），48頁。

育っていないため，現在展開されているパワーセンターはいまだ萌芽期の域を出ていない。したがって，規模のみならずテナント構成も日本型となっている。ちなみに，図表6—3は日本型パワーセンターのパターンを類型化したものである[8]。

⑦　アウトレットモール　カテゴリーキラーと同時に新しい小売業として登場したのが，クリアランスストア（小売業の売れ残り品の処分店）やアウトレットストア（メーカーの処分店）である。この業態は過去にもあったが，自社の売れ残り品の処分マーケットである。従来は，あまり目立たないように郊外に出店するケースが多かった。しかし，こうしたクリアランスストアやアウトレットストアも，アパレルを中心に小売業の表舞台に登場することになった。

　こうしたクリアランスストアやアウトレットストアをショッピングセンター化したものが，アウトレットモールである[9]。

1) たとえば，下記文献を参照されたい。①羽田昇史『現代の流通・商業』学文社，平成7年，91-99頁。②野澤建次『現代流通入門』中央経済社，平成9年，71-77頁。③青木均「小売業」兼村・青木・林・鈴木・小宮路著『現代流通論』八千代出版，平成11年，93-99頁。
2) 詳しくは，糸園辰雄『日本中小商業の構造』ミネルヴァ書房，昭和50年，57-81頁を参照されたい。
3) 関根孝「小売機構」久保村隆祐編著『商学通論（三訂版）』同文館，平成8年，36頁。
4) 青木均，前掲論文，95頁。
5) 詳しくは，拙著『現代日本の中小商業問題』信山社，平成11年，128-130頁を参照されたい。
6) 以上は，宇野・金子・西村編著『現代商業・流通辞典』中央経済社，平成4年，299頁を参照している。
7) 以上は，同書，298-299頁を参照している。
8) 以上は，拙稿「ロードサイド商業の現況」川野・坂本・中山・鷲尾著『ロードサイド商業新世紀』同友館，平成11年，55-56頁を参照している。
9) 以上は，野澤建次，前掲書，104頁を参照している。

第3節　小売業の社会的役割

　小売業は他の産業と同様にそれを営む者にとっては私的な営利事業であるが，対外的にはすぐれて社会的な事業でもある。すなわち，それぞれの経済社会のもとで有用な役割を果たすことによってこそ，小売業はその存在意義を勝ちうるのである。その意味で，小売業はさまざまな社会的役割を負っているが，大きくは，①消費者に対する役割，②生産者・卸売業者に対する役割，③地域に対する役割に分けて考えることができる[1]。

　以下，上記①～③の役割について，順次概説していこう。

1) たとえば，下記文献を参照されたい。①小堀雅浩「小売機構」宮澤・宮原・望月編著『現代商業学』同文舘，平成4年，111-113頁。②鈴木安昭『新・流通と商業』有斐閣，平成5年，124-127頁。③青木均「小売業」兼村・青木・林・鈴木・小宮路著『現代流通論』八千代出版，平成11年，90-92頁。なお，本節は，主としてこれら3つの文献を参照している。

第1項　消費者に対する役割

　小売業は商品自体を生産する生産者とは異なり，その本来的責務は商品を流通させるのに必要な小売段階でのサービスを産出することにある。したがって，より高水準の小売流通サービスの産出こそが小売業の固有の役割となる。なかでも，消費者に対するサービスはとくに重要である。

　消費者に対する小売流通サービスは多面的な内容を含んでいるが，大まかにみて，下記のようなものが考えられる。

　小売業はまず，有害食品や欠陥商品のように消費者に損失を与えるような商品ではなく，消費者の欲求を満足させ，その生活をより豊かにするような商品を取り揃え，在庫しておかなければならない。そして，品揃えをした商品については適切な価格をつけ，消費者が商品を選択する際に，消費者の生活条件からして必要な適切な情報を，適切な手段で伝達しなければならない。

　また，小売業は，消費者が便利な時間に商品を購入できるように適切な立地

において，安全で快適な機能を有する店舗施設等を消費者に提供しなければならない。さらには，単なる買物の場としてだけではなく，種々の催し物を行ったり，レストランや喫茶店など副次的機能を備えたりすることによって，買物に楽しさを添えるようにしていかなければならない。

さらには，小売業は，掛払い，クレジットを認めるなど消費者に対する金融機能を担わなければならない。また，アフターサービス，配達，包装など消費者の便宜に供する各種の付帯サービスをも提供していかなければならない。

第2項　生産者・卸売業者に対する役割

小売業は，前述したように，消費者が商品を生産者や卸売業者から入手するための代理機能を果たしているが，見方を変えれば，生産者や卸売業者の販売代理機能を果たしているともいえる。

生産者・卸売業者の販売代理人としての小売業は，彼らのために顧客を開拓し，取引を締結するという役割を担っている。さらに，生産者・卸売業者の商品供給の円滑化を図ることも担うべき役割となるが，とくに，商品の供給に必要な情報を収集し，そうした情報を生産者・卸売業者に提供していくことが重要である。もちろん生産者や卸売業者も独自に情報を収集してはいるが，小売業者は消費者と直接接触していることを通して，消費者について精通しているだけに，彼らが収集し，提供する情報は，生産者・卸売業者にとっては貴重である。

第3項　地域社会に対する役割

小売業はすぐれて地域に密着した産業であり，そのありようは地域に大きな影響を及ぼす。したがって，小売業は地域社会に対しても重要な役割を負っている。

第1は，地域経済の振興・発展に対する貢献という役割である。これは，①地域内の小売業の集積度や魅力性を高めて広域的な買物客の吸引を図ること，②地元卸売業者との取引関係を強化すること，③地場商品を積極的に取り扱うこと，④地元住民に就業の機会を提供すること，などを通じて行われる。

第2は，地域における「まちづくり」の担い手としての役割である。小売業および小売業が集合して形成された商業集積は商品の取引の場として機能するだけでなく，人々が集い，交流する拠点として，賑わいを創出し，「まち」の核となっている。そうした小売業・商業集積は，地域社会の他の核である交通，行政，医療，教育，文化，娯楽などとの有機的な結合を図ることによって，「まちづくり」に大きな役割を果たしていかなければならない。

　なお，こうした「まちづくり」における小売業・商業集積の役割に関して，現在問題になっているのが，中心市街地における「商業の空洞化」現象である。中心市街地の商業の空洞化は，直接的には，人口の郊外への分散，中心地の地価の相対的高さ，車によるアクセスの悪さ，大型店の郊外移転などによって引き起こされているが，中心市街地の商業が空洞化すれば，「まち」の核としての機能がなくなる。そこで，中心市街地において商業が「まち」の核としてその機能を充分発揮できるよう，政策面からの支援を行うため，平成10年（1998年）5月，「中心市街地活性化法〔中心市街地における市街地の整備改善及び商業等の活性化の一体的推進に関する法律。平成18年（2006年）の法改正により，『中心市街地の活性化に関する法律』と名称変更〕」[1]が制定され，中心市街地の整備改善，商業等の活性化を支援することになった[2]。

　第3は，地域コミュニティ，地域文化の形成に対する貢献という役割である。小売業・商業集積は，地域の生活環境の整備，地域の特色づくり，住民の地域への帰属意識や愛着心の醸成などといったコミュニティ機能を発揮する空間を形成し，また，祭礼のような地域の伝統文化の承継，さまざまな文化的催事の実施や後援などを行うことにより，地域文化の創造に貢献する役割を果たしている。

　さらに第4に，上記のことと関連して，「まち」の核となる小売業・商業集積は，地域の消費者の理解と支持を得るために，高齢者や身体障害者が安心して買物を楽しめるよう施設を整備したり，また，周囲の交通問題，景観等に配慮し，さらには災害発生時にはその早期復旧に機動的に対処したりするなど，社会的課題に取り組む役割を期待されてきている[3]。

　1）　中心市街地活性化法については，第15章で再度触れる。

2) 詳しくは，鷲尾紀吉『現代流通の潮流』同友館，平成11年，94頁を参照されたい。
3) 同書，94-95頁。

第7章　小売業における主要業態と経営方式

第1節　既存研究における業態論[1]

　大橋正彦氏は，日本における業態に関する主な研究とその概念を図表7—1のように要領よくまとめている。以下では，これに依拠しつつ，既存研究における業態論を概観していこう。

　図表7—1によると，業態認識はいくつかのパターンに類型化される。すなわち，①戦略（体系）・政策または革新を重視する説，②消費者または市場標的のニーズ等への対応を重視する説，③上記①と②の両方を並列的に挙げている説，④上記①～③のいずれにも該当しない説がそれである。また，業態認識の内容は時の経過とともに微妙に変化している。

　まず，①の説についてであるが，鈴木安昭氏の説が代表的である。鈴木氏は，小売業態を小売形態とほぼ同意としたうえで，これを「事業所である店舗の形態についてみれば，具体的な小売業経営の場である店舗において小売業の経営者が採用し，実行する経営諸戦略を総合したものに付した名称」と規定している。そのうえで，経営者はある目標とする市場を対象に，立地・規模および販売方法などの意思決定を行い，その結果として小売店舗の形態が成立する，としている[2]。

　②の説の代表例は，日本小売業協会による定義である。同協会は，小売業態を「消費者の購買慣習の変化に対応した小売業者の営業形態」と規定し，「業種」とは異なり，消費者志向的分類であることを強調している[3]。

　③の説としては，小西滋人氏の見解を挙げることができる。小西氏は，「業態を規定する要素として，市場ニーズをはじめとする環境条件に見合った機能的要素の選択と，経営資源的条件の整備による効率経営とを含む総合的経営戦

図表7－1　日本における主要研究者・団体の「業態」認識

分類	主要研究者名（西暦年号）	概念（定義づけ）	備考
Ⅰ．戦略（体系）・政策または革新を重視する説	日経流通新聞（1976年）	「店舗の営業政策のタイプ」であり，この細分化は，主に競争の激化と消費者行動の変化から進むと考えられる。	Ⅱ．の性格ももつ。
	中小企業庁（1979年）	「個別の小売業者が，他の小売業者と競争を意識したとき，それと差別化しうるような統一のとれた戦略体系」。	
	鈴木　安昭氏（1980年）	「具体的な小売経営の場である店舗において，小売業の経営者が採用し，実行する経営戦略を総合したものに付した名称」。	「小売形態」と「小売業態」をほぼ同義として前者を使用。Ⅱ．の性格ももつ。
	矢作　敏行氏（1981年）	「経営管理や経営組織といった企業の裏舞台ではなく，直接消費者と触れる店舗・販売という表舞台に立脚した革新」であり，小売市場において店舗・販売形態の類型として識別される。	「小売形態」：この小売業態や経営形態を含むもの。Ⅱ．の性格ももつ。
	小西　滋人氏（1981年）	業態の規定要素として，市場ニーズをはじめとする環境条件に見合った機能的要素の選択と，経営諸資源的条件の整備による効率経営とを含む総合的経営戦略が合わせて要求される。	Ⅰ．とⅡ．の両グループに属する。
Ⅱ．消費者等への対応または市場標的のニーズを重視する説	公正取引委員会（1981年）	「営業形態（types of operation）」を指し，店舗の態様，取扱商品の種類，販売政策，一般消費者の購買意識の差異により規定される。	Ⅰ．の性格ももつ。
	日本小売業協会（1982年）	「消費者の購買慣習の変化に対応した小売業者の営業形態」とし，業種とは異なり，消費者志向的分類である。	
	鈴木　孝氏（1982年）	「消費者ニーズ，購買便宜，購買動機を探索し，それを具体的にさまざまな経営政策で提示していく主体的な営業方法・経営方法，またはかかる方法による分類（方法），あるいは，かかる方法をもつ小売形態」。	Ⅰ．の性格ももつ。
	中田　信哉氏（1984年）	「小売業のあるべき方向，つまり，経営方向としてのターゲットという考え方が前面に出ているもの」。	「形態」は単なる分類用語。Ⅰ．の性格ももつ。
Ⅲ．その他の諸説	向山　雅夫氏（1986年）	「経営方式およびそこで用いられる経営上の技術・操作方式等に関して共通性をもった小売業機関の集合概念」であり，具体的には百貨店・スーパーマーケット・コンビニエンスストアなどを意味する。	「業態」＝「小売商業形態」として規定。
	商業統計（――）	文章によって概念規定はしていないが，実態に即して数字での定義づけをしている。	分類用語として使用。

（資料）　大橋正彦『小売業のマーケティング』中央経済社，平成7年，11頁。

略が合わせて要求されている」[4]としている。

　①～③のいずれの説にも該当しないのは、向山雅夫氏の説である。向山氏は、業態を「小売商業形態」として規定している。すなわち、向山氏によれば、業態とは「経営方式およびそこで用いられる経営上の技術・操作方式等に関して共通性をもった小売商業機関の集合概念」であり、具体的には百貨店、スーパーマーケット、コンビニエンスストアなどを意味する[5]。

　以上の諸説を時系列的にみると、昭和55年（1980年）頃を境として、「業態」の捉え方が変わっている。すなわち、次節で触れるように、小売業態論が展開され始めたのは昭和50年（1975年）頃のことであるが、その頃から同55年（1980年）頃までは「戦略等の体系」として捉える傾向が強く、同55年（1980年）頃以降は「消費者ニーズ等への対応」として捉える傾向が強くなっている。

1) 本節は、拙稿「ロードサイド商業の現況」（川野・坂本・中山・鷲尾著『ロードサイド商業新世紀』同友館、平成11年所収）の46-48頁を引用したものである。
2) 詳しくは、鈴木安昭「小売形態の多様化」『消費と流通』第2巻第1号、昭和55年、61-66頁を参照されたい。
3) 中村孝士監修『小売業のヴィジョン』日本小売業協会、昭和57年、41頁。
4) 小西滋人「流通業の業態変化」田内幸一・村田昭治編『現代マーケティングの基礎理論』同文舘、昭和56年、405頁。
5) 向山雅夫「小売商業形態展開論の分析枠組（Ⅰ）・（Ⅱ）」『武蔵大学論集』第33巻第2・3・4号、昭和61年、19頁および127頁。

第2節　小売業の業態認識とタイプ分類[1]

　「小売業態論」は昭和50年（1975年）頃から日本を中心に展開されるようになったものであるが、これに立ち入る前に、まず小売業先進国のアメリカにおける小売業の業態認識とそのタイプ分類について確認しておこう。

　マーケティングや小売業に関するアメリカの主要研究をみると、卸売業の分類用語としては"types of operation"が多くの文献で使用されているが、小売業のそれでは"types of retailers"または"types of retail establishments"が多

く用いられ, "types of operation" はほとんど使われていない[2]。

またアメリカ商業統計でも, 小売業の分類用語として, 旧分類 (1939年) では "types of operation" が使われていたが, 新分類 (1977年) では "kind of business" と "types of retail establishments" が使われている。新分類では, 少なくとも小売業自体のタイプ分類の用語として "operation" は用いられていない。

以上のようにみてくる限りでは, アメリカでは学問的に今日議論されているような業態認識はみられない。しかし, 日本だけでなく, 近年, 欧米における小売業界でも, 前述したような「戦略的意味」を内包する業態概念が取り入れられるようになっていることも事実である。

次に, アメリカにおける代表的な小売業のタイプ分類をみてみよう。

アメリカ商業統計の新分類では, 業種分類をベースにしつつ, これにいくつかの種類の店舗形態を加えた分類をしている。すなわち, ①建築材料等の販売店, ②百貨店やバラエティストアなどの GMS グループ (general merchandise group stores), ③食品店, ④自動車販売店・ガソリンスタンド, ⑤アパレル・アクセサリー店, ⑥家具・装具店, ⑦飲食店, ⑧直接販売店などを含むその他の小売店, がそれである。

その他, 小売業のタイプ分類を行っている文献は数多くある。たとえばスタントン (Stanton, W. J.) は, ①店舗規模, ②取扱商品ライン, ③所有形式, ④営業方法, という4つの基準によって小売業者を分類している[3]。またコトラー (Kotler, P.) は, 具体的な店舗のタイプを, ①販売される製品ライン, ②相対価格の訴求, ③事業の場の特徴, ④店舗の統制形態, ⑤店舗集合の形態, という5つの基準によってタイプ分類している[4]。

さて, 日本においては, 昭和43年 (1968年) に商業統計が「業態統計」を初めて正式に採用しているが, 同時期, 産業構造審議会流通部会 (以下, 産構審と略す) 中間答申〔『流通近代化の展望と課題』(昭和43年8月)〕も「業態分類に関する研究成果」を発表している。

当時の商業統計では, 一般小売店以外に, セルフサービス店 (セルフ面積比率50%以上), 割賦販売店 (割賦販売比率50%以上), 製造小売店, 自動車小売

店，およびガソリンステーションの各タイプに分類していた。これに対して産構審中間答申では，小売業を有店舗小売業と無店舗小売業（通信販売業，訪問販売業，自動販売業）に大別し，前者については百貨店，チェーン・ストア（スーパーチェーン，専門店チェーン，月賦百貨店チェーン），かつ組織化されたもの（ボランタリー・チェーン，寄合百貨店，寄合スーパー）と未組織のもの（専門店，一般小売店，家族経営店）に区分できる独立小売店に分類していた。

　この商業統計と産構審中間答申との間には，顕著な差異がある。すなわち，前者は統計上データの収集・分析の可能な有店舗の業態に限定しているが，後者は当時徐々に定着しつつあった新しい業態もその分類のなかに取り入れている，という点がそれである[5]。

　さらに，昭和57年（1982年）の商業統計では，百貨店（大型百貨店，その他の百貨店），各種スーパー〔大型総合スーパー，専門スーパー（衣料品スーパー，食料品スーパー）〕，コンビニエンスストア，および専門店などを主たる業態とし，それぞれ売場面積規模，取扱商品，販売方式，および営業時間等によって各業態の定義づけを行っている。また，平成元年（1989年）8月に通産省商政課によって公表された『90年代の流通ビジョン』では，昭和60年（1985年）の商業統計を基本データとし，捕足データとして「商業動態統計月報」を用い，百貨店，量販店，スーパーマーケット，コンビニエンスストア，ディスカウントストア，ロードサイドリテイラー，専門店，および一般小売店という8つの業態に分類したうえで，それぞれの将来予測を行っている[6]。

　このように，日本においては「業態」という用語がすでに公的に使用されている。

　以上，小売業における業態認識とそのタイプ分類について論を展開してきたが，留意しなければならないのは，業態は現実には常に変化するものであり，したがってこれを動態的に捉えていかなければならない，ということである。

1) 本節は，拙稿「ロードサイド商業の現況」（川野・坂本・中山・鷲尾著『ロードサイド商業新世紀』同友館，平成11年所収）の44-46頁を引用したものである。
2) 詳しくは，大橋正彦『小売業のマーケティング』中央経済社，平成7年，8-9

3) W. J. Stanton, *Fundamentals of Marketing*, 5th ed., McGraw-Hill, 1978, p. 315.
4) 村田昭治監修,和田充夫・上原征彦訳『マーケティング原理』ダイヤモンド社,昭和58年,560頁。(P. Kotler, *Principles of Marketing*, Prentice-Hall, 1980.)
5) 詳しくは,中小企業事業団・中小企業研究所『中小小売商業の業態開発手法の研究』(昭和61年),3-5頁を参照されたい。
6) 詳しくは,通産省商政課編『90年代の流通ビジョン』(財)通商産業調査会,平成元年,310-315頁を参照されたい。

第3節 小売業態の生起・発展理論

小売業態の生起と発展に関するさまざまな仮説は,「なぜ新規の小売業態が誕生したのか」,「どのようなプロセスを経て新規の小売業態は誕生し,発展していくのか」,「小売業態の誕生・発展に一定のパターンはあるのか」といったような疑問に答えようとして,開発されてきた。

本節では,小売業態に関するいくつかの代表的仮説について概説し,当該仮説にみられる問題点をも随時指摘していくこととする[1]。

1) 小売業態の生起・発展に関する代表的理論については,ここでは取り上げないものも含めて,たとえば下記文献で詳しく説明されている。①青木均「小売業」兼村・青木・林・鈴木・小宮路著『現代流通論』八千代出版,平成11年,99-110頁。②田口冬樹『現代流通論(新訂版)』白桃書房,平成6年,189-200頁。③徳永豊『アメリカの流通業の歴史に学ぶ(第2版)』中央経済社,平成4年,259-282頁。

第1項 小売の輪仮説

小売の輪仮説(wheel of retailing hypothesis)は,1958年にマクネア(McNair, M. P.)によって提唱されたが,小売業態の生起・発展理論の先駆けとなった仮説である[1]。

小売の輪仮説は,小売形態の革新過程を概ね以下のように捉えている。

新しい革新的な小売機関は当初はまず,何らかの技術革新や低サービス方式

による低コストに基づいて，低ステータス，低マージンで，売れ足の速い限られた商品ラインを大量に廉売する形態として登場する。次いで，それが消費者の支持を得て成功を収めるに伴って，同様のタイプの追随者が出現し，激しい価格競争となる。革新的小売機関は，それらの追随者と自社とを差別化するために，サービス，商品，設備のグレードアップとそのためのマージン拡大という格上げ（trading up）を行い始める。その結果，この小売機関は当初の廉売型形態としての性格を失うこととなり，別の新しいタイプの革新的小売機関の出現によって攻撃を受ける。また，この新しいタイプの小売機関も，同様のパターンをたどる。

以上のように，サイクル（輪）がひと回りするたびに，新しい革新的小売機関が登場してくるというのが，小売の輪仮説である。ちなみに，図表7−2は

図表7−2　小売の輪

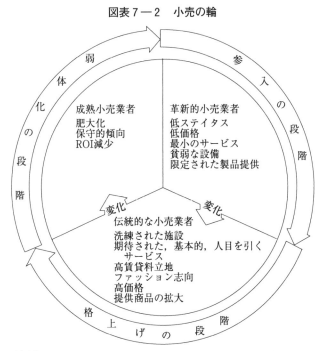

（資料）　D. M. Lewison, *Retailing*, 4th ed., Macmillan Publishing, 1991, p. 73.

小売の輪仮説を図示したものである。

現実の小売業態の発展パターンをみると，確かに「小売の輪仮説」に合致した実例も数多くあるし，また，小売の輪仮説は，小売業態の変化パターンを説明するのに当てはまる強力かつ魅力的な発展モデルとして一般にも認められている。しかし，すべての小売業態の変化を説明しきれていないという点で，問題も残る。たとえば，新規小売業態の出現を低価格型に限定しており，コンビニエンスストアやブティックのような高価格型の小売業態の出現が考慮されていない。また，日本の紳士服ディスカウントストアのように，価格は低いが，粗利益率は高いという小売業態も登場している。さらには，スーパーマーケットは，発展途上国の場合には低価格型ではなく，高価格型の小売業態として登場しているが，こうした現実も説明しきれない。加えて，低価格型小売業態の登場，格上げなどの過程について，消費者の反応・愛顧も考慮されていない。

1) M. P. McNair, "Significant Trends and Developments in the Postwar Period", in A. B. Smith (ed.), *Competitive Distribution in a High-Level Economy and Its Implications for the University*, University of Pittsburgh Press, 1958, chap. 1.

第2項　真空地帯仮説

真空地帯仮説（vacuum hypothesis）は，1966年，デンマークのニールセン（Nielsen, O.）によって提唱された仮説であるが，小売業のサービス・価格水準に対する消費者の選好におけるすきま（真空）の存在から新規小売業態の生起を説明しようとしている[1]。

真空地帯仮説ではまず，同じ商品を扱う小売諸形態の特性は店舗施設，立地，品揃え，販売方式，付帯サービスなどからみた総合的なサービスとそれに応じた価格とで集約的に把握され，サービスが増加すると価格も高くなるものとする。それとともに，図表7－3に示すように，高水準から低水準に至る一連のサービス・価格スケールに対して，それぞれのサービス・価格水準を支持する消費者の選好分布曲線が想定される。

いま，低水準の小売店A，中程度の水準の小売店B，高水準の小売店Cがあるものとする。小売店Aはさらなる消費者の愛顧獲得を目指し，サービス・

図表7−3 真空地帯

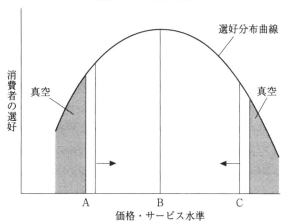

（原資料） O. Neilsen, "Development in Retailing", in M. Kjær-Hansen(ed.), *Reading in Danish Theory of marketing*, North-Holland, 1996, p. 113, figure 4 を修正。

（資料） 青木均「小売業」兼村・青木・林・鈴木・小宮路著『現代流通論』八千代出版，平成11年，101頁。

価格水準を，最もよく消費者の評価を受けている小売店Bの方向へ引き上げる（格上げ）。また，小売店Cもさらなる消費者の愛顧獲得を目指し，サービス・価格水準を小売店Bの方向へ逆に引き下げる（格下げ）。その結果，最も高水準と低水準の小売店がなくなり，真空地帯，つまり空白部分が生ずることになる。

新規参入者は，競争の激しいBを中心とした位置ではなく，「空白」となった市場に参入し，新しい小売業態として登場することになる。すなわち，低価格型の廉売店や高価格型の高級店が新規小売業態として登場するわけである。

以上にみるように，真空地帯仮説は，小売の輪仮説では説明しきれなかった高価格型小売業態の生起をも取り扱っているところに特徴がある。しかし，山なりの消費者選好分布曲線を既知のものとしているが，実際にはこれを推定することはきわめて困難であろう。

1) O. Neilsen, "Development in Retailing", in M. Kjær-Hansen (ed.), *Reading in Danish Theory of Marketing*, North-Holland, 1966, chap. I-7.

第3項　小売アコーディオン仮説

小売アコーディオン仮説（retail accordion hypothesis）は，1963年にブランド（Brand, E.）によって展開され，ホランダー（Hollander, S. C.）により1966年に命名されたが，品揃え幅の拡大・縮小という観点から新規小売業態の生起を説明しようとしている[1]。

図表7－4に示すように，幅広い品揃えをするゼネラルストア（よろず屋）のような小売業態がすでに存在し，小売業のなかで優勢であるとすると，次には品揃え幅の狭い専門店が登場し，時間の経過とともにこれが優勢な存在となると，さらに，次にはまた百貨店のような品揃え幅の広い新規の小売業態が登場する。そしてまた，百貨店に続いて品揃え幅の狭いブティックが登場し，次いで品揃え幅の広いスーパーが登場する，というものであるが，これはアメリカで行われた小売業態の交替パターンの歴史的傾向から理論化された仮説である。

以上のように，小売アコーディオン仮説は，小売業態の変化はまるで演奏されるアコーディオンのように，品揃え幅が広がったり，狭まったりし，商品ラ

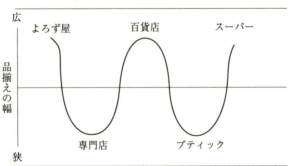

図表7－4　小売アコーディオン

（資料）J. B. Mason, M. L. Mayer, and J. B. Wilinson, *Modern Retailing : Theory and Practice*, 6th ed., Richard D. Irwin, 1993, p. 33.

インの総合化と専門化の繰り返しであると説明する。

しかし，小売業態の発展パターンは，アコーディオン仮説にみるような総合化—専門化—総合化の繰り返しではなく，総合化と専門化とが限りなく同時並行的に進む「小売分極化」である，とする考えも出てきている。また，小売アコーディオン仮説は，なぜ品揃えの拡大・縮小が起こるのかを説明していない。そのことに関連していえば，消費者の反応や愛顧も考慮されていない。

1) S. C. Hollander, "Notes on the Retail Accordion Theory", *Journal of Retailing*, Vol. 42, Summer 1966, pp. 29-40.

第4項　弁証法仮説

弁証法仮説（dialectic hypothesis）は，1968年にギスト（Gist, R. R.）によって提唱された。この仮説は，小売機関間の衝突から危機が発生し，危機への反応から新しい小売業態が誕生するという衝突理論を背景にし，正（テーゼ）・反（アンチ・テーゼ）・合（ジン・テーゼ）という弁証法的進化論の論理から，小売業態の生起・発展を説明しようとしている[1]。

弁証法的進化論によると，物事の進化過程は，正，反，正と反とを統合した合という論理によって捉えられ，正・反・合が限りなく繰り返される過程であるという。主流となっている正に対して，反主流となる反が現われ，さらに正と反とが統合された合が出現し，やがて合は正となる。

これを小売業態の生起・発展に当てはめると，図表7—5に示すように，高マージン，低商品回転，高価格，フル・サービスなどの形態を採る百貨店は正として存在している。この百貨店は，低マージン，高商品回転，低価格，セルフサービスなどの形態を採る，反としてのディスカウントストアから攻撃を受けた。この2つの関係から，百貨店とディスカウントストアとの両方の特徴を備えたディスカウント・デパートメント・ストアが，平均的マージン，平均的商品回転，手頃な価格，限定サービスなどの特徴でもって，合として登場する。そして，この合が正となり，次に，これに対する反が出現する，というプロセスをたどることになる。

以上のように，弁証法仮説によれば，小売機関の各発展段階は前の発展段階

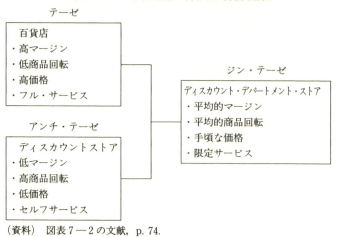

図表7―5　小売業態の弁証法的発展過程

（資料）図表7―2の文献，p. 74.

とは異なった局面を繰り返すということになるが，それは最初の状況に復帰するのではなく，各段階の否定の否定という二重否定のプロセスによって異なった第3の状況を創造するものであることに留意しなければならない。また，弁証法仮説では，なぜ正と反との統合が起こるのかが説明されていないし，消費者の反応・愛顧も考慮されていない。

1) R. R. Gist, *Retailing : Concepts and Decisions*, John Wiley & Sons, 1968, pp. 106-109.

第5項　小売3つの輪仮説

小売3つの輪仮説（three wheels of retailing hypothesis）は，1963年に小売の輪仮説を補う目的でイズラエリ（Izraeli, D.）によって提唱された仮説である[1]。すなわち，小売の輪仮説が，価格・サービスが低水準の新規小売業態しか想定せず，すべての新規小売業態を考慮していない点や，新規小売業態登場に対する既存小売業態の反応を考慮していない点を批判し，価格・サービスが高水準の新規小売業態の存在，既存小売業態の反応を組み入れているのが小売3つの輪仮説である。

第7章 小売業における主要業態と経営方式 119

図表7－6 3つの小売の輪

① 低水準の革新的業態Aと高水準の革新的業態Bの出現

② 既存業態CとDの反応と革新的業態AとBの反作用

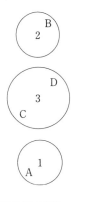
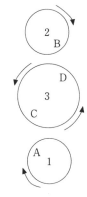

③ 既存業態の革新

④ 革新的業態EとFの参入によるサイクルの再出発

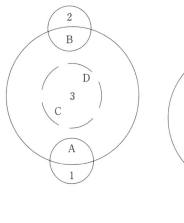
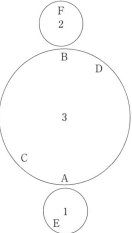

(資料) D. Izraeli, "The three Wheels of Retailing : A Theoretical Note", *European Journal of Marketing*, Vol. 7, No. 1, 1963, pp. 71-72.

図表7-6は小売3つの輪仮説を図示したものであるが，そこでは3つの輪が想定されている。1の輪は低コスト・低価格で参入してくる新規小売業態の輪であり，小売の輪仮説の輪に相当する。2の輪は高コスト・高サービスで参入してくる新規小売業態の輪，3の輪は既存小売業態の輪である。以下，本図表に基づき，小売3つの輪仮説を概説しよう。

まず①の段階では，サービス・価格が低水準の新規小売業態Aと高水準の新規小売業態Bが出現する。

②の段階では，新規小売業態A・Bの参入を阻止できず，顧客愛顧を奪われるままの既存小売業態C・Dがそれを奪い返すために，A・Bの革新的部分を一部見習って，格上げまたは格下げを実施する。すると，A・Bも対抗して格上げ，格下げを実施する。つまり，1，2，3とも輪が回ることになる。

③の段階では，既存小売業態の反応と新規小売業態の反作用の結果，両者の差異は希薄化し，後者は前者に組み込まれるようになる。ここで，3つの輪は停止する。

④の段階では，さらにまた新規の小売業態E・Fが登場し，以降，前記の過程を繰り返す。

以上，小売3つの輪仮説について概説してきたが，小売の輪仮説を補ってはいるものの，小売の輪仮説と同じく，消費者の反応・愛顧が考慮されていないことが大きな問題点として残る。

1) D. Izraeli, "The Three Wheels of Retailing : A Theoretical Note", *European Journal of Marketing*, Vol. 7, No. 1, 1963, pp. 70-74.

第6項　小売ライフ・サイクル仮説

小売ライフ・サイクル仮説（retail life cycle hypothesis）は，1976年にダビッドソン（Davidson, W. R.），ベイツ（Bates, A. D.），およびバス（Bass, S. J.）によって提唱された仮説であるが，小売業態の生起から衰退までの過程を，プロダクト・ライフ・サイクル論を応用して説明しようとしている[1]。

小売ライフ・サイクル仮説では，図表7-7に示すように，プロダクト・ライフ・サイクルと同じように，小売業態は，革新段階，加速的発展段階，成熟

図表7-7 小売ライフ・サイクル

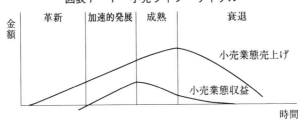

(資料) W. R. David, A. D. Bates, and S. J. Bass, "The Retail Life Cycle", *Harvard Business Review*, Vol. 54, November-December 1976, p. 91.

図表7-8 小売ライフ・サイクルと小売業者の行動

	重要な分野,問題	小売ライフ・サイクルの発展			
		1. 革新	2. 加速的発展	3. 成熟	4. 衰退
市場特性	競争相手の数	ほとんどない	適度	直接的競争相手多数,適度な間接競争	間接的競争相手多数,適度な直接競争
	売上成長率	急速	速い	普通から鈍化へ	緩慢あるいはマイナス
	収益水準率	低から中へ	高い	中	非常に低い
	新しい革新の持続期間	3年から5年	5年から6年	不定	不定
適切な小売業者の行動	投資/成長危険についての意思決定	投資最小―高リスク容認	成長維持のために高水準の投資	未開発の市場の成長の厳しい抑制	最小限,不可欠な資本支出
	経営中枢の関心	調整と実験による概念修正	先取的市場地位の確立	過剰能力と「オーバーストア」成熟の延長と小売概念の改訂	「脱出」戦略の実施
	経営管理技術の使用	最小	適度	拡大	適度
	最も成功する経営形態	企業家型	中央集権型	「プロフェッショナル」型	世話人型

(資料) 図表7-7の文献,p.92のexhibit IIを一部削除。

段階，衰退段階という4つの段階を経ることが想定されている。そして，図表7—8に示すように，各段階ごとに小売業者が対応すべき経営行動が示されている。

これに関連していえば，とくにアメリカにおいて，かつて登場してきた各種の革新的小売業態の導入期から成熟期のピークに至るまでの期間の短縮化傾向が指摘されており，それだけにまた，小売業はこれに対処するためたえず業態革新に取り組むことが必要とされる。

なお，小売ライフ・サイクル仮説にも問題点は残る。まず，小売業態の発展を規定する要因が明らかにされていない。つまり，なぜ小売業態が発展し，ライフ・サイクルをたどっていくのかが不明確なのである。また，消費者の反応・愛顧もあまり考慮されていない。

1) W. R. Davidson, A. D. Bates, and S. J. Bass, "The Retail Life Cycle", *Harvard Business Review*, Vol. 54, November-December 1976, pp. 89-96.

第7項　各仮説に共通した問題点と総括

以上紹介してきた各仮説における問題点はそれぞれ指摘してきた通りであるが，すべての仮説に共通した問題点がまだ残る[1]。

第1に，どの仮説も小売業態の生起・発展を説明しようとしているにもかかわらず，戦略タイプとしての小売業態と，企業である小売業者，事業所である小売店舗とを混同させている。たとえば，小売の輪仮説や小売3つの輪仮説では，小売業者と小売業態が混同している。また，小売ライフ・サイクル仮説では，小売業者の成長が小売業態の発展に置き換えられている。

第2に，小売業態に関する知識の国際的な移転が考慮されていない。たとえば，日本の小売業の歴史を振り返ると，スーパーマーケットやコンビニエンスストアなどは，アメリカから業態自体のアイデア，運営方法などが移転されてきたのである。多くの発展途上国，あるいは先進国においても同様の歴史を顧みることができる。とりわけ，新規小売業態の生起については，知識の国際的な移転を考慮しないと，仮説として不充分になる。

以上のように，どの仮説もさまざまな小売業態の展開のある部分には適合性

をもつが，反面，説得力や現実の適用性に欠ける面もみられる。その意味で，完全な仮説は存在しない。しかし，どの仮説も現実を観察する際の参考としては役立つ。また，小売業態の革新過程を注視した先駆的思考としても注目できる。

1) 以下，問題点については，青木均「小売業」兼村・青木・林・鈴木・小宮路著『現代流通論』八千代出版，平成11年，109-110頁を参考にしている。

第4節 主要小売業態

(1) 百貨店 (department store)

百貨店は，アリスティド・ブーシコー (Aristide Boucicaut) が1852年にパリで開業した「オ・ボン・マルシェ (Au Bon Marché)」に始まったといわれる。

百貨店はひとつ屋根の下で買回品を中心にあらゆる商品を品揃えし，それを現金販売・定価販売・品質保証・返品自由という営業活動の原則で販売する最初の大規模な近代小売業として出現した。また，その経営管理の原則については，多種多様な商品を部門別に分け，部門別組織によって仕入・販売することにしたのである。「department」という名称に端的に表れているように，商品のこうした部門別管理という経営管理の革新を行うことによって，近代小売業の革新的な営業活動に適応した経営形態を創造し，それによって百貨店は近代小売業の最初の本格的な担い手となったのである。

パリに発生した近代百貨店は，19世紀末葉から20世紀初頭にかけて，近代的都市の発達とともにヨーロッパ大陸に影響し，イギリス，アメリカにも波及し，やがて日本にも導入されるに至った。つまり，19世紀末葉から20世紀初頭にかけての近代的都市の発達とともに，都市に需要が集中した結果，百貨店はあらゆる商品をひとつ屋根の下に品揃えし，ワン・ストップ・ショッピングの便宜を提供することによって需要を捉えようとする大規模小売企業として成立していったのである。

日本においても，日清戦争以降の都市化の進展がようやく百貨店の成立を可

能にしたわけであるが，明治37年（1904年）には，三井呉服店の営業を継承した三越呉服店（後の三越）のデパートメント・ストア宣言がなされた。これが日本初の百貨店とされているが，その後，明治40年（1907年）の大丸，同43年（1910年）のいとう屋（後の松坂屋），大正8年（1919年）の白木屋〔昭和33年（1958年），東急百貨店に吸収合併される〕，松屋，および高島屋，同9年（1920年）の十合など各店が相次いで百貨店として営業し始めた。それらはすべて江戸時代創業の伝統的呉服店であった[1]。また，地方都市においても次々に百貨店が誕生していった。さらには，昭和4年（1929年），大阪梅田に阪急百貨店，同9年（1934年），東京渋谷に東横百貨店（後の東急百貨店）が誕生し，従来呉服商出身のみに占められていた百貨店業界に，初めて私鉄系のターミナル百貨店が成立することとなった。

かくして，日本の百貨店の構造は，都市百貨店，私鉄系ターミナル百貨店，および地方百貨店という3つの範疇で形成されることとなり，それとともに日本の小売商業組織は1930年代の初めには，一方の極にひと握りの巨大な規模を誇る百貨店，他方の極に膨大な数にのぼる小規模零細な中小小売商という典型的な二重構造を形成した。そして，この二重構造は1960年代に入るまで，つまりスーパーを中心とするいわゆるセルフサービス店が本格的に出現するに至るまで，長期にわたって存立し続けたのである[2]。

なお，前述したように，百貨店は買回品を中心にあらゆる商品の品揃えを図っているが，とくに日本の百貨店の場合，食料品や医薬品を取り扱っている点が外国の百貨店と区別される大きな特徴となっている。ちなみに通産省（現・経済産業省）の「小売業の業態分類の区分と定義」によると，百貨店とは，①取扱商品のうち衣，食，住のそれぞれの品目の販売額が総販売額の10％以上70％未満，②従業員50人以上，③セルフサービスによる販売方法を採らない，に該当する小売業であるとされている。

　(2)　スーパーマーケット（supermarket）

スーパーマーケットとは，大量仕入・大量販売，高回転率主義，セルフサービス方式などによる合理的経営を行うとともに，主として食料品（衣料品），多くの場合これに日用雑貨品を加えて，廉価販売を行う大規模小売商業の一形

態である。郊外の道路沿いに店舗が設営され，広い駐車場が用意される場合が多い。こうした形態を食料品スーパーと称し，類似のものとして衣料品スーパー・その他を挙げることもできる。なお，スーパーマーケットは後述するGMSとほぼ同様の特徴をもつが，店舗規模はそれほど大きくない。

ところで，世界初のスーパーは，1930年にマイケル・カレン（Michael Kullen）がニューヨークで設立した食料品店「キング・カレン（King Kullen）」だとされている。

日本では，スーパーの始まりは，昭和28年（1953年），東京青山に開店した紀ノ国屋であるとするのが一般的な説である。しかしそれと相前後して，山口県に誕生し，やがて全国に波及するに至った「主婦の店」運動であるとする説もある。「主婦の店」運動では，セルフサービス，集中チェックアウトなど近代的スーパーの要件とされているものは，発生当初はもちろん採用しておらず，販売技術も稚拙であったが，猛烈な安売りで小売機構に衝撃を与え，そのような安売店を次々に開いていった。「主婦の店」という名称が示すように，心情的には消費者の生協活動に近いものがあり，マスプロ商品，マスコミ商品を主婦のために大安売りして，既存の小売店から顧客を奪っていった。

ともあれ，「主婦の店」運動が東漸する過程で，中内㓛氏の「ダイエー」が参加するに至って，本格的なスーパー時代へと舞台は急転したのである。そして，スーパーはきわめて短期間で百貨店に追いつき追い越すほどにまでなったのである。昭和47年（1972年）には，ついにダイエーが年間売上高で三越百貨店を抜き，小売業第1位となった。

では，スーパーの急速成長を可能にした要因は何か[3]。

第1の要因は，大衆消費市場の出現という事実である。この大衆消費市場のなかで消費者大衆はたえず欲求を刺激されるのであるが，その購買力には限界がある。したがって，消費者大衆が実際の購買の選択をする際，決定的なポイントとなるのは価格のいかんであった。既存の小売企業とりわけ百貨店は，消費者大衆のそうした欲求を必ずしも充分には満たせなかった。したがって，そこに生じた一種の真空状態こそ，低価格＝大量販売を志向する新しいタイプの小売企業すなわちスーパーが四つに取り組むべき絶好のチャンスとなったので

ある。

第2は，戦後の都市化の急速な進展，それに伴う衛星都市あるいは郊外都市の急速な出現という事実である。スーパーは，こうして成立した新しい市場に積極的に出店していったが，こうした出店戦略＝チェーン展開が成功をもたらす鍵となったのである。

第3は，戦後，独占産業資本の絶対的優位性が確立するとともに，独占産業資本は自らの販売部門を強化する一方，特定の販売業者を指定して，これまで利用してきた流通機構を再編成する方向をとるようになった，という背景である。かくして独占産業資本の支配は，当然小売段階にまで及ぶが，消費財のなかでもとりわけ最寄品の量産体制が確立される過程で，大量仕入・大量販売，高回転率主義，セルフサービス方式を採用するスーパーが，この要請に応えるものとして導入され，急速に発展することとなったのである。

(3) GMS (general merchandise store)

GMSとは，衣食住にわたるさまざまな商品を幅広く品揃えし，百貨店と類似しているが，販売員の数を極力減らし，顧客のセルフサービスを主とするなどして，大衆品の廉価販売を目指す大規模小売商業の一形態である。営業コストを節約し，現金販売・持ち帰り制を原則とするほか，多数のチェーン店を各地に設けて大量仕入・大量販売を図るなどの点にも特徴がある。また，多くは大規模な売場と駐車場をもつ店舗が郊外の道路沿いに設営され，百貨店と同様，ワン・ストップ・ショッピングの便宜を顧客に提供している。

なお，GMSは総合スーパーまたは量販店とも称される。

(4) コンビニエンスストア (convenience store)

コンビニエンスストアとは，便宜性 (convenience) を最大のコンセプトとして，住宅地の至近に立地し (商圏500m程度)，最寄品を中心にした日用品の幅広い品揃えを行い (4,000品目程度)，セルフサービス，年中無休，長時間営業 (24時間営業も珍しくない)，などを特徴とする小売業態である。売場面積は50〜300m^{2}程度と小規模であり，チェーン化，少人数管理によって効率化が図られている。商品の価格水準はスーパーマーケットなどに比べて高い。なお，通産省 (現・経済産業省) の「小売業態区分」では，売場面積50m^{2}以上

500m²未満で，売場面積の50％以上でセルフサービス方式を採用し，営業時間が12時間以上または閉店時刻が21時以降であるものをコンビニエンスストアと定義している。

コンビニエンスストアは1950年代にアメリカで注目され始めた小売業態であるが，日本には1970年代に導入され，1980年代以降急速に成長している。店舗数でみると，昭和57年（1982年）に約2万3,000店であったのが，現在〔平成27年（2015年）2月末時点〕では5万5,774店が存在する。

こうしたコンビニエンスストアの急速成長の要因としては，下記の諸点を指摘することができる[4]。すなわち，①消費者のニーズやライフスタイルの多様化により，従来の業態では対応できない需要が生じたこと，②大中型店の展開を基本的に終了した大手スーパー資本が小型店の展開を次の戦略のひとつとしたこと，③フランチャイズ・システムを採用したチェーン・オペレーション技術が確立したこと，④業態転換を求める中小小売業がフランチャイズ・システムによるコンビニエンスストア展開の受け皿として存在していたこと，などがそれである。

しかし，コンビニエンスストアの急速成長の陰には，問題点も潜んでいる。コンビニエンスストアの徹底した在庫管理は多頻度小口納入を極限にまで推し進めているが，このことは納品業者の負担を大きくすると同時に，搬送自動車の走行頻度・時間が急増するため，都市部における交通渋滞悪化・大気汚染などをもたらす原因のひとつとなっている。また，チェーン本部の繁栄の陰で，加盟店主は圧倒的に不利な契約条件のもとに経営困難や苛酷なまでの労働強化を強いられている，という指摘もある[5]。

(5) **ディスカウントストア**（discount store）

ディスカウントストアとは，衣料品や家電品などの非食品分野の商品を幅広く品揃えし，セルフサービス方式を採用して，低価格訴求，大量販売を実現している小売業態をいう。なお，日本では，食料品を取り扱う低価格型小売業についても，スーパーマーケットやGMSなどよりも強い低価格訴求で販売している場合はディスカウントストアと称することがある。また，安売店一般はディスカウンターと称する。

ディスカウントストアは，商品を特別のルートから安く仕入れたり，現金販売・持ち帰り制などによる経費の節減に努めたりして，廉価販売を実現している。また，低価格実現のために，郊外の地価の安い地点に簡単な店舗が設営されることが多い。規模の大きい業者の場合には，チェーン展開が図られている。

　なお，アメリカにおいて戦後間もなく発展したディスカウントハウス，すなわち耐久消費財の安売り小売業が1950年代に取扱商品を拡大して，現在のディスカウントストアになっていった。

(6)　カテゴリーキラー（category killer）

　カテゴリーキラーとは，ディスカウント業態のなかで，取扱商品のカテゴリーを限定し，品揃えに奥行きをもたせて低価格販売を行うものをいう。この業態は，特定のカテゴリーの商品については他の小売業者の追随を許さないほどの充実した品揃えをもつが，とくに玩具，紳士服，酒類などの商品分野で顕著にみられる。

　なお，日本の場合，アメリカにみるようなスケール，パワーとも本格的なカテゴリーキラーはまだ育っていない。

(7)　ドラッグストア（drug store）

　アメリカで発生した小売業態のひとつであり，本来は医薬品店であるが，実際には衣料品，化粧品，食品，日用雑貨品など，幅広い品揃えが行われている。いわば，薬局を備えたバラエティストア[6]であるといってもよい。チェーン展開をしている大規模小売業が多く，現在では，医薬品以外の商品の売上げが大きい店がほとんどである。

　日本では，「マツモトキヨシ」を典型的なドラッグストアとして挙げることができる。

　日本の薬局も化粧品，日用雑貨品など，取扱商品を増やす傾向があるが，どちらかといえば副業的性格が強い。いたずらに商品の種類を増やすことはコンビニエンスストアとの競争になり，かえって苦戦を強いられているところも少なくない。

(8) ホームセンター (home center)

ホームセンターは，ホーム・インプルーブメント・センター (home improvement center) または DIY (do it yourself) 店とも称される。本来は，消費者自身の手づくりを意味する DIY 店の住宅の分野の店舗である。アメリカで1960年代に導入された業態で，住宅の修繕とこれに関連する DIY 商品に専門化している。

ホームセンターでは，住宅改善と修繕の仕事をするのに必要な道具と部品を1ヵ所に豊富に品揃えしているので，商品のバラエティは金物屋か建材屋か不明なほどに多岐にわたっている。ホーム改善についての顧客相談や店内セミナーも実施し，難しい仕事に対しては下請援助も行っている。

なお，日本の場合は，日曜大工用の工具，金物，合板，木材，塗料，園芸関連用品，インテリアのほかに，日用雑貨品，自動車用品も取り扱い，セルフサービス方式を全面的に取り入れた店舗が多い[7]。

(9) ロードサイドショップ (roadside shop)

日本におけるいわゆる「ロードサイドショップ」は，昭和44年 (1969年) 9月，東京都八王子市の村内家具店が甲州街道沿いに開設したホームセンターに端を発するといわれている。以来わずか30年足らずの間に，郊外ロードサイドの店舗群は一大商業勢力にのしあがり，いまや「業態」としても完全に認知されているといってもよい。すでに全国各地の幹線道路沿いには各種ロードサイド商業があふれかえり，有力なロードサイド商業集積は全国で200ヵ所はくだらないとみられている[8]。

初期のホームセンター，外食レストランの郊外出店に続き，紳士服，靴，家電品，スポーツ用品，玩具，書籍など，従来は市街地立地と考えられていた業種が，近年，続々と郊外出店を始めている。これらの店舗は，市街地の交通混雑を避け，豊富な品揃えのなかで買物が楽しめるように，大型駐車場を用意し，しかも比較的長時間営業するという出店形態をとっている。その結果，これらの店舗が集積するところでは，新しい商業集積地を形成するまでに至っている。しかも，こうした現象は一地方のみならず，全国レベルで進展している。

ロードサイドショップのこのような出店ラッシュは，一方では地域小売商業に大きな影響を与えている。道路整備の立ち遅れや駐車場難などさまざまな問題を抱える既存商店街からみれば，ロードサイドショップの急速成長は脅威であり，ひいては都市商業の二極化現象をもたらすことも予想される。
　こうした現状でありながら，現在，ロードサイドショップについては明確な定義がなく，その集積の実態もいくつかの地域を除いてほとんど明らかにされていない。また，ロードサイド商業集積が既存商店街に与える影響についての調査研究もほとんど行われていない[9]。
　なお，ロードサイドショップの定義に関連していえば，『90年代の流通ビジョン』では，「店舗の立地戦略がとくに特徴的な小売業，生活幹線道路に面した地域に店舗を展開している小売業」を「ロードサイドリテイラーと呼ぶことにする」[10]としたうえで，それは「限定された商品を深く品揃えし，広域商圏を設定し車利用の消費者を対象に，比較的大型の店舗と駐車場を完備しているのが特徴である」[11]としている。
　また，著者が関与して実施した中小企業事業団（現・中小企業基盤整備機構）・中小企業研究所〔平成5年（1993年）3月末をもって，研究所は廃止された〕の「ロードサイドショップの展開と地域小売商業の発展に関する研究プロジェクト」では，専門委員による何回かの検討会を行ったうえで，ロードサイドショップの大枠としての定義を下記のように設定した。
① 小売・飲食・サービス業を営む店舗であること。
② 主要幹線道路（国道およびそのバイパス）沿いに立地していること。
③ 比較的規模の大きな駐車場を有していること。
④ カーショッピングに適していること。
⑤ 単品種のなかで比較的豊富な品揃えを行っていること。
⑥ 比較的長時間にわたって営業を行っていること。
以上①～⑥のなかでも，①～③が定義としての主要なファクターである。
　⑽　**専門店**（specialty store）
　都市の商店街などには，広範囲から集まる買物客を対象として，専門品や買回品を中心に，限定された分野や対象顧客に専門化した，幅が狭くて深い品揃

えを実現し，各種のサービスに努め，客足を集めている店舗が見受けられる。こうした小売業態を一般の在来型商店と区別して，とくに専門店と称する。商品の価格水準は高い。

　近年は，消費の高度化・多様化・個性化に伴い，専門店の存在価値が高まり，大量販売による廉価販売を手段として，大型化，チェーン化しているものも少なくない。

　なお，専門店は下記の4つのタイプに分類できる[12]。

① 用途別専門店（たとえば寝具・ギフト・海外旅行用品専門店）
② 単一商品専門店（たとえばピザパイ・サラダ専門店）
③ 客層専門店（たとえばミセス・LL・ヤングファッション・ベビー用品専門店）
④ ブランド別専門店（たとえば各種メーカーのチェーン店）

1) 当時，日本の大呉服商は自らの経営を近代化するため子弟を欧米に留学させるなどして，当時の最先端商業形態であった百貨店の経営を積極的に導入した。その結果がガラスケースでの商品陳列，現金正札販売，座売りの廃止や従業員の通勤制への転換などの近代的商業への切換え，すなわち百貨店の成立であった。以上は，西岡俊哲「形態別にみた主要小売商業」保田芳昭・加藤義忠編『現代流通論入門（新版）』有斐閣，平成6年，31頁を参照している。
2) 以上，日本における百貨店の成立経緯については，拙著『現代日本の中小商業問題』信山社，平成11年，45-46頁を参照している。
3) 詳しくは，同書，51-52頁を参照されたい。
4) 西岡俊哲，前掲論文，35-36頁。
5) この問題について詳しくは，本間重紀編『コンビニの光と影』（花伝社，平成11年）を参照されたい。
6) 文字通り「多様な」商品を品揃えし，それらを消費者が心理的に買いやすい低価格ラインで統一する「均一価格政策」を基盤にした小売業態である。アメリカでは初期チェーン・ストアの代表的形態のひとつであったが，戦後はこの形態は衰微し，バラエティ・チェーンの多くはディスカウントストアに転進した。以上は，久保村隆祐・荒川祐吉編『商業辞典』同文館，昭和57年，231頁を参照している。
7) 宇野・金子・西村編著『現代商業・流通辞典』中央経済社，平成4年，271頁。
8) ロードサイド商業の現況面について詳しくは，拙稿「ロードサイド商業の現況」

川野・坂本・中山・鷲尾著『ロードサイド商業新世紀』同友館，平成11年，37-61頁を参照されたい。
9) ロードサイドショップに関する研究書が数少ない状況のなかで，著者が関与したものとしては下記文献がある。①中小企業事業団監修（編集代表・十合晄・坂本秀夫・鷲尾紀吉）『ロードサイドショップ』同友館，平成5年。②川野・坂本・中山・鷲尾著，前掲書。
10) 通産省商政課編『90年代の流通ビジョン』（財）通商産業調査会，平成元年，293頁。
11) 同書，314頁。
12) 久保村隆祐・荒川祐吉編，前掲書，178頁。

第5節　チェーン・オペレーション

　小売業の経営方式は，その経営が単独店であるか，またはチェーン・オペレーションを採用するチェーン・ストア（連鎖店）によるか，によって分類される。
　ここで，チェーン・オペレーションとは多店舗経営のことを指すが，チェーン・オペレーションのもとでは，販売活動は多店舗展開に伴い，分散的に行われ，仕入活動については本部一括集中仕入が行われる。また，チェーン・ストアは業種・業態とは無関係に，多数の店舗を統一的に管理する本部と管理される店舗（チェーン店）とから成り立っているが，これには①レギュラー・チェーン，②ボランタリー・チェーン，③フランチャイズ・チェーンがある。
　以下，本節では，上記3つのチェーンについて概説していくこととする。

第1項　レギュラー・チェーン

　一般にチェーン・ストアという場合，欧米や日本では同一資本のレギュラー・チェーンを意味している。
　チェーン・ストアとは，国際チェーン・ストア協会の定義によると，単一資本で，11店舗以上の店舗を直接経営管理する小売業または飲食店の形態であると規定されている。チェーン・ストア経営のもとでは，小売業者の基本的な活

動である仕入活動と販売活動が組織上分離されている。すなわち，中央本部が各店舗の仕入活動を集中・一括して大量仕入を実現し，在庫商品の保管，配送，広告などを行い，一方，各店舗は中央本部の経営方針に従い，販売活動に専念することによって，分業と協業の利益を享受している。

なお，チェーン・ストアを歴史的にみると[1]，アメリカでは食品小売業の分野において，1859年創業のA&Pによって始められたものであり，19世紀末葉から年を追うごとに増加し始めた。さらにアメリカ小売業の他の分野においても，同じく19世紀末葉から20世紀初頭にかけてそれが出現し，1910年代から20年代末にかけて各業種・業態にそれぞれ普及し，著しく発展した。

日本において本格的にチェーン・ストアが展開をみせたのは1960年代からであり，各業種・業態に導入され，大量仕入あるいはプライベート・ブランド商品の開発により，生産者に対する交渉力を増大させている。

1) 以下は，宇野・金子・西村編著『現代商業・流通辞典』中央経済社，平成4年，199頁を参照している。

第2項 ボランタリー・チェーン

ボランタリー・チェーンとは，「独立の小売店が大規模商業とくに連鎖店（chain stores，またはmultiple stores）との競争に対抗し，その利点を自らも獲得し利用しようとして，自主的に協力し団結して結成する組織」[1]であり，「大規模小売商業形態の発展による脅威・圧迫に対する自己防衛のための組織化の一形態」[2]である。しかし，その組織を有効に運営していくためには，その中心的役割を果たすべき本部が必要であり，本部のあり方によって，ボランタリー・チェーンはさまざまに分類できる。

主宰方式別に分類すると，ボランタリー・チェーンには下記の4つのタイプがある。

① メーカー主宰ボランタリー・チェーン
② 卸売商主宰ボランタリー・チェーン
　　㋑ 単独卸売商主宰ボランタリー・チェーン
　　㋺ 複数卸売商主宰ボランタリー・チェーン

③　小売商主宰ボランタリー・チェーン
　　㋑　小売店同士結合ボランタリー・チェーン
　　㋺　大規模小売商主宰ボランタリー・チェーン
④　卸・小売商共宰ボランタリー・チェーン

　なお，メーカー主宰のものは一般に系列化的色彩が強く，ボランタリー・チェーンの範疇に入れてよいかどうか疑問も残る。また欧米では，一般に卸売商主宰のもののみをボランタリー・チェーンと称している。

　また近年は，家電流通の分野で，流通の常識を超えた，多様な業種・業態の加盟店ネットワークから成る「オムニ型ボランタリー・チェーン」も登場している。

　ボランタリー・チェーンは，歴史的には，アメリカにおいて卸売商主宰のものとしてすでに，1887年のボルティモア・ホールセイル・グロウサリーや1888年のフランクフォード・グロウサリーなどがみられる。しかし当時のものは，「価格の低下」に重点をおきすぎ，「組織としての一体性」に対する配慮に欠けていた。このような欠点を改善しようとして出現したものが小売商主宰のチェーンである。小売商主宰のチェーンは，1921年のレッド・アンド・ホワイト，1926年のIGA（Independent Grocers' Alliance）など1920年代に登場する。

　日本においては，百貨店が飛躍的に発展し始めた大正期においてすでにいくつかのボランタリー・チェーンが存在していた。しかし政策的には，自主的かつ積極的なボランタリー・チェーンの運動に対しては無援助・未解決のまま放置されてきた。政策的には，昭和41年（1966年）からようやく中小企業庁によって小売業の連鎖化政策としてボランタリー・チェーン助成策が展開され出したわけであるが，日本におけるボランタリー・チェーンは，この助成策の推進と量販店や百貨店の現実的発展に刺激されて，なんとか進展はしつつある。しかし問題なのは，ボランタリー・チェーンの運動が単に政策的に上からの指導・啓蒙によって行われ，しかも指導・啓蒙が形式的にはともかく，実質的には「上層育成，下層淘汰」という方向で行われ，文字通りボランタリー（自発的）な運動として展開していないということである。そのほかにもさまざまな事情があって，日本においては，組織化率こそ欧米諸国並みになっているが，

ボランタリー・チェーンの展開は未成熟の状態にある[3]。また近年は，その伸長も鈍化している。

さて，ボランタリー・チェーンが組織される以上は，「その参加個別経営の発展は期さるべきものではあるが，個別経営が生き延び発展するには必ずしもボランタリー・チェーンでなければならないというものではないから，一般にその存続・発展のための有効的な方向を確認することと，ボランタリー・チェーンの本質を把握することとは区別」[4]しなければならない。ボランタリー・チェーンの組織化は，次項で触れるフランチャイズ・チェーンのように最初から系列化・支配化されることを前提とした組織化とは，本質的に意味が異なるのである[5]。

なお，一般に，ボランタリー・チェーンはフランチャイズ・チェーンに比して本部の統制が緩やかなために本格的なチェーン運営がしにくいとされているが，ボランタリー・チェーンのなかにさらにフランチャイズ・システムを導入して，本部の厳しい統制のもとに本格的にボランタリー・チェーンを展開しているところもある。代表的な成功例として，Kマート・チェーン，マイショップ・チェーン，全日食チェーンなどを挙げることができる。

1) 竹林祐吉『ボランタリー・チェーンの研究』千倉書房，昭和51年，34頁。
2) 同書，250頁。
3) 日本においてボランタリー・チェーンが未成熟の状態にある原因について詳しくは，拙著『現代中小商業問題の解明』信山社，平成5年，221-227頁を参照されたい。
4) 竹林祐吉，前掲書，40頁。
5) ボランタリー・チェーンの概念・本質について詳しくは，拙著，前掲書，217-221頁を参照されたい。

第3項　フランチャイズ・チェーン

フランチャイズ・チェーンとは，フランチャイズ・システムの提供に基づいて多店舗展開する経営方式をいう。ここでフランチャイズ・システムとは下記のように定義できる。すなわち，「メーカーなどが主宰者（franchiser）となって[1]，一定地域における自社商品の販売独占権（franchise）を，有資格販売

店 (franchisee) に与えるものである。このシステムのもとで，メーカーは，口答あるいは書面契約で販売業者と密接な関係を結ぶことになる。契約したフランチャイジーは，それぞれの指定地域において，メーカーのフランチャイジーとして行動することに同意しているから，そのフランチャイジーは，メーカーの商品に大いに関心をもち，販売努力をし，販売の増進のために活動する」[2]。

より具体的にフランチャイズ・システムの重要点を整理すれば，下記のよう

図表7-9　各チェーン・システムの相違

各チェーン・システム 比較項目	チェーン・ストア	ボランタリー・チェーン	フランチャイズ・チェーン
目的	小売商業に固有の単位店舗の小規模分散性の克服（資本の運動としての集中的大規模化の追求）	規模の利益，協業の利益	規模の利益，協業の利益
形態	中央本部と多数の店舗	チェーンを構成する業者とは別に本部機構が必要	チェーンを主宰する業者が本部
資本	単一資本	本部と加盟店とは別の資本	本部と加盟店とは別の資本
単位店の経営者	中央本部から任命された店長（従業員）	本部とは独立した店主（経営者）	本部とは独立した店主（経営者）
名称	既存の名称（一般に当該企業名）	新しく創出された名称	フランチャイザーの店名
単位店の独立性	中央本部と一体	実質的（共同営業連合のごとき並列的集合体）	名目的（営業権の賃貸のごとき形態）
市場	新店舗開設による市場拡大	既存店舗の加盟による市場拡大	一般的には新店舗開設による市場拡大
商品	本部経由またはその指示による仕入	本部仕入が原則	本部経由またはその指示による仕入
指導・援助	本部指示	本部による指導・援助	本部による強力な指導・援助

（資料）　拙著『現代中小商業問題の解明』信山社，平成6年，214頁。

になる。

① フランチャイザー（主宰者）とフランチャイジー（加盟店）はそれぞれが独立の事業者であり、加盟店は代理店でも従業員でもない。
② フランチャイザーは、フランチャイジーに対して商号、商標、その他の営業の象徴となるもの、および経営ノウハウの使用を認める。
③ フランチャイザーは、フランチャイジーに対して、継続してサービス・原材料を含む商品供給や経営指導・援助を行う。
④ フランチャイジーは、フランチャイザーが与える権利の対価として、フランチャイズ・フィー（加盟料）、ロイヤルティー（経営指導料）、その他の手数料などをフランチャイザーに支払う。
⑤ フランチャイジーは、フランチャイザーと同一とみられるイメージのもとで販売その他の事業を行う。
⑥ これらの関係は契約が存続する限り継続される。

以上がフランチャイズ・システムの特徴であるが、これを前述のチェーン・ストア（レギュラー・チェーン）およびボランタリー・チェーンと比較すると、図表7－9のようになる。本図表をみると、フランチャイズ・システムは、チェーン・ストア・システムとボランタリー・チェーン・システムの双方をうまく組み合わせたもののようにみえる。しかもフランチャイズ・チェーンは、近年、コンビニエンスストアやファーストフード店の急成長とともに急速に発展している。

しかし、フランチャイズ・チェーンをめぐっては問題点も多く残されている。すなわち「主宰者の側に明確な経営理念やフランチャイザーとしてのノウハウが確立しておらず、加盟店に適切な経営指導をおこなわなかったり、主宰者が加盟店に不利益な取引条件や過大なノルマを課したりすることがあるほか、手数料の適正化をめぐるトラブルが絶えない」[3]などといった問題である。

また、フランチャイザーとフランチャイジーとの関係は、形式的には売買関係であるが、実質的には代理関係であり、したがってフランチャイジーは法的（名目）にこそフランチャイザーから独立しているが、経済的には従属している[4]。フランチャイズ・チェーンの対象小売店は、そのほとんどが零細商業

である。これは,「独占資本の支配する中小企業の範囲も,その階層分化の促進に伴って拡大かつ多様化し,いわば中堅企業,中小企業,および零細企業に区分されるまでに至ると,独占資本は従来一本的に考えてきた中小企業を,利用すべき対象の重要性に応じて再編成する必要を生じ,階層的支配秩序の確立による収奪の安定化を図ろうとするに至る」5)ためである。

　要するに,フランチャイズ・チェーンとは,経済構造的に把握すれば,独占資本主義段階での新たな矛盾の展開と,それに対応する新たな利用を背景として出現してきた特殊な形態である。

　なお,フランチャイズ・システムは,ボランタリー・チェーンなどと同様にアメリカで誕生したものであるが,歴史的には,シンガー・ミシン社が南北戦争直後の1865年にフランチャイズ・ネットワークを展開したのが最初といわれており,1898年の自動車会社,1920～30年代の石油会社の例もあるように,相当古い。しかしこれらは,第2次大戦後,とりわけ1950年代後半から60年代にかけて,コンビニエンスストアやファーストフード店を適用対象として驚異的な発展を遂げたラフンチャイズ・システムとは質が異なる6)。

　日本においては,フランチャイズ・システムの導入は,1950年代のコカ・コーラボトラーズの設立が最初といわれている。フランチャイズ・チェーンの代表例としては,ミスター・ドーナツ,マクドナルド・ハンバーガー,ケンタッキー・フライドチキン,セブンイレブンなどを挙げることができる。

1) メーカー以外にも,卸売商,ときにより小売商が主宰者となる場合もある。
2) 同文舘編刊『マーケティング用語辞典（増補版）』昭和50年,188頁。
3) 西岡俊哲「形態別にみた主要小売商業」保田芳昭・加藤義忠編『現代流通論入門（新版）』有斐閣,平成6年,38-39頁。
4) 詳しくは,風呂勉『マーケティング・チャネル行動論』千倉書房,昭和43年,74-94頁を参照されたい。
5) 竹林祐吉『ボランタリー・チェーンの研究』千倉書房,昭和51年,40-41頁。
6) 詳しくは,光澤滋朗「商業形態」森下二次也監修『商業の経済理論』ミネルヴァ書房,昭和51年,166頁を参照されたい。光澤氏は,その質的差異を,①フランチャイザー,②フランチャイジー,③フランチャイズの範囲,という3つの側面から述べている。

第8章 小売業に進む構造変化と中小小売業の生き残り方向

第1節 小売業に進む構造変化

第1項 商業統計上の分析

　第5章第1節で触れたように，平成27年（2015年）6月30日，経済産業省「商業統計速報」〔平成26年（2014年）調査〕が発表されたが，図表8－1に示すように，昭和57年（1982年）調査をピークとして，同60年（1985年）調査以降に始まった小売商店数の減少傾向に歯止めはかかっていない。

　ピーク時の昭和57年（1982年）調査では小売商店数は172万1,000店であったが，平成19年（2007年）調査では113万7,000店にまで落ち込み，この間，58万

図表8－1　小売商店数の推移

（単位　商店数：万店，減少率：％）

	昭和57年	昭和60年	昭和63年	平成3年	平成6年	平成9年	平成11年	平成14年	平成16年	平成19年	平成26年
商店数総計	172.1	162.9	162.0	160.6	150.0	142.0	140.7	130.0	123.8	113.7	78.1
減少数	－	5.4	0.6	1.8	6.6	5.3	0.9	7.6	4.8	8.2	31.3
1～2人規模店	103.6	94.0	87.4	85.3	76.5	70.9	66.2	58.8	53.9	49.9	31.9
減少率	－	9.3	7.0	3.1	10.3	7.3	6.6	11.2	8.2	7.4	36.1

（注1）　商店数を四捨五入し，また平成11年（1999年）～同19年（2007年）調査の1～2人規模店については就業者〔前掲図表5－1の（注）4を参照のこと〕ベースで計算しているため，減少率には若干の誤差が生ずる。
（注2）　平成6年（1994年）の産業分類の改訂に伴い，同3年（1991年）の数値は新分類に組み替えており前回比（減少率）とは一致しない。
（注3）　平成11年（1999年）調査において事業所の補そくを行っているが，前回比（減少率）については時系列を考慮せずに算出している。
（資料）　通産省（現・経済産業省）「商業統計」より作成。

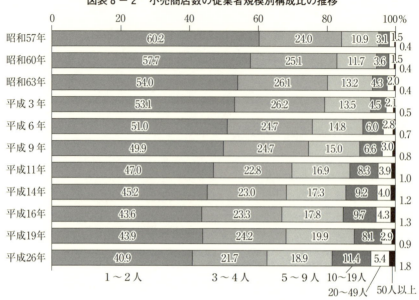

図表 8 − 2 小売商店数の従業者規模別構成比の推移

(注) 平成11年（1999年）〜同19年（2007年）調査については就業者ベース（前掲図表 8 − 1 を参照のこと）で計算しているため，平成 9 年（1997年）以前の調査と同じく従業者ベースで計算すれば，それぞれの百分比には若干の誤差が生ずる。また，小数点第 2 位以下を四捨五入しているため，百分比の合計が100％にならないケースもある。
(資料) 通産省（現・経済産業省）「商業統計」より作成。

4,000店，34.0％の減少を示している。さらに，平成26年（2014年）調査では78万1,000店にまで落ち込んでしまった。これは調査開始〔昭和27年（1952年）調査：108万店〕以来，最低水準の数値である。しかし，留意しなければならないのは，第 5 章第 1 節でも簡単に触れたように，小売商店数の減少傾向は 1 〜 2 人規模の限界的な零細店の激減によってもたらされている，ということである。ピーク時〔昭和57年（1982年）調査〕に172万1,000店あった小売商店数は直近の調査〔平成26年（2014年）調査〕では78万1,000店まで落ち込み，94万店が消滅したことになる。しかし，1 〜 2 人規模店のみで，以下にみるように，この間71万7,000店が消滅したことになる。1 〜 2 人規模の零細店は昭和57年（1982年）調査では103万6,000店であったが，平成19年（2007年）調査で

は49万9,000店となり，この間，実に53万7,000店，51.8％もの減少を示している。そして，平成26年（2014年）調査では，1～2人規模店はついに31万9,000店にまで落ち込んでしまった。しかも，この数値は開店と閉店との増減差であり，実際に閉店あるいは廃業等を行った店は，これよりもはるかに多いのである。その結果，図表8－2に示すように，小売商店数に占める1～2人規模店の構成比は，60.2％〔昭和57年（1982年）調査〕から40.9％〔平成26年（2014年）調査〕にまで落ち込んでしまった。1～2人規模店の減少傾向は，今後とも続いていくものと思われる。

　なお，平成26年（2014年）調査における小売商店数の業種別構成比をみると，①コンビニエンスストアや料理品小売業などが含まれる「その他の飲食料品小売業」（10万6,579店，構成比13.7％），②ホームセンターやペット・ペット用品小売業などが含まれる「他に分類されない小売業」（8万695店，同10.3％），③ドラッグストアなどが含まれる「医薬品・化粧品小売業」（7万87店，同9.0％），④自動車小売業（5万7,599店，同7.4％），⑤婦人・子供服小売業（4万8,543店，同6.2％），⑥菓子・パン小売業（4万7,681店，同6.1％）の順となっている。かつて昭和43年（1968年）調査で小売業の半数を占めた「飲食料品小売業」全体の構成比は30.6％にまで落ち込んでしまっており，縮小化がいっそう進んでいる。

　年間商品販売額〔平成26年（2014年）調査〕は127兆8,949億円となった。小売業の年間商品販売額は，年間での販売額調査開始〔昭和33年（1958年）調査〕以降，平成9年（1997年）調査まで増加傾向にあった。しかし，平成11年（1999年）調査では景気低迷に伴う消費不振に加え，価格の低下などから初の減少となり，同19年（2007年）調査の前回調査〔同16年（2004年）調査〕比1.0％の微増を除き，以降，減少が続いている。

　従業者数は平成11年（1999年）調査以降，一貫して減少傾向にあるが，同11年（1999年）調査では802万8,558人，同19年（2007年）調査では758万9,375人となり，同26年（2014年）調査では586万8,417人にまで落ち込んでしまった。とりわけ平成19年（2007年）調査以降の低落ぶりが顕著であるが，前述したように，同年調査以降，小売商店数が急減しており，商店数と従業者数との推移

が連動するのは当然の帰結である。また，小売業においては，全体の従業者数が減少するなかでパート・アルバイト等の割合が拡大しており，これが全体のほぼ半数を占めている。これはコンビニエンスストアの拡充や店舗の大型化が進んでいることが大きな要因となっているものと思われる。ちなみに，平成26年（2014年）調査における小売業の従業者数について業種別に構成比をみると，①コンビニエンスストアや料理品小売業などが含まれる「その他の飲食料品小売業」（105万827人，構成比17.9％）が最も高く，以下，②各種食料品小売業（64万906人，同10.9％），③ホームセンターやペット・ペット用品小売業などが含まれる「他に分類されない小売業」（45万9,884人，同7.8％），④ドラッグストアなどが含まれる「医薬品・化粧品小売業」（44万7,875人，同7.6％），⑤自動車小売業（42万2,609人，同7.2％）の順となっている。

　最後に，平成26年（2014年）調査における小売業の単位あたりの年間商品販売額（販売効率）を把握しておこう。

　小売業の1事業所あたりの年間商品販売額は1億6,382億円であり，前回調査〔平成24年（2012年）経済センサス－活動調査。以下，同様〕比16.1％の増加を示している。業種別には，①百貨店，総合スーパーが69億4,025万円と群を抜いており，以下，②各種食料品小売業（6億4,029万円），③自動販売機による小売業（5億5,537万円），④通信販売・訪問販売小売業（3億7,293万円），⑤燃料小売業（3億1,893万円）の順となっている。

　従業者1人あたり（パート・アルバイト等については労働時間を8時間換算して算出）の年間商品販売額は2,659万円であり，前回調査比9.5％の増加を示している。業種別には，①自動販売機による小売業（6,673万円），②燃料小売業（5,517万円），③通信販売・訪問販売小売業（5,114万円），④百貨店，総合スーパー（4,364万円），⑤機械器具小売業（3,935万円）の順となっている。

　売場面積1m^2あたりの年間商品販売額は58万円となり，前回調査比3.8％の減少である。なお，牛乳小売業（宅配専門），自動車（新車・中古）小売業，建具小売業，畳小売業，ガソリンスタンド，新聞小売業（宅配専門），通信・カタログ販売等の事業所に関するこの調査は実施されていない。業種別には，食肉小売業，医薬品・化粧品小売業がともに95万円，以下，コンビニエンスス

トアが含まれる「その他の飲食料品小売業」が92万円，機械器具小売業が82万円，鮮魚小売業が80万円などとなっている。

第2項　商店街の崩壊現象[1]

商店街が瀕死の状態であえいでいる。とりわけ地方都市の商店街がひどい。地方都市では中心商店街でも近隣商店街でも空き店舗が目立つ。まるで歯抜けのくしのようであり，活気もない。

図8－3に示すように，近年の通産省（現・経済産業省）「商業統計」をみると，個人商店数が大幅に減少している。とりわけ菓子・パン，酒，野菜，鮮魚，食肉などを取り扱う業種店の減少傾向が顕著である。一方で，コンビニエ

図表8－3　法人・個人別小売商店数

	商店数（店）							
	平成3年	平成6年	平成9年	平成11年	平成14年	平成16年	平成19年	平成26年
法人	571,182 (35.6)	581,207 (38.7)	586,627 (41.3)	607,401 (43.2)	583,899 (44.9)	578,426 (46.7)	565,251 (49.7)	448,794 (57.5)
個人	1,034,401 (64.4)	918,741 (61.3)	833,069 (58.7)	799,483 (56.8)	716,158 (55.1)	659,623 (53.3)	571,504 (50.3)	331,925 (42.5)
計	1,605,583 (100.0)	1,499,948 (100.0)	1,419,696 (100.0)	1,406,884 (100.0)	1,300,057 (100.0)	1,238,049 (100.0)	1,136,755 (100.0)	780,719 (100.0)

	商店数の増減率（％）						
	6年/3年	9年/6年	11年/9年	14年/11年	14年/16年	16年/19年	19年/26年
法人	1.8	0.9	3.5	▲3.9	▲0.9	▲2.3	▲20.6
個人	▲11.2	▲9.3	▲4.0	▲10.4	▲7.9	▲13.4	▲41.9
計	▲6.6	▲5.4	▲0.9	▲7.6	▲4.8	▲8.2	▲31.3

（注1）　商店数の欄の上段は実数。下段（　）内は構成比。
（注2）　平成6年（1994年）の産業分類の改訂に伴い，同3年（1991年）の数値は新分類に組み替えている。
（注3）　平成11年（1999年）調査において事業所の補そくを行っているが，前回比（増減率）については時系列を考慮せずに算出している。
（資料）　通産省（現・経済産業省）「商業統計」より作成。

図表8－4　空き店舗率が15％を超えている商店街の割合

単位：％。ブロック中，（　）内は平均空き店舗率。
全国2,026商店街を対象に調査。
（資料）　日本商工会議所『商店街に関する実態調査』（平成6年）。

ンスストアやスーパーなど法人商店が店舗数を増やしている。個人商店が法人商店に侵食されたのである。すなわち，大手流通資本の進出の影響が近隣型商店街や地域型商店街でとりわけ深刻化している，という状況を容易に推測できる。なお，第6章第2節で触れたように，商店街は，①近隣型商店街，②地域

図表8－5　大規模小売店舗の届出件数の推移（3条届出）

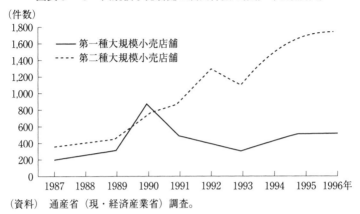

（資料）通産省（現・経済産業省）調査。

型商店街，③広域型商店街，④超広域型商店街，に類型化できるが，約8割が①，②のタイプであり，なかでも①が圧倒的多数を占めている。法人商店数は，不況のあおりを受けて平成14年（2002年）調査以降，減少傾向にあるものの，法人・個人別の構成比では一貫して上昇傾向にある。

商店街立地の商店数の減少は，空き店舗の増加をもたらしている。ちなみに，全国主要都市にある214の中心商店街のうち73％の商店街が空き店舗を抱えて，対策に苦慮している[2]。また，図表8－4は空き店舗率が15％を超えている商店街の割合を示したものであるが，全国平均で18.1％の商店街が空き店舗率15％を超えている。しかも，この数値は平成6年（1994年）時点のものであるから，後述するように，空き店舗の多発現象の発生は比較的最近のことであるという事実に照らすと，現在は，空き店舗率15％を超える商店街の比率はもっと高くなっているはずである。日本商工会議所調査によると，全国主要都市の1,491商店街にある空き店舗のうち約75％が平成4年（1992年）以降に廃業している[3]。

図表8－5は大規模小売店舗の届出件数の推移〔3条届出（建物設置者による届出）〕を示したものであるが，「商店街で空き店舗がめだちはじめた時期は，大手流通資本が新規出店攻勢をかけ出した年代に重なる」[4]。

大店法（大規模小売店舗における小売業の事業活動の調整に関する法律）の

規制緩和については次章第2節で詳述するが，下記の3つの段階を経て実施された。第1段階は「運用適正化措置等」であるが，平成2年（1990年）5月末の通産省通達により実施された。第2段階は「大店法改正」〔平成3年（1991年）5月8日可決，翌年1月末施行〕である。第3段階では，20項目にわたる規制緩和の実施を目指した通産省「大店法改正省令・通達」が平成6年（1994年）5月1日に施行された。そして，大店法規制緩和の最終仕上げとして，大店立地法（大規模小売店舗立地法）案が平成10年（1998年）5月27日に可決され，同12年（2000年）6月1日からの本法施行に伴い，大店法はついに廃止された[5]。

こうした大店法の規制緩和によって，大型店の出店ラッシュが一気に始まった。また，バブルがはじけて地価が下落したことも，早期大量出店を考える大手流通資本には幸いした[6]。ちなみに，平成4年（1994年）の改正大店法施行以降，同8年（1996年）4月までに，3条届出の累計件数は，第1種大型店[7]が3,021件，第2種大型店[8]が7,269件と，合計1万290件に達した。こうした集中豪雨的な大型店の出店攻勢が，地域の商業構造を激変させてしまった。

矢作弘氏もいうように，大店法はこれまで，大型店の出店阻止のために多少なりとも障壁になってきた。しかし，法が廃止されたいま，あとは「市場が決める」の大義だけが残っている。商店街の命運が風前の灯になろうとしている[9]。ちなみに，NPO法人まちづくり協会顧問兼地域商業研究所所長の三橋重昭氏から著者にも配信されたメール[10]によると，永年の実務経験に基づいて，日本の商店街，約1万8,000ヵ所[11]のうち過半数近くが「限界商店街」化していると推測している。なお，三橋氏は下記5つの要件が当てはまる商店街を限界商店街と定義している。①物販・サービス・飲食店の集積が20店舗未満，②65歳以上の店主の比率が全体の50％以上，③後継者が3人未満，④事業予算が年間50万円未満，⑤リーダーが不在。関連していえば，「限界集落」は，一般的には，65歳以上の人口が50％を超え，もはや再生不可能に近く，自然消滅の可能性がきわめて高い集落であると定義されようが，その意味で，三橋氏の上記の定義はきわめて妥当なものであるかと思われる。

商店の代替わりはいつの時代にもあった。努力や工夫もしない商店が廃業

し，進取の気性に富んだ商店が参入してくるのは自然の摂理である。むしろ，商店街が繁栄し続けるためには大切なことかもしれない。しかし，問題は中心商店街全体が衰退し，地方都市の空洞化が著しいことである。

中心商店街は一般に，地域の都市機能が集中した，住民の生活の核となる市街地を構成する重要なファクターとして位置づけられている。そこには，公共施設や銀行，学校，病院，事業所などの生活基盤施設が集積し，地域の歴史・文化をも内在させている。単に住民の消費生活をリードしてきただけではなく，住民の生活需要を幅広く高度に充足し，地域社会の活力の源泉となってきたのが中心商店街である。その意味で，中心商店街はいわば地域を代表する「顔」である。したがって，中心商店街の衰退は，単に一商店街の衰退という問題にとどまるものではない。

中心商店街が衰退すれば，都市が空洞化する。そして，都市が中心性を喪失すれば廃れていくのは，これまでの歴史が証明している。

1) 本項は，拙著『現代日本の中小商業問題』信山社，平成11年，128-130頁を参考にしている。
2) 『日本経済新聞』平成8年12月15日付。
3) 日本商工会議所『商店街空き店舗対策モデル事業報告書』(平成9年) 参照。
4) 矢作弘『都市はよみがえるか』岩波書店，平成9年，22頁。
5) 大店立地法について詳しくは，第15章第3節を参照されたい。
6) 矢作弘，前掲書，同頁。
7) 店舗面積が3,000m^2 (ただし，東京都23区および政令指定都市では6,000m^2) 以上の小売店舗をいう。
8) 店舗面積が500m^2を超え3,000m^2 (ただし，東京都23区および政令指定都市では6,000m^2) 未満の小売店舗をいう。
9) 矢作弘，前掲書，23頁。
10) 平成26年10月2日配信。
11) 三橋氏は，平成23年 (2011年) の全国商店街実態調査対象数は1万4,989ヵ所であるが，これに調査対象洩れを加えると，約1万8,000ヵ所であると推定している。

第2節　中小小売業の生き残り方向

すでに述べてきたように，中小小売業を取り巻く環境条件はきわめて厳しくなっている。そうした状況のなかで中小小売業が生き残っていくことは並大抵のことではない。では，どのような対応を図れば，中小小売業は生き残れる可能性があるのであろうか。本節では，これからの中小小売業の生き残り策について，①個店としての対応戦略，②商店街としての対応戦略，③組織化による対応戦略，という3つの戦略的枠組みを提示し，詳述していくこととする[1]。また，「まちづくり」をどうするかが今日的課題となっている折，今後，地域商業者・商店街が有効なまちづくりに向けて取り組むべき方策をも提示することとする。ただし，本節で提示する生き残り戦略は，あくまでひとつの基本的な考え方であるに過ぎない，ということを断わっておかなければならない。中小小売業は多様な階層の集合体であり，規模別に生き残り戦略が異なるのは当然であるから，より細かな層別に分析を進めなければならない。また，業種別・業態別にも生き残り戦略が異なるのは当然であるが，紙幅の都合もあり，本節では業種別・業態別分析は試みていない。こうした限界はあるものの，本節で提示する生き残り策の内容は，中小小売業生き残りに向けてのひとつの基本的な考え方として有用であるものと思う。

1)　以下で詳述する，中小小売業の3つの生き残り戦略については，拙著『大型店出店調整問題』信山社，平成11年，136-151頁に加筆修正を施し，再編成したものである。

第1項　個店としての対応戦略

中小小売業は苦境の只中にあるとはいえ，個店ベースでみると，個店による成長格差は明らかであり，成長店と非成長店の二極化現象が指摘できそうである。そこで以下では，個店ベースに的を絞り，個店の成長性を規定する要因とその生き残り戦略を探っていくこととしよう。

(財)流通経済研究所『中小小売店経営活性化方策調査』(中小企業庁委託事

業・昭和62年3月）に基づくと，中小小売業の個店としての成長性要因には，大別して以下3つの要因があることが推測できる。

　第1は，売上高の伸びを規定する要因である。これには「ゆとりのある売場面積」，「立地する商業環境（商店街）の繁栄」，「店舗などハード面の整備・拡張努力」，「固定客と合わせたフリー客の集客努力」，「一定のコンセプトに基づいた品揃えの総合化・質的充実」，「ソフト面での店づくりの工夫」などが該当しよう。

　第2は，利益高の増減を規定する要因である。これには「店舗などハード面の整備・拡張努力」，「固定客の増加」，「一定のコンセプトに基づいた品揃えの総合化・質的充実」，「情報機器の導入・活用」，「日常の業務（帳簿管理，販売集計管理など）の徹底」などが該当しよう。

　第3は，来店客数の増減を規定する要因である。これには「駐車場の所有」，「一定のコンセプトに基づいた品揃えの総合化・質的充実」などが該当しよう。

　以上の売上高，利益高，および来店客数という3つの要因間にはもちろん相関関係があり，成長店においてはこれら3つの要因がシナジー効果として作用しているものと思われる。なお，これらの成長性要因はあくまでも最大公約数的な評価であって，絶対的評価ではない，という点にも留意しておかなければならない。たとえば，駐車場の所有は，とくに地方の場合，来店客数の増加にかなりの程度まで寄与しているが，物理的・資金的制約から駐車場を所有していなくても来店客数の増加を実現しているケースが，現実にはかなり見受けられる。そうした店は，そのハンデを品揃えや顧客サービスの充実など他の諸要素でカバーし，工夫を凝らしているものと思われる。

　これからの中小小売業が個店として生き残っていくには，基本的には，以上のような成長性要因に対応した戦略を採用すればよいわけである。しかし，小規模零細店と中規模店とでは，店舗スペースや人的資源などに差異があるため，採用する戦略内容にもおのずと差異が生じてこよう。したがって，以下では，規模に対応した生き残り戦略を把握することとする。

　まずは，小規模零細店の場合である。

　小規模零細店の場合は，限られた狭小な店舗スペースを前提とした独自のド

メインの設定が必要となる。基本的方向としては，ひとつの考え方として，特定商品群に絞った「ショップ化」[1]の方向が提示できよう。すなわち，品揃え面では「専門化」を行い，経営面では「ヒト化」に重点をおくべきである。ここでいう「ヒト化」とは，たとえば技能・技術を活かした店内加工の充実，足を使った配達サービスの充実などを指している。

また，従来，小規模零細店の多くは地域密着型の商売を基本としていたが，近年は固定客離れが進みつつあり，それが業績悪化の原因になっている。そこで，固定客の確保に加えて，フリー客の吸引力を高める手段を講じなければならない。具体的には，人的触れ合い，店内加工・修理サービス，配達サービス，クイックサービスなどの充実を図ることがその手段となるが，要は，小回りをきかせた顧客対応を図ることが肝要である。

次は，中規模店の場合である。

中規模店の場合の基本的方向としては，特定生活分野における「ストア化」の方向が提示できよう。すなわち，品揃え面では，目的・客層・コンセプトに合致した総合化を図るべきである。経営面では，情報機器の活用による情報武装の必要性が迫られよう。とくにPOSシステム（販売時点情報管理システム）の導入は，中規模店にとっては重要なものとなる。POSシステムの導入によって，商品管理，顧客管理，従業員管理，価格管理を容易に行うことができる。ただし，導入にあたっては，POSは万能ではなく，死に筋商品のカットは可能であるが，「明日，何が売れるか」という点まではPOSでは判明しない，という点に留意しなければならない。あくまで，将来にかかわる意思決定の支援をするものとして導入すべきである。

また，小規模零細店の場合と同様，中規模店においても顧客吸引力を高める手段を講じていかなければならないが，具体的には下記の手段が考えられる。すなわち，品揃えのユニークさを打ち出すこと，特定分野におけるワン・ストップ・ショッピング性を高めること，各種サービス（店舗演出サービス，情報発信サービス，駐車場などの施設サービス）の充実を図ること，などである。

以上が規模別生き残り戦略の内容であるが[2]，中小小売業を取り巻く環境条件がますます厳しくなっていることを考慮すると，これからは，従来以上に個

店の体質を強化していくことも重要課題になってくるものと思われる。その際の目指すべき方向は「専門店化すること」にある。

規模が小規模零細であることは，有利に働く面もある。中小小売店は，大型店のように広範囲の市場を対象としてさまざまな顧客に多種多様な商品を提供する必要はない。狭小な市場を対象に，限定した商品を扱えばよい。限られた経営資源を活用するためには，市場を絞り込み，特定の商品についての専門家になるしかない。すなわち，業態としては専門店化することが鍵となる。

専門店化する際には何らかの基本的条件が必要となろうが，以下に示す三浦功氏の見解が参考になる。

三浦氏は数多くの中小小売店のなかから「出色小売店」を抽出し，出色小売店にみられる特色として①経営者が企業家精神をもっていること，②顧客志向の経営に習熟していること，③業態戦略を展開していることを挙げている[3]。出色小売店とは，他店と比較して文字通り何らかの秀でた特色を有し，抜きん出た業績をあげている中小小売店と位置づけることができようが，その意味で，三浦氏がいう上記3つの特色は中小小売店が専門店化する際の基本的条件として適用可能であろう。

以下，三浦氏の見解を紹介しよう。

① 企業家精神の保有

中小小売店の経営は，経営者の主体的力量（体力・気力・感度・人間味・企画力・先見性など）に依存しているといっても過言ではない[4]。そうした主体的力量の構成要素のすべてを備えた経営者など，そうざらにはいないが，成功した中小専門店（出色小売店）の経営者をみると，多くの一般中小小売店の経営者とは異なって，さまざまな自分の強さと弱さをもちつつも，しっかりした企業家精神をもっている[5]。

では，企業家精神とは何か。「技術が変わり，消費者ニーズが変わる今日には，大胆な事業創造が必要になっている」[6]が，「企業家とはこれまでに存在しない事業を，自分の能力とリスクをかけて作り出す人である」[7]。「企業家精神とはそういった人々の心の底に流れる『挑戦・創造』の精神である」[8]。

② 顧客志向の経営への習熟

成功した多くの中小専門店（出色小売店）をみると，「共通して顧客志向の経営戦略に徹し，着実な経営を続けている」[9]。こうした店では，「顧客志向という姿勢を，自分の店の個性と一体化させている」[10]。つまり，自らの店の個性と一体化させつつ顧客満足を目指すような経営が「顧客志向の経営」なのである。

　個性の切り口は，割安性，専門性，便宜性，信頼性，快適性などいろいろあるが，これらの要素のうちどの部分で消費者に迫るか，という絞り込みが肝要である[11]。信頼性，快適性は今日の小売店にとっては当然のことであるが，割安性，専門性，および便宜性は各個店の特徴を明確に出しやすい要素であろう[12]。今日の消費者は個性的であり，鋭い選択眼をもっているが[13]，そうした消費者を捉えるためには，「店側もまた個性を明確にし，客を選ぶ力を発揮せねばならない」[14]。

　③　業態戦略の展開

　成功した中小専門店（出色小売店）では，「例外なくマーケティング戦略の展開を土台にして動」き，「そのマーケティング戦略の中核に小売業態化をおいている」[15]。すなわち，これらの成功店では，「小売業態を小売流通の分類論として捉えるのではなく，消費者志向の小売マーケティング戦略における『核』として捉え」[16]ている，ということである。

　では，小売業態経営とは何か。端的にいえば，「それは主張が明確な小売経営のあり方を意味する」[17]。より具体的にいえば，「対象とする市場ターゲットを的確につかみ，それをめぐる競争諸条件を正確に認識し，自己の強さと弱さをはっきりと自覚したうえで，強さを活かしたショップ・コンセプトを明確にし，店構え，品揃えから営業時間や販売促進までの諸活動を適切に構築し」[18]ていかなければならない，ということである。

　以上，一般中小小売店が専門店化する際の基本的条件として3つの条件を提示したが，ともあれ，前述したように，中小小売業にとっては個店の体質強化が従来にも増して重要な課題となってくることだけは間違いないであろう。

1)　「ショップ」も後述の「ストア」も日本語では商店または小売店と訳されているが，ショップには「工場・作業所」の意味，ストアには「貯蔵所・倉庫」の意味

もある。したがって，ショップとストアの違いを述べると，前者は「工場や作業所を併設し，仕入販売以外に製造機能，加工機能，修理機能をもつ小売店」であり，後者は「ストック・陳列機能に優れた小売店」であるといえよう。以上は，小林憲一郎「エクセレントな中小商店」『企業診断』平成10年1月号，107頁を参照している。

2) 規模別生き残り戦略の基本的な方向性の考え方については，鍋田英彦「90年代の中小小売業と商店街の活性化」『流通とシステム』第60号，平成元年，40-41頁を参考にしている。

3) 詳しくは，三浦功「出色小売店の条件は何か」(社)流通問題研究協会編『出色小売店の条件』中央経済社，174-194頁を参照されたい。

4) 同論文，174頁。
5) 同論文，176頁。
6) 同論文，同頁。
7) 同論文，同頁。
8) 同論文，同頁。
9) 同論文，177頁。
10) 同論文，178頁。
11) 同論文，同頁。
12) 同論文，同頁。
13) 同論文，同頁。
14) 同論文，同頁。
15) 同論文，183頁。
16) 同論文，同頁。
17) 同論文，同頁。
18) 同論文，同頁。

第2項　商店街としての対応戦略

前項で提示した個店としての対応戦略の内容は，いずれも中小小売業の主体的努力のいかんにかかわるものである。しかし，個店にとって相互依存関係にある商店街の盛衰がもたらすことの意味合いもきわめて大である。前項で触れたように，立地する商業環境（商店街）が繁栄していることが個店としての成長性を規定する要因のひとつになっているが，経営資源の乏しい中小小売業，

とりわけ個人経営の単独店の場合，主体的な立地選択はほとんど不可能である。小売業は立地産業であるといわれているが，中小小売業にとっては，立地条件は基本的に統制不可能な外部環境とみなされている。すなわち，「中小小売業にとって立地条件は所与のものであって，立地を主体的に戦略として捉えることが可能な大規模小売業とは本質的に異なる」[1]のである。

そこで以下では，「商店街としての対応」という面から中小小売業の生き残り戦略を探っていくこととするが，立地条件に恵まれない場所，たとえば競合商店街に出店した大型店の影響を強く受けて著しく低迷している商店街や，郡部型の未整備の状態にある自然発生的な商店街などに立地する店では，個別的対応のみでは限界がある。そこで，地域の商店が一体となって集団的に対応策を講じ，地域商業基盤の強化を図っていく「商店街としての対応戦略」がきわめて重要な意味合いをもってくるわけである。事実，商店街が地域商業集団として，①商店街の活性化，商店街活動の強化による吸引力の強化，②商店街活動を通した地元住民との共闘体制の確立，③商店街の改造による地域基盤の浮揚，④有志による新立地の開発（共同店舗），⑤大型店の吸引力を利用した基盤の確保，などによって大きな成果をあげている事例も少なくない[2]。

以上のような成功事例からみてとれるのは，これからの商店街が遠のいた消費者を再び引き寄せるためには，いかにすれば新しい魅力のある「楽しいまち」に再生できるか，ということに尽きる。地域商業者が「楽しいまちづくり」を推進する場合，2つの大きな方向がある。すなわち，成功事例①〜③にみられるような既存商店街の再構築化と，④・⑤にみられるような新しいまちの創造がそれである。著者が重視しているのは，前者の方向である。後者の方向は既存商店街からの撤退を図るということであり，「楽しいまちづくり」を推進する際のひとつの考え方ではあるが，商店街の解体現象，そしてまち並みの解体現象に歯止めをかけなければならないという命題からいえば，それに対する有効な解答にはなりえない。

では，既存商店街，とりわけ衰退が著しい近隣型商店街や地域型商店街が「楽しいまち」に再生する際に保有しなければならない新しい魅力とは何か。

商店街が保有すべき新しい魅力の構成要素の第1は，商業以外の諸機能を付

加することである。もちろん商店街である限り商業機能を根幹にしなければならないことはいうまでもないが，それのみでは単一機能のまちであるに過ぎない。これまではそれで通用したかもしれないが，時代は複合化を求めている。付加すべき機能とは，たとえば文化機能であり，アメニティ機能である。つまり，「商業者による『文化資源の構築』を目指し『遊びの経営』を演出することによって，都市の中の重要なアメニティ空間（快適な場）を商店経営者が提供することである」[3]。企業メセナ（フランス語の「文化支援」）のように，社会にどの程度文化的に貢献できるかという発想やそれに基づいた活動が地域商業者・商店街にも求められるようになっている[4]。地域商業者が知恵を出し合い，「商業者メセナ」の創設を検討し実施することで商店街の再構築化が可能となり，そのことはまた，遠のいた消費者を再び商店街に引き寄せる有効な戦略のひとつともなるであろう。

　第2の要素は，まちのシンボル化を図ることである。人はシンボルを求めて集まるのである。たとえば，「オバアサン族の竹下通り」といわれる東京・巣鴨の地蔵通り商店街は多くの人が来街して賑わっているが，そこには「とげぬき地蔵」というシンボルがあるからである。人が多く集まる場所には，何らかの意味が内包されているものである。こうした意味を内包すること，すなわちシンボルの存在によって個性的なまちづくりが可能になるのである。

　第3の要素は，まちを情報発信の場とすることである。まちはそれぞれの時代の文明・文化の先端性を表現する場と機能をもたなければ，人々の共感や感動を得ることはできない。すなわち，まちを情報発信の場とすることが肝要だということである。そのためには，時代の流れ——国際化，都市化，情報化，ハイテク化，サービス化，レジャー化，高齢化など——がどう変わっているのかを把握するアンテナを常に張りめぐらせておくことが必要である。

　第4の要素は，まちを非日常的な舞台と化すことである。消費者は買物だけのために商店街を訪れるわけではない。消費者が超広域型や広域型の中心商店街に出かけるのは，非日常的買物のためである。そこでは常に新しい発見があり，消費者の欲求に合わせて，非日常性を感じさせてくれる。多くの商店街とりわけ近隣型や地域型の商店街に欠けているのはこの点である。個店そして商

店街は，消費者に対して新しい発見をさせる，つまり「非日常性」を感じさせる継続的な努力を怠ってはならない。そうした努力の積み重ねが商店街繁栄のひとつの条件となる。

　第5の要素は，商人自身が楽しいと感じることである。楽しいと感じる対象は商売それ自体，まち，地域，消費者との接触などさまざまである。自らが楽しさを感じないのであれば，人に楽しみを伝えることはできない。自らが楽しいと感じることで説得力が生まれ，消費者を引き寄せる商店街の情熱を生み出すことになる。

　以上5つの要素[5]を備えた新しい魅力を保有できるのであれば，商店街が消費者を再び引き寄せる「楽しいまち」に再生することも不可能ではない。

　商店街の解体現象，そしてまち並みの解体現象に歯止めをかけるためには，以上のような「楽しいまちづくり」のほか，地域経済の中心的な担い手としての立場からの総合的な都市政策へのコミットメント（関わり合い）にも地域商業者・商店街は積極的に取り組んでいかなければならない。

　樋口兼次氏は，大型店規制の意味は都市問題，もっと具体的には土地問題に求められるとして，その論理をかつて，展開していた[6]。引用がやや長くなるが，以下，樋口氏の主張の根拠をまず紹介しよう。「大型店は地価負担力が極めて高い。日本の都市計画法，建築基準法はザル法で用途地域（住宅，工場，商店などのゾーン）が不完全なため大型店舗はどの地域にも建設できる。そのため，地価負担力の高い大型店やマンション，業務ビルが自由に建設できるので乱開発が起こり，地価高騰が起き，住宅地が不足する。庶民の宅地は都市の周辺部に拡散し，中心部の定住性は失われていく。住宅が拡散した地域には商店街はないのでスーパーの期待が高まる。周辺部に大型店が進出し，住民が増加し，一方で，中心部は人口が減少し，商店街，デパートの売り上げは伸び悩む」[7]。以上が樋口氏の主張の根拠であるが，まさに悪循環である。したがって，大型店が無秩序に都市に進出するという現象は，中小小売業にとって好ましくないという前に，都市の定住性と有機的な都市のあり方にとって大問題なのである，と樋口氏は結論づける。

　地域の商店街は，これまで樋口氏が主張するようなこうした都市問題に鋭く

直面してきたのであり，問題の核心を理解しうる立場にいたはずである。しかし，問題を中小小売業の利害の次元からしか捉えてこなかった。厳しくいえば，これではしょせんエゴでしかなく，一般市民からの共感は得られない。再び樋口氏の主張を引用するが，氏はかつて次のように主張していた。すなわち，「農民のコメ自由化反対の運動が，実はエゴでありながら庶民の賛同をある程度得ているのは『食糧安保』と『農薬汚染』の危惧のためであろう。小売商人が大店法を単に擁護しても，庶民にとっての共感はゼロである」[8]と。地域商業者・商店街が，地域経済の中心的な担い手として，一般庶民の共感を得ながら総合的な都市政策に積極的にコミットメントしていかない限り，商店街再構築化への道のりは相当に険しいといわざるをえない。

1) 鍋田英彦「90年代の中小小売業と商店街の活性化」『流通とシステム』第60号，平成元年，40頁。
2) 事例の詳細については，志沢芳夫「規制緩和の影響と対応の方向」田中・波形・志沢編著『成功事例にみるポスト大店法時代の商店経営』同友館，平成3年，22-29頁を参照されたい。
3) 三浦明定「商業者と商店街が生まれ変わる時」宮澤健一・高丘季昭編『流通の再構築』有斐閣，平成3年，224頁。
4) 同論文，同頁。
5) 新しい魅力の構成要素のうち第1，第4，および第5の要素については，向山雅夫「地域と小売商業」全国商店街振興組合連合会編刊『商店街再構築とその方向』平成2年，106-107頁を参考にしている。
6) 詳しくは，樋口兼次「大店法関連5法案を斬る」『月刊専門店』平成3年3月号，10-11頁を参照されたい。
7) 同論文，同頁。
8) 同論文，10頁。

第3項　組織化による対応戦略

本節第1項では，個店としての対応戦略について論じた。しかし，激しい小売競争に勝ち抜くためには，資金面を始め，人的な経営資源からいっても，個店の力には限界がある。なかでも，中小都市や郡部などのように，商圏内購買力が弱く，しかも人口が年々減少しているような地域に立地している店におい

ては，人並みの努力や軽微な対応を行うだけでは，容易に売上げの維持・増大を図ることができず，事業の存続さえも危ぶまれる例が少なくない。そこで，組織化により対応することがきわめて重要な意味をもつ。将来に向けて，いまほど組織化のメリットが大きい時代はないといってよい。

さて，中小小売業の組織化に寄与するものとして，小売業の主な協業形態をみると，フランチャイズ・システム（以下，FC と略す），ボランタリー・チェーン・システム（以下，VC と略す），などを挙げることができる。自店の機能強化に適した VC がないような場合には，FC への加盟を検討することも一案である。すなわち，FC は，フランチャイザー（主宰者）と契約を結んで，すでに成功した店と同一イメージのもとに同じような営業活動を行うものであるから，相当額の加入金・権利金およびロイヤルティー（経営指導料）を必要とすることも多いが，加盟による成果には即効性が期待できる。しかし，中小小売商の一国一城的意識による自己主張性の強さをあくまで尊重し，しかも各個別経営の独立性をも維持しながら組織としての発展を図らなければならないということを前提とすれば，VC こそが組織化の最も有効な形態となる。

しかし，中小小売業にとって最も有効な組織化の形態となるはずの VC の展開は，第7章第5節でも触れたように，日本においてはさまざまな事情もあって，欧米諸国に比べて未成熟の状態にある。なるほど組織化率こそ，近年，ほぼ欧米諸国並みに成長しているが，その機能や運営ノウハウの蓄積面ではまだ不充分な点が多い。

VC と加盟店が競争に勝つ条件は，①魅力ある業態・店舗，②商品，③価格，④サービス，の4点の総合力で競争店にひけをとらないことであるが，その総合力を発揮させるためには，強力なリーダーシップが必要である。したがって，強力なリーダーシップを発揮しうる人材，リーダーの育成が不可欠である。なお，リーダーとしては，これからは政治的交渉力に長けた従来型の政治家的リーダーよりも，たえず市場機会の変化に目を配り，商店や商店街の経営に卓抜した手腕が発揮できる企業家的リーダーが求められるようになるであろう。

ともあれ，VC 方式の積極的な導入と活用は，これからの中小小売業にとっ

て生き残るための強力な手段のひとつとなるであろう。

第4項　有効なまちづくりに向けての課題・提言

　今後，地域商業者・商店街が「改正まちづくり3法」[1]に対応して，有効なまちづくりを行うためにはいかなる方策を講ずればよいか。土肥健夫氏は，中心市街地活性化がうまく進まない理由について，①現状把握・現況分析の不足，②広域圏における位置づけの不足，③目標設定，マネジメント・サイクル，評価システムの欠如，④戦略・戦術の誤り，⑤地域性・独自性の問題，⑥事業成立要件の不足，⑦組織体制・人的資源を中心とした地域資源の問題，⑧関連法制度・助成措置等に関する理解・認識の不足，という8つの要因を挙げ，それぞれ詳細に検討している[2]。そのうえで，中心市街地を活性化させるためには，活性化を停滞させたこうした要因を克服することが重要であるとして，それぞれの要因に対しての対応上の留意点を詳細に説明している[3]。土肥氏の見解は，今後，地域商業者・商店街が有効なまちづくりに取り組んでいくうえでもきわめて示唆に富む内容となっているので，以下では，これ（土肥氏の見解）を著者なりに整理していこう。

　第1は，徹底した現況把握・分析を行うことである。たとえば，中心市街地内の商店街の衰退が郊外幹線道路沿いの商業集積や大型店の影響によるものというのであれば，商店街のどの部分がどれだけ弱体化しているのかということを，具体的に「数字で」把握しておかなければならない。感覚的な把握では説得力がない，ということである。

　第2は，的確な戦略・戦術の構築である。戦略・戦術は自らの力量や相手との力関係などさまざまな要因によって左右され，絶対的な正解は存在しない。しかし，きめ細やかな現況把握・分析を行ったうえで的確な戦略・戦術を構築していかない限り，計画の実行など覚束ないのも事実である。

　第3は，「優れた計画」を起点としたマネジメント・サイクルの確立である。改正以前のまちづくり3法下でも，優れた中心市街地活性化計画はいくつも存在した。しかし，計画を確実に実現し効果をあげていくには，活性化のための好循環を行うシステムを確立しておかなければならない。すなわち，

plan-do-see の確立である。

　第4は，組織体制・人的資源の強化である。アイデアや計画が優れ，活性化のための好循環を行うマネジメント・サイクルが確立していたとしても，これを具体的に動かすのは組織であり人である。現実には，TMO (Town Management Organization、中小小売商業高度化事業) を始めとした組織はきわめて脆弱であり，地域内では関連分野に精通した人材も不足している場合が多い。人材のアウトソーシング（外部委託）も考えられるが，外部機関・外部人材ではこなせない領域の業務も多い。したがって，あくまでも地域内での組織体制・人的資源の強化を図っていくことが基本となる。それができなければ，中心市街地活性化やタウン・マネジメントに取り組んでいくことはかなり困難である。

　第5は，地域性・独自性の強調である。地域性・独自性が強いということは，その分だけ事業環境を的確に捉え，地域資源を有効に活用しているということの証左でもある。改正された中心市街地活性化法による基本計画の認定や，多彩な助成措置を受けようとする際に，地域性・独自性の強調は強力なアピール力をもつものと思われる。

　第6は，事業成立条件の整備である。当然なことではあるが，事業を計画する場合，確固たるビジネス・モデルを構築しておかないと，事業成立条件はクリアされない。外部から中心市街地にテナントを呼び込んだり，何らかの施設を設けてその運営を他者に委ねたりするような場合でも，相手方のビジネス・モデルや事業採算性には充分な配慮をしなければならない。相手方に投資を伴う場合には，経営計画のなかへの位置づけも重要となる。

　第7は，広域的な位置づけである。第15章第4節で詳細を説明するが，改正都市計画法では広域を対象とした都市計画的な規制・調整等にも配慮がなされている。しかし，すべてを都市計画法を軸にした法規制によって，物理的に抑制・解決していくことには限界がある。したがって，常日頃から，自らが活性化にかかわっている中心市街地や，当該市街地が属する市町村の範囲を超えて密接な関係がある広域を対象として，多角的で掘り下げた情報収集を行っておく必要がある。また，都市計画的な規制・調整との関係から，都道府県ともよ

り緊密な連携を図っておかなければならない。

　最後は，取組み自体や関連法制度・助成措置に係る理解の促進である。「まちづくり3法」施行以降10数年が経過したが，そもそも中心市街地活性化の意義や必要性などについては，一部の関係者を除いて，いまだに周知徹底されていないのが実態である。一部の関係者の努力だけでは，中心市街地活性化は軌道に乗らない。広範な人たちが関連法制度・助成措置の制約や限界を理解し，まちづくりに積極的に参画するような具体的な方策を，地域なりに組み立てていくことが望まれる。

　以上，土肥氏の見解を整理してきたが，従来から主流をなしている「まちづくり」は行政主導型，資本依存型であり，実効性に欠けている。ディベロッパーや大手小売業中心の従来型まちづくりは，消費者や地域商業者に対して真の意味での貢献をもたらすとは思えない。地域住民・地域商業者主導型のまちづくりこそが望まれる。

　第15章第4節でも触れるが，改正中心市街地活性化法（中心市街地の活性化に関する法律）では「選択と集中」という経営概念が取り入れられ，意欲と実行力がある地域を重点的・集約的に支援する方針が打ち出された。地域格差を解消するための地域振興をより積極的に支援する方向へと，政策が大きく舵取りを変えたようにも思える[4]。

　では，まちづくりの主人公すなわち地域振興の実行部隊は誰が担うのか。地域の賑わいを醸成するのは地域商業者・商店街であり，地域商業者・商店街こそが地域振興の原動力となりえよう。「まち」が発展する要素として，イノベーターの存在や何らかの偶発性も必要かもしれないが，主人公はあくまで地域商業者・商店街である。地域商業者・商店街に課せられた責務はこれまで以上に大きい。政策支援を受けるためには，単に支援を求めれば支援を受けることができるといったものではなく，確固たる計画と実行を裏づける体制が求められるようになっている。その意味でも，前述の土肥氏の見解は，地域商業者・商店街が有効なまちづくりに取り組んでいくうえできわめて示唆に富む内容となっている。

　1）　詳しくは，第15章第4節を参照されたい。

2) 詳しくは，土肥健夫『改正・まちづくり三法下の中心市街地活性化マニュアル』同友館，平成18年，39-61頁を参照されたい。
3) 詳しくは，同書，61-69頁を参照されたい。
4) なお，第15章第4節で触れるように，平成26年（2014年）5月21日，地方都市再興に向けた政府の取組みの一環として，中心市街地活性化法が再改正されているが，同年5月14日には都市再生特別措置法，地域公共交通活性化・再生法（地域公共交通の活性化および再生に関する法律）も改正されている。これらの改正では，いわゆる「まちづくり3法」という用語は上記の「地方都市再興3法」に入れ替わるかのような用語使いがなされており，「まちづくり3法」は終焉したかのような感もある。

第9章 大型店問題調整の展開プロセス

第1節 戦前の大型店問題

第1項 大型店問題の発端

大型店問題は古くて新しい問題である。

大型店問題とは，端的にいうならば大型店出店をめぐる大型店対中小商店の紛争に集約されるが，中小商業問題の中核をなし，いわば「狭義の中小商業問題」である。なお，中小商業問題には，大型店問題のほか，下記のような付随的な諸問題も含まれる。

① 価格破壊現象が中小小売業に対して誘発した問題
② ロードサイドショップ対中小小売業のコンフリクト
③ 流通外資（とりわけ巨大流通外資）の日本進出が中小小売業にもたらす問題
④ 生協対中小小売業のコンフリクト
⑤ 寡占メーカー対中小小売業のコンフリクト——いわゆる流通系列化に随伴する問題である。流通系列化に関する近年の大きな特徴として，オフィス・コンピュータ，パーソナル・コンピュータを動員したメーカー主導の情報ネットワークが新しい「川下」系列化政策として急浮上し，流通秩序に大きな影響を与え始めている。しかし，このことは一方で，小売店にとっては経営の自主性喪失につながりかねない問題も含んでいる。また，寡占メーカーの圧迫や，家電量販店，ディスカウントストアなどとの激烈な競争などによって，家電品，時計，カメラ店を始めとして系列販売店の経営は近年，急速に悪化している。
⑥ 中小卸売業が抱える諸問題

⑦　その他の諸問題〔大規模商業資本によるフランチャイズ・チェーン店（コンビニエンスストアなど）対中小小売業のコンフリクト，大規模商業資本による無店舗販売対中小小売業のコンフリクトなど〕

　なお，狭義の中小商業問題としての大型店問題は，単なる流通問題の範囲を超えており，「少なくとも競争問題であり，消費者問題であり，地域問題であり，社会保障問題である」[1]といったように，複雑に絡み合った糸になっている。また，最近は地域間の競争が激しくなっており，大型店を誘致しなかったために他地域との競合に敗れた地域も全国各地にあるということで，大型店問題はきわめて複雑化している。

　こうした大型店問題が日本において初めて顕在化したのは，一般的には，大正12年（1923年）の関東大震災以降に発生した百貨店問題を契機とするといわれている。しかし，竹林庄太郎氏は，日本における中小商業研究の先駆的業績といってよい『日本中小商業の構造』（有斐閣，昭和16年）のなかで，次のように指摘している。すなわち，「所謂，中小商業問題は当面の問題であると同時に，また歴史的な課題である。人々は中小商業問題の発生を大正末期に限定づけているが，実はそうではなく其の萌芽は我が国に於ける大工業制度の確立期たる明治末期直後に於いて既に発足していたのであった」[2]と。明治末期直後といえば，日本が産業資本確立期から資本主義の独占段階に移行しつつあった時期であるが，この時期に萌芽としての大型店問題がすでに発生していたというのである。

　明治末期直後，工業における独占段階への移行と踵を接して，第7章第4節で触れたように，商業においても，小売部門では明治37年（1904年）の三越呉服店のデパートメント・ストア宣言を契機として，以降，次々と百貨店が設立されていった。一方，貿易・卸売部門でも三井物産，三菱商事が独占的地位を確立していた。

　大正12年（1923年）の関東大震災以降，百貨店大衆化の時期を迎えるまでは，大型店（百貨店）は「上流階級」を対象に買回品中心の高級品のみを扱い，大衆性に欠けていたので，一般中小小売商との競合はさほど問題とならず，大型店問題は潜在化していたといってよい。しかし，竹林氏が，萌芽とし

ての大型店問題であれば、明治末期直後、商業における独占的巨大資本の成立によってすでに発生しているとしていることは、正確な指摘である。つまり、日本における大型店問題は、明治末期直後、商業における独占的巨大資本の成立によって、萌芽としてはすでに発生していたのである。

1) 清成忠男『地域小売商業の新展開』日本経済新聞社，昭和58年，59頁。
2) 竹林庄太郎『日本中小商業の構造』有斐閣，昭和16年，1頁。

第2項　反百貨店運動と第1次百貨店法の制定

　第7章第4節ですでに触れたように、1852年にパリに発生した近代百貨店は、19世紀末葉から20世紀初頭にかけての近代的都市の発達とともにヨーロッパ大陸に影響し、イギリス、アメリカにも波及し、やがて日本にも導入されるに至った。日本においても、日清戦争以降の都市化の進展がようやく百貨店の成立を可能にしたわけであるが、明治37年（1904年）の三越呉服店のデパートメント・ストア宣言を契機として、以降、次々に百貨店が誕生していった。

　そして、各百貨店は大正12年（1923年）の関東大震災以降、それぞれ近代建築の粋を尽くした高層の店舗をつくり、ようやく近代百貨店を日本の小売業界に確立させることとなった。また、この頃から百貨店は、それまでの「上流階級」を対象とした買回品中心の高級品のみの販売にとどまらず、大衆品をも廉売するようになった。

　一般中小小売商と競合する大衆品の廉売は、百貨店と一般中小小売商との間の対立を顕在化させる直接的な契機となった。

　また、急速な成長の軌道に乗った百貨店は、世界大恐慌、引き続いての慢性的不況期を背景として、激烈な企業間競争を展開した。それは店舗の新設競争だけではなく、営業・サービスの競争にまで及んだ。具体的には、昭和3年（1928年）の百貨店の同業組合への加入問題、翌年（1929年）の商品券発行、さらには同6年（1931年）にかけての店舗拡張・多店舗化や顧客の送迎がそれである。

　百貨店側のこうした動きは一般中小小売商を大きく刺激し、激烈な反百貨店運動が展開されるに至った。たとえば、商品ごとに一定の地区内の同業者の3

分の2以上の者によって設立される同業組合は，百貨店をも加入させることにより，その営業活動に種々の制約を加えようとしたが，これに応じない百貨店に対しては訴訟の提起にさえ及んだ。しかし，百貨店側は，敗訴はしたものの過料を支払うのみで組合へは加入しなかったため，中小小売業者からの提訴が繰り返された。また，商品券は，その発行日から商品引渡日まで無利子で経営資金を利用せしめるとともに，贈答の慣習が一般的な日本では，それ自体顧客吸引手段となるものであったから，ようやくその規模を拡大してきた中小小売商の反百貨店運動が鉾先を向けたもののひとつとなった。

　また，昭和初期に産業組合の流通部門への進出があり，従来の商権を維持しようとする関係業種の商業者が「反産運動」を展開した。この運動は昭和7年（1932年）の商業組合法制定の契機となったが，ここで留意しなければならないのは，運動の主体が中小商業者のなかでも比較的上層の者であったことである。つまり，「当時不況の深刻化する過程で行商・露天商が増加し，就業人口の53%が商業部門に流入したが，これらの層はアウトサイダー的存在で，ほとんどが何の保護もなく放置された」[1]のである。

　さて，反百貨店運動による具体的な成果としては，その後，百貨店側の不当廉売停止，商品券廃止などの自制措置を引き出したものの，法的には昭和12年（1937年）制定の第1次「百貨店法」によって，ようやく一般中小小売商を「保護」せしめる条件ができたに過ぎなかった。第1次百貨店法は，百貨店業の開業（第3条），店舗の設置および拡張ならびに店舗以外における小売（いわゆる出張販売）（第4条）を主務大臣の許可制とし，営業時間を制限し（第6条），百貨店組合（第7・8・10・12・13条）を通じて，全百貨店を政府の統制下におく経済統制法のひとつであった。本法の運用は百貨店委員会（第21条）に委ねられたが，同委員会は，新たな百貨店業の開業は認めないこと（法施行の際，現に営業を行う百貨店は，附則により，営業の許可を受けたものとみなされたにもかかわらず），店舗の新・増設，出張販売も原則として許可しないことを決定した。

　しかし，第1次百貨店法は，一般中小小売商の反百貨店運動のみによって得られた成果であるとはけっしていえない。このことについて，糸園辰雄氏は次

のように述べている。「百貨店法の成立を下からの小売商，各地商工会議所の建議などの運動の成果とのみ認めることはできない。むしろ『中産階級擁護』の，上からの保護政策的要素をぬきにしては考えられない」[2]と。加えて，第1次百貨店法が施行された時期はすでに戦時経済の時代に突入していたため，実際には，本法が規制しようとした経済基盤そのものが完全に消滅してしまっていた。すなわち，「戦時経済への突入と小売業の整理，従業者の軍需産業への転換，あるいは軍需動員，消費物資の欠乏，そして都市の戦災などの諸条件は，『小売商問題』そのものを変質させてしまった」[3]のである。

1) 秋本育夫「流通革新と中小企業」藤田敬三・竹内正巳編『中小企業論（新版）』有斐閣，昭和47年，198頁。
2) 糸園辰雄『日本中小商業の構造』ミネルヴァ書房，昭和50年，11頁。
3) 鈴木安昭『昭和初期の小売商問題』日本経済新聞社，昭和55年，343頁。

第2節　戦後の大型店問題

第1項　中小商業保護路線の時期（昭和20〜35年）

　第2次大戦によって日本経済は壊滅的打撃を受け，日本の再建と復興はほとんど絶望的であった。事態はきわめて深刻であり，経済的混乱，進展する戦後インフレ，失業者の洪水が日本経済を襲い，あらゆる種類のヤミ市がはびこるといった状態であった。

　この間，第1次百貨店法もGHQ（連合国軍最高司令部）の意向によって昭和23年（1948年）に廃止されたが，もちろん百貨店も大戦によって壊滅的打撃を受けたわけであり，これを契機として力強く再出発するだけのエネルギーも条件もなかった[1]。百貨店は1940年代末になって，売上高，売場面積においてようやく戦前水準を回復したに過ぎなかった。しかし，昭和26年（1951年）に綿製品の統制が撤廃され，百貨店はようやく再建と復興を目指すことが可能となった。

　また，1940年代末に国際政治の状況が一変すると，アメリカ占領軍の政策も日本の非軍事化・民主化から産業復興へ急旋回した。これを契機として，政府

は経済復興にようやく本腰を入れ始めた。政府は少数の基幹産業を強力に援助し，これが刺激になって経済復興が軌道に乗り出した。そして，さらに朝鮮戦争〔1950～1953年（昭和25～28年）〕の特需が，日本経済の成長と発展に拍車をかけることになったのである。

しかし，明治以来伝統的に生産第一主義の政府は，いうまでもなく，商業活動の分野にはまったくそのような援助は与えず，卸売・小売を問わず日本の商業組織を放置してきた。したがって，日本の流通業界は「政府の援助も指導もまったくないまま，したがってきわめて徐々に，独力で復興をなしとげ」[2]なければならなかったのである。

そうした状況にありながらも，以降の百貨店の再建にはめざましいものがあり，その急速な成長は，やがて昭和初期と同様な百貨店と一般中小小売商との対立，反百貨店運動を引き起こした。そして，昭和31年（1956年）に第2次「百貨店法」が制定・施行されたのである。

この「第2次百貨店法は，立法の精神，法の構成とも，ほとんど第1次百貨店法を踏襲したものであ」[3]った。すなわち，「第1条には，『中小商業の事業活動の機会を確保』するために『百貨店業の事業活動を調整すること』を目的とすると明記されている」[4]ところから，第2次百貨店法は「中小商業保護を目的とする以外のなにものでもなかったこと」[5]が明白である。「そして第2条で百貨店を定義して，百貨店は加工・修理を含む物品販売業で，東京都23区および政令指定都市では売場面積3,000m^2以上，その他の地域では1,500m^2以上のもの」[6]とされたが，「この規定の仕方も第1次百貨店法とまったく同じであった」[7]。

第2次百貨店法は以上の2つの条文を含めて24の条文から成り立っているが，主な内容は下記の4点にあった[8]。

① 百貨店の開業，店舗の新・増設には通産大臣の許可を必要とする（第3～6条）。
② 営業時間・休日は政府の規定による（第8条）。
③ 百貨店の営業活動が中小商業に大きな影響を及ぼす場合には，通産大臣は，そのような営業活動をしないよう勧告することができる（第9条）。

④　百貨店審議会を設け，百貨店の新・増設など事業活動の調整についての重要事項を審議する（第11～16条）。

　上記4点のなかでも，百貨店法の運用にあたっては，①の店舗の新・増設が最大の問題であった[9]ことはいうまでもない。以下，その手続きを簡単に述べておこう。

　「百貨店が新・増設をしようとするときは，まず地元の地方通産局を経由して通産省に許可願を出さなければならない。通産省はそれを受けつけて，地元の商工会議所を中心とする商業活動調整協議会（商調協）に意見を求める。商調協は，百貨店の新・増設が地元の中小商業にどのような影響をあたえるかを調査し，卸・小売商，消費者，学識経験者などの意見をまとめ，どの程度の売場面積を許可するのが適当かを通産省に答申する。通産省はこの答申を百貨店審議会に諮問し，その意見によって通産大臣が許可の決定をくだすのである」[10]。

　以上が店舗の新・増設を行う場合の手続きであるが，「実際の運営にあたっては，通産大臣は百貨店審議会の意見を尊重し，百貨店審議会は地元の商調協の意見に従う慣例になってい」[11]た。「したがって，百貨店の新・増設は地元の商工会議所の意見によって，ほとんど左右されるという仕組みであり，このようにして実質的に中小商業の保護がはかられ」[12]るはずであったのである。

　また，昭和32年（1957年）の『経済白書』は，日本の産業構造の特質について，一方に近代的大企業，他方に前近代的労使関係にたつ小企業および家族経営による零細企業と農業が対立し，中間の比重が著しく軽いことを指摘するとともに，高い成長と安定した繁栄を保つためには「二重構造」の解消が必要であると指摘した。この指摘を契機として，その後の中小企業政策が大きく規制されることになり，中小商業に対してもようやくその保護体制を確立させるかにみえた。

1)　以下の状況説明については，佐藤肇『日本の流通機構』有斐閣，昭和49年，73-74頁を参照している。
2)　同書，74頁。
3)　同書，298頁。

4) 同書，同頁。
5) 同書，同頁。
6) 同書，同頁。
7) 同書，同頁。
8) 同書，同頁。
9) 同書，299頁。
10) 同書，同頁。
11) 同書，同頁。
12) 同書，同頁。

第2項　流通近代化推進の時期（昭和36〜48年）

　第2次百貨店法の規制にもかかわらず，1950年代の百貨店は飛躍的に売上高を伸ばしていった。1950年代末には，全国小売総売上高の約10％までをも占めるに至ったのである。しかし，第2次百貨店法の制定以降，やがて日本の小売業界に最大の構造的変化が生じた。いうまでもなく，スーパーの急速成長である。

　第7章第4節で触れたように，日本初のスーパーは，昭和28年（1953年），東京青山に開店した紀ノ国屋であるとするのが一般的な説であるが，それと相前後して山口県に誕生し，やがて全国に波及するに至った「主婦の店」運動であるとする説もある。ともあれ，「主婦の店」運動が東漸する過程で，中内㓛氏の「ダイエー」が参加するに至って，本格的なスーパー時代へと舞台は急転したのである。

　スーパーの急速成長を可能にした要因については第7章第4節で詳述した通りであるが，スーパーの急速成長は，当然，店舗の大型化を伴い，しかも第2次百貨店法の規制する店舗面積を超えていたため，早くからスーパーは疑似百貨店であると非難されていた。そして，スーパーも第2次百貨店法で規制するか，あるいは新たにスーパーを規制する法律を制定するかして欲しいといった要望が，中小小売商の間に広がっていった。しかし，これを「封じ込んでしまったのは，むしろ政府の流通政策そのものであった」[1]。とりわけ論議が集中したのは，第2次百貨店法に対してである。

第2次百貨店法によって保護されるはずであった中小小売商の立場からすれば，本法は「自己防衛のための最小抵抗線にすぎ」[2]ず，中小商業を保護するための法律ではなくて，逆に「百貨店保護法」にすらなりかねなかったのである。つまり，「第2次百貨店法は，百貨店の営業活動を法によって規制することで，明らかに百貨店に不利なはずであったが」[3]，百貨店の新・増設を厳しく制限するということは，「既存の百貨店，とりわけ歴史と伝統を誇る都市百貨店の地位の保全にとっては必ずしも不利とはいえず，むしろ有利でさえあったのである」[4]。

　事実，百貨店が隆盛をきわめたのは，朝鮮戦争から第2次百貨店法の制定までの数年間に過ぎず，その後日本の小売業の王座をスーパーに譲るに至ってしまったのは周知の通りである。

　「第2次百貨店法が制定された当時，スーパーはほとんどとるに足らない勢力」[5]であった。しかし，その後の「急速な成長の過程で，とくに店舗の大型化が顕著となり，百貨店との区別が困難な大型の店舗も出現してくると」[6]，中小小売商の側から，「大型スーパーは疑似百貨店であるという非難が強まるのも当然のことであった」[7]。スーパーの進出を，第2次百貨店法では食い止めることができなかったのである。

　さらに，第2次百貨店法は悪法であるとする見解も生じていた。この見解は，本法によって，「中小商業はいわば過保護の状態におかれ，みずからの意思で経営合理化をはかる意欲を失わさせられ，また百貨店の自由な発展も阻害され，そのことによって，消費者の利益[8]が損われる」[9]，というものであった。

　第2次百貨店法は，中小商業の保護を目的として制定されたにもかかわらず，かえってその経営合理化の意欲を奪い取り，結果的に既存の百貨店を保護することになってしまったのである。さらには，本法では規制しきれないスーパーの進出を許し，これがきわめて容易に急成長したために，事態はいっそう深刻化してしまったのである。

　かくして，「通産省の中小商業政策は転換を余儀なくされはじめた」[10]のであるが，その時期はちょうど，日本の「大衆消費市場がはっきりとその姿をあらわし，一方で大規模な消費財メーカーの市場＝流通支配が着々と進行し，他方

でいわゆるスーパー・チェーンの急速成長がはじまりだした時期であり，また，資本自由化の要請がいっそう緊急な課題となってきた時期でもあった」[11]ということに留意しておかなければならない。そして，それまで「規制」をめぐって論議されてきたスーパー対策について，いわゆる「流通革命論」[12]が登場した昭和37年（1962年）に設置された通産省産業合理化流通部会（後の産業構造審議会流通部会）は，翌年（1963年）4月，消費者保護[13]の立場から，規制することは必ずしも適切でないとする報告を答申したのである。

　以降，「わが国の流通政策は基本的にスーパーの自由な企業行動を奨励することこそあれ，規制することなく推進していくこととなった」[14]。その結果，第2次百貨店法の規制を受ける百貨店とその規制を受けないスーパーという関係が成立してしまった[15]。しかし，法の建前では，東京都23区および政令指定都市では3,000m^2以上の店舗，その他の地域では1,500m^2以上の店舗をひとつでももつ小売企業は，いかなるものであれ規制を受けるはずである。そこで，スーパーはこれに対する方策として，各階各部門ごとに多くの名目的子会社をつくり，ひとつの店舗はすべてこれら子会社の集合体であるかのように装い，形式的にも第2次百貨店法の適用を免れたのである。一方，百貨店は本法制定時にすでに一企業としてそのような店舗をもっていたので，そうした戦術を採れなかったのはいうまでもない。

　かくして，いわゆる疑似百貨店問題を端緒として，中小小売商側における非難が高まるとともに，既存の百貨店側でも，百貨店だけが規制を受けるのは片手落ちであるという不満が高まった。そこで，スーパーを巻き込んだ新法の立法が検討されるに至った。そして，第2次百貨店法に代わる法律として，昭和48年（1973年）に「大規模小売店舗における小売業の事業活動の調整に関する法律」（以下，大店法と略す）が成立し，翌年（1974年）から施行されたのである。

　第2次百貨店法に代わる大店法の最大の特徴は，第1に，企業主義を放棄し，店舗主義を採用したことである[16]。第2に，許可制から届出制に変更したことである。これにより，大型店の「進出」＝「調整」は緩和されたといってよい。

図表 9 — 1　旧大店法下の商業活動調整の仕組み

届出者 ⇄(届出/勧告) 通産大臣 →(諮問/答申)← 大規模小売店舗審議会　諮問→／通知・答申← 商工会議所会頭 →(諮問/回答)← 商業活動調整協議会

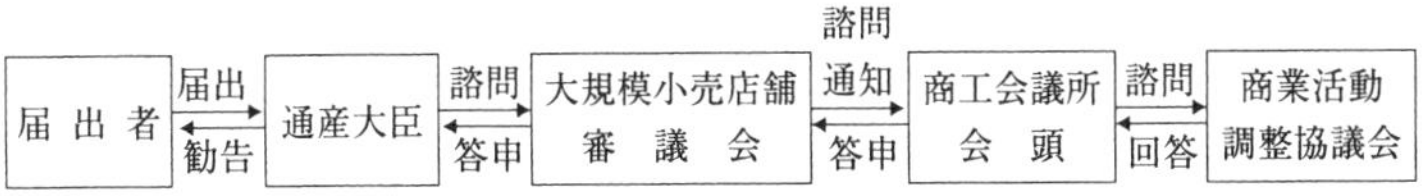

（資料）　田村正紀『日本型流通システム』千倉書房，昭和61年，82頁。

　大店法は，その目的として，「消費者の利益の保護に配慮しつつ，大規模小売店舗における小売業の事業活動を調整することにより，その周辺の中小小売業の事業活動の機会を適正に確保し，小売業の正常な発達を図り，もって国民経済の発展に資すること」（第1条）としている。大店法の対象となるのは，1,500m^2（東京都23区および政令指定都市では3,000m^2以上）の店舗面積をもつ小売店舗である。

　このような大型店を新設あるいは増設しようとする場合，その建物の設置者，それに入居する小売業者は，店舗面積，開店日，閉店時刻，および休業日数を届け出なければならない。この届出に伴って開始される商業活動調整の仕組みは図表9—1の通りである。

　要するに大店法は，大型店と周辺中小小売業との「適正」な調整を図りながら流通近代化を推進し，あわせて消費者の利益を配慮しようとしたものであり，施行当時，各業界から圧倒的な支持を受けていた。事実，当時，全国商店街振興組合連合会理事長・全日本商店街連合会会長であった並木貞人氏ですら，「非常に喜ばしい。お互いに対立していたのが，これを機に仲良く協力し合っていける道が開けた」としていた[17]。

1)　佐藤肇『日本の流通機構』有斐閣，昭和49年，278頁。
2)　同書，299頁。
3)　同書，300頁。
4)　同書，同頁。
5)　同書，299頁。
6)　同書，同頁。
7)　同書，300頁。
8)　「消費者の利益」とは何か。その概念はきわめて曖昧であるが，内容について詳しくは第11章第3節を参照されたい。

9) 佐藤肇,前掲書,299頁。
10) 同書,300頁。
11) 同書,300-301頁。
12) 「流通革命」なる用語を定着させたのは,林周二『流通革命』(中央公論社,昭和37年)および田島義博『日本の流通革命』(日本能率協会,昭和37年)なる著作である。両書が,高度成長=独占産業資本の強蓄積の一応の完了の時期に同時に生まれたのは注目に値する。

　従来,日本の流通機構は,膨大な数にのぼる小規模零細な小売店舗がきわめて複雑で紆余曲折した流通経路のもとに存立しているところにその構造的特質があるとされてきた。したがって,この流通経路を,小売店舗の大型化を図ることによって太くし,中間卸売商の排除を図ることによって短縮することで,新しい太く短い生産=流通システムを築きあげ,それによって国民経済の発展のためにも流通機構の近代化,合理化を図らなければならない,として登場したのが「流通革命論」である。

　しかし,「流通革命論」は高度成長時代の産物であったし,「時の流れに敏感で,それに遅れまいとする知識層にたいしては,加速化,巨大化という高度成長時代の普遍的な価値体系と関連づけて流通革命を語ることの効果は大きかった」(片山又一郎『日本の流通理論』ビジネス社,昭和56年,117頁)としても,その陰には,無数の中小商業者の生活基盤の破壊,切捨てが隠されていた。というよりも,「流通革命論」が,流通機構の近代化,合理化を国民経済発展のための不可欠の課題であると評価することによって,結局,結果的には「大資本に対する中小商業者の抵抗の意識を喪失させ,彼らを絶望的気分に追いやって,大資本への従属に駆りたてる効果以外に現実的な意味はな」(岡村明達「現実離れの『流通革命論』」『エコノミスト』昭和38年9月3日号,47頁)かったということに留意しなければならない。
13) 「消費者保護」という用語も,前述の「消費者の利益」という用語と同じく,その概念はきわめて曖昧である。商店街側にいわせれば,たとえば,花屋は花を売っているが,他の生活物資はすべて他店で購入しているから,花屋の生活を守ること,商店街を大型店から守ることは消費者保護である,という論法を採っている。そこまで範囲を広げれば,この論議には簡単に答えはみつからない。
14) 佐藤肇,前掲書,278頁。
15) 以下は,同書,278-279頁を参照している。
16) 後述するように,企業主義の全面的な放棄は,後に基準面積未満の中型店とし

ての出店戦略を許すことになってしまった。
17) 詳しくは，日本経済新聞社編刊『改正大店法は小売業をこうかえる』昭和54年，61-62頁を参照されたい。

第3項　摩擦と大店法混迷の時期（昭和49〜59年）

　大店法施行により，大型店対中小商店の紛争は解消するかに思われたが，しかし大店法は，一面では，大型店，中小商店，および消費者の三者いずれにも良い顔を向けている妥協の産物であるとの世評もあったし，現実においては，法が施行されてもなお紛争が絶えなかった。すなわち，昭和48年（1973年）秋の石油ショックを契機に日本経済は低成長期に突入するが，それでもなお大型店の出店意欲は旺盛であったし，基準面積未満の中型店としての出店戦略も活発であった。これに対して，各地方自治体のほとんどが，中小小売商団体の政治的圧力によって，基準面積未満の店舗を規制する要綱，条例を続々と出していった。また，地方の中規模店資本や専門店資本にも多店舗化や増設を行うものが増えてきた。かくして，中小小売業にとってはますます危機的な状況が創出されるに至ったのである。

　その結果，全国各地において，大店法改正の声が強く起こり，また，昭和52年（1977年）9月，改正商調法（小売商業調整特別措置法）が施行されるや，騒ぎはますます大きくなってしまった。昭和52年（1977年）5月の国会で，中小企業分野調整法（中小企業の事業活動の機会の確保のための大企業者の事業活動の調整に関する法律）が可決されたが，対象業種に「小売商業」を指定しなかったので，商調法の改正によって小売業の分野確保を図ることになった。ところが，製造業や小売業以外のサービス業を対象とした中小企業分野調整法では，調整は業種ごとにする仕組みであり，これをそのまま改正商調法に導入したので，いろいろな業種の小売業で構成される商店街（振興組合など）が調整や調停の申出団体になれないということで，騒ぎが大きくなってしまった。大型店出店に対抗するのは商店街であるから，これでは骨抜きの改正であるというわけである。

　かくして大店法は，昭和53年（1978年）10月に改正され，翌年（1979年）5

月から施行されることとなった。その改正のポイントは下記の通りである。
① 基準面積を1,500m²（東京都23区および政令指定都市では3,000m²）から500m²に引き下げ，規制対象を広げる。
② 第1種大型店（旧法の基準面積以上）については通産大臣が調整を行い，第2種大型店（500m²を超え，かつ旧法での基準面積未満のもの）については都道府県知事が調整を行うこととする。
③ 届出から勧告までの期間を旧法の3ヵ月以内から4ヵ月以内に改め，必要に応じてさらに2ヵ月を限度として期間を延長することができる。

このようにして，図表9―2に示す新大店法（昭和53年改正大店法）下の商業活動調整の仕組みができあがった。

しかし，大店法の目的のひとつとして重要視された中小小売業の事業活動との「適正」な調整は，改正大店法のもとでも難航し，出店凍結宣言をした都市は昭和55年（1980年）末までに27都道府県，62市町村に及び[1]，出店紛争はいよいよ社会問題化し，政治問題化してしまった。

その後，昭和56年（1981年）10月，通産省は日本チェーンストア協会，都道府県知事に対し「大規模小売店舗の届け出の自粛」に関する通達を出し，この通達によって大型店の届出・進出は激減した[2]。

また，他方で，大型店問題懇談会が設置され〔昭和56年（1981年）6月〕，翌年（1982年）1月，同会答申がまとまった。そして同会答申に基づき，昭和57年（1982年）2月から当分の間大店法の運用について抑制的に行うことおよび商調協の位置づけを法令で明確にし，その運用を改善することなどの一連の措置が講じられることとなった。とりわけ，大手流通企業（スーパー：ダイエー，イトーヨーカ堂，西友ストア，ジャスコ，ニチイ，ユニー，長崎屋，ユニード，寿屋，忠実屋。百貨店：三越，大丸，高島屋，西武百貨店，松坂屋，東急百貨店，丸井，阪急百貨店，伊勢丹，そごう）については，年間に出店しうる総店舗面積について個別規制枠がはめられることになったのである。これは「企業主義」（個別企業審査）に近く，大店法の「店舗主義」と矛盾する性格をもつ。また，通産省の行政指導による「密室的出店カルテル」を構築・促進するものであることでもあった[3]。

第9章 大型店問題調整の展開プロセス　177

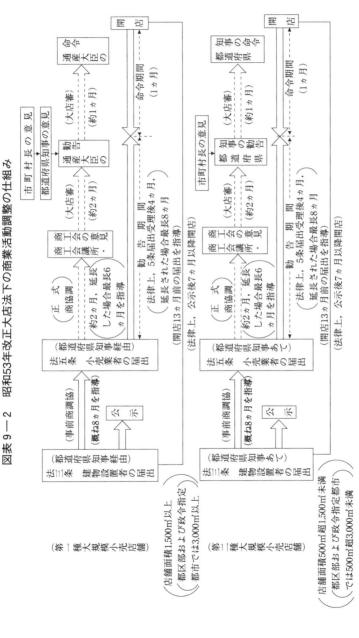

図表9－2　昭和53年改正大店法下の商業活動調整の仕組み

(資料) 中小企業庁編『中小企業施策のあらまし (昭和62年度版)』(財) 中小企業調査協会、昭和62年、358頁。

次いで、昭和57年（1982年）10月から審議が進められてきたいわゆる「80年代の流通ビジョン」が翌年（1983年）12月末にとりまとめられ、これを受けて、同59年（1984年）2月、通産大臣から「大型店の出店調整問題の今後の取扱いについて」が発表された。これにより、大型店の出店調整問題の今後の取扱いについては、従来講じてきた措置を継続することとし、さらに、商業調整のいっそうの適正化・円滑化、地域経済社会との調和などの観点から従来の調整制度の充実を図るための所要の措置が講じられることとなった。

1) 日経流通新聞編『大型店新規制時代の小売業』日本経済新聞社、昭和57年、13頁。
2) 詳しくは、同書、9頁を参照されたい。
3) 岡村明達「大型店規制の新段階――破たんにむかう通産型流通近代化政策――」『経済』昭和57年6月号、47頁。

第4項　大店法規制緩和の時期（昭和60年～）

昭和50年代末頃を境として、政府の流通政策は、規制強化から規制緩和へと流れを一転させた。いうまでもなく、大店法の規制緩和（撤廃）がそれである[1]。

図表9－3は、大店法施行から大店法規制緩和実施直前までの大型店出店調整問題に関する主要動向をみたものである。本図表から明らかなように、大店法施行以降、昭和57年（1982年）の通産省の行政指導による出店規制策（いわゆる「当面の措置」）までは、規制強化の方向に向かっている。ところが、翌年（1983年）の経済団体連合会意見書（出店規制措置取り止め要請）を境に様相は大きく変化し、規制緩和の方向に向かった。とりわけ、昭和61～62年（1986～1987年）頃から緩和・規制見直し要求が高まり、また海外からの規制緩和圧力も強まった[2]。そこで平成元年（1989年）6月に、産業構造審議会流通部会・中小企業政策審議会流通小委員会合同会議（以下、合同会議と略す）によってとりまとめられたのが、『90年代における流通の基本方向について――90年代流通ビジョン』（以下、90年代流通ビジョンと略す）である。90年代流通ビジョンでは、1990年代における流通の基本方向を提示するとともに、

図表9－3　大型店出店調整問題に関する主要動向
（大店法施行から大店法規制緩和実施直前まで）

1974年	大店法施行
1979年	改正大店法施行
	行政指導：事前商調協審議期間最大8ヵ月
1981年	出店自粛通達
1982年	大型店問題懇談会報告書：大手小売業個別指導・商調協改善など
	行政指導（当面の措置）：出店窓口規制・大手小売業個別指導・商調協運営改善など
1983年	経団連意見書：出店規制措置取り止め要請
	80年代流通ビジョン
1986年	経済同友会提言：大店法緩和要請
1987年	大店審会長談話：大店法見直し示唆
1988年	新行革審報告書：大店法を含む規制緩和を示唆
1989年	90年代流通ビジョン
	流通問題研究会報告書

（資料）　向山雅夫「大型店規制をめぐる諸問題」『企業診断』平成元年9月号，21頁に一部加筆。

大店法についても，その運用等の適正化を提言し，規制緩和に向けての取組みの方向が明示された。以降，これを契機として，大店法の規制緩和が具体的な政策次元の課題として実施されることとなったわけである。

さて，90年代流通ビジョンの構成のなかで規制緩和のポイントとなるものは，第2部「Ⅰ・大店法の運用等の適正化」においてみられるが，これを整理すれば，下記の通りとなる。

① 事前説明に原則6ヵ月，最長8ヵ月の期限を設ける（従来は無期限）。
② 商調協の審査期限を原則8ヵ月とする（従来は無期限）。
③ 閉店時刻を従来の届出不要基準である「午後6時以前」から「午後7時以前」に改め，調整の目安（従来は午後7時）を廃止する。
④ 休業日数について従来の届出不要基準である月4日以上を年44日以上に変更する。
⑤ 条例などで大店法より厳しい出店規制を定めている地方自治体には規制の適正化を求める。

以上，90年代流通ビジョンにおいては，大店法それ自体の改正ないし撤廃ま

では求めておらず，法の運用面での適正化を図ることによって，事態を収拾しようとしているということである。90年代流通ビジョンでは，大店法「緩和」なる表現はいっさい用いておらず，一貫して「運用等の適正化」としている。しかし，「運用の適正化」であっても大型店が出店しやすくなるのは事実であり，しかも90年代流通ビジョンでは3年後に大店法を再度見直すとしていた。こうした点からみるならば，「運用の適正化」とは広義の規制緩和の範疇に入る性格をもつものとして捉えるべきであろう。

90年代流通ビジョン発表後，平成元年（1989年）9月に始まった日米構造問題協議においても，大店法規制緩和の実施が主要議題のひとつとなり，翌年（1990年）4月の中間報告および6月の最終報告において，大店法の段階的な規制緩和措置を講ずることとされた。

このうち第1段階の「規制緩和に向け直ちに実施する措置（運用適正化措置等）」については，平成2年（1990年）5月末の通産省通達により実施された。そして，これに伴う大型店の出店調整手続きのフローは図表9-4の通りとなった。すなわち，従来の大型店出店調整手続きのフローは，出店表明（出店者が通産局に対し，出店計画を説明した日）——→事前説明（地元商業者，商工会議所，自治体などへの説明）——→3条届出（建物設置者による届出）——→事前商調協——→5条届出（出店者の届出）——→正式商調協——→決着がつかない場合は大規模小売店舗審議会（以下，大店審と略す）で調整——→開店，となっていたが，本図表に示すように，事前説明4ヵ月（最長6ヵ月），事前商調協8ヵ月，正式商調協4ヵ月の計1年半で出店調整を行うこととなった。

さらに，第2段階としての「次期通常国会における提出を目指した法律改正」のあり方については，平成2年（1990年）7月に合同会議に対し検討が依頼され，同年12月21日，中間答申が報告された。同答申を受けて，通産省は大店法改正案づくりに着手し，平成3年（1991年）2月18日に国会に改正案が提出され，5月8日，可決されたわけである[3]。なお，法が施行されたのは，翌年（1992年）1月末のことである。

また，平成3年（1991年）5月8日，あわせて関連4法案も成立している。大店法関連5法を大別すると，大型店規制の緩和（大店法改正，輸入品売場に

図表9－4　通産省通達（平成2年5月末）による出店調整手続きのフロー

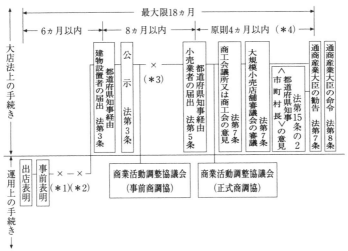

(＊1)　出店表明後4ヵ月経過した時点で，なお事前説明が終了していない案件については，4者協〔通商産業局，都道府県，市町村及び商工会議所（又は商工会）各代表からなる〕を開催し，手続きの進行を促進させるための措置を講じる。

(＊2)　特定市町村においては，都道府県が3条届出を受理するに当たって，出店予定地の市町村長及び商工会議所・商工会の長に意見照会をした上で，出店予定者に対し，事前説明が終了するまでに当該意見を通知することとしている。

(＊3)　3条届出後4ヵ月経過した時点で，事前商調協を結審していない案件については，5者協〔通商産業局，都道府県，市町村，商工会議所（又は商工会）及び商調協の各代表からなる〕を開催し，その後の審議事項及びスケジュールを定め審議の促進を図る。

(＊4)　出店調整処理期間全体で18ヵ月に達しない場合には，その限度内で延長することが可能。

(資料)　産業構造審議会流通部会・中小企業政策審議会流通小委員会合同会議中間答申（平成2年12月21日）。

関する特例法の新設）とその見返りとしての小売商業振興政策〔小振法（中小小売商業振興法）改正，商業集積法（特定商業集積の整備の促進に関する特別措置法）の新設，民活法（民間事業者の能力の活用による特定施設の整備の促

進に関する臨時措置法）改正〕となっており，いわばムチとアメの両面である。図表9－5は，大店法関連5法の基本的なポイントを整理しつつ，それらを体系化したものである。大店法規制緩和の見返りとして提示された小売商業振興政策については，実質的には「アメ」とはならず，大店法関連5法は規制緩和と大規模開発促進のパッケージとなっているといえるが，この点について，樋口兼次氏の見解は実に示唆的である。樋口氏によれば，「出店規制を緩和し，大型店の都市の外縁部への出店を解禁し，それによって地盤沈下する既存の商業集積地域を大規模開発の『市場』とする，こうした政策のパッケージが5法案であろう」[4]という。

さて，改正大店法のポイントは下記4点に集約される。

① 第1種大型店と第2種大型店との境界面積を現行の2倍に引き上げ，3,000m^2（東京都23区および政令指定都市では6,000m^2）とする。
② 商調協を廃止し，出店調整機能を大店審に一元化する。
③ 出店調整期間を1年に短縮する。
④ 地方自治体の独自規制〔上乗せ規制（同意書・協定書の取り付けなど），横出し規制（法適用の対象外である店舗面積500m^2以下の中型店に対する規制）〕の適正化を図る。

上記のうち，最大のポイントは商調協の廃止である。「大店法の裏付けのないまま，行政指導によって商調協が出店調整のカナメになってきたことが出店調整を『不透明』にし，必要以上の規制をはびこらせてきた，という批判を受けて」[5]のものである。また，日米構造問題協議でアメリカから商調協は大型店出店の「障壁」になっているとして，激しく批判されてきたことに対する回答でもある。

改正大店法下での大型店出店調整手続きのフローは図表9－6の通りであるが，改正大店法施行後，店舗面積2万m^2以上の大型店が通産省の諮問機関である大店審の総会で，同3,000m^2以上2万m^2未満が通産省大店審の地方部会で，同500m^2超3,000m^2未満は各都道府県知事の諮問機関である地方大店審で，それぞれ調整が図られることとなった。

続いて，日米構造問題協議での合意を踏まえ，第3段階の規制緩和措置とし

図表9—5　大店法関連5法体系図

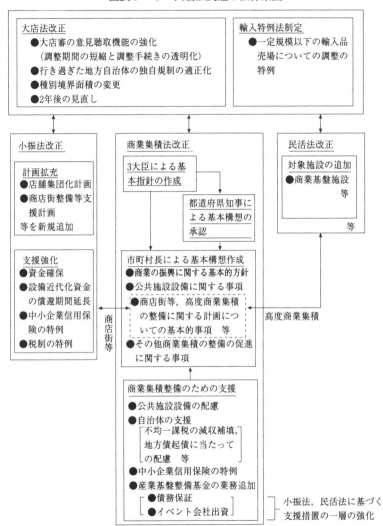

　大規模小売店舗の進出を中心とした最近の流通構造変化に対応しつつ，国際的要請に応えていくためには，規制緩和とともに，従来の小売商業対策を強化し，都市環境と調和のとれた商業集積の整備等の新しい商業振興策が不可欠。その意味で上記5法は，互いに連携してはじめて効果を発揮し得る密接不可分のものである。
（資料）　古田肇「大店法関連5法案の概要」『月刊専門店』平成3年4月号，9頁．

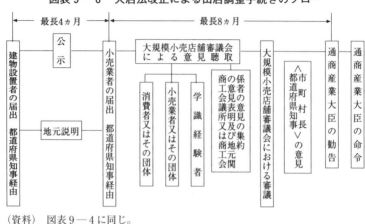

図表9-6 大店法改正による出店調整手続きのフロー

(資料) 図表9-4に同じ。

て，改正大店法施行2年後に必要があれば再度見直すこととされていたが，これを受けて，平成6年（1994年）1月末，合同会議は大店法見直しに向けての指針となる中間報告を通産大臣に答申した。答申の基本的内容は，大店法の基本的枠組みを維持しつつも，20項目にわたる大店法の規制緩和策を実施するというものである。規制緩和策の代表的内容は，①店舗面積1,000m²未満の出店の原則自由化，②ショッピングセンターのテナントの入れ替えの原則自由化，③調整処理期間の短縮化のための検討，④届出要件・手続きの合理化，⑤閉店時刻・休業日数の届出基準の緩和（閉店時刻は午後7時から午後8時へ繰り下げ，年間休業日数は44日以上から24日以上に短縮）などである。

こうした答申内容を実施するために，通産省は，大店法の規制緩和のための改正省令と通達を，1ヵ月の周知期間をおいて，平成6年（1994年）5月1日から施行した。

かくして，大店法の規制緩和はより本格化してきたわけであるが，この段階までにおいては，法の撤廃までは考慮されていなかった。ただし，前述の合同会議答申のなかでは，「大店法については，今後の実施状況，流通を取り巻く環境変化等を踏まえつつ，適当な時期において見直し作業を行うべきである」との一文があり，将来におけるよりいっそうの大店法の規制緩和ないしは撤廃

の余地を含んだ表現がなされていた。

　そして，その後，第15章で詳述するように，平成12年（2000年）についに大店法は廃止され，大店立地法（大規模小売店舗立地法）が施行されることとなった。

　以上，大店法規制緩和実施の経緯について論じてきたが，大店法の規制緩和（撤廃）以外にも，たとえばロードサイドショップの急展開や流通外資の本格的な日本市場進出など，中小小売業を取り巻く環境条件は激変している。日本の小売商店数の約4割を占める常時従業者1～2人規模の零細店の大幅な減少傾向も依然として続いている。

　ともあれ，1990年代に本格化した規制緩和によって，大型スーパーなどの出店が激増し，多くの商店街が競争に敗れた。近隣型商店街や地域型商店街を中心に，恐ろしいほどの勢いで商店街が衰退に向かっている。加えて，平成消費不況が追い打ちをかけ，集客力や収益力が急落している所が多い。その結果，全国各地の商店街が"絶滅の危機"に瀕している。地域によっては，まちの「顔」ともいうべき中心商店街ですら崩壊寸前の状態にあり，地域住民にも戸惑いが広がっている。

　すでに地方都市の一部は解体しかかっており，「まち」の名に値しない無秩序・無性格な群落に堕しつつある。大店法が撤廃されたいま，このような流れはさらに加速化するであろうが，そのことは地域住民に幸福をもたらすであろうか。また，消費者利益の増大につながるであろうか。過度の大型店出店は，既存商店街を衰微させるだけではない。地元の人手不足に拍車をかけ，地代・家賃は高騰し，交通体系は混乱し，まちの景観は破壊され，都市全体の調和と秩序の混乱をもたらす可能性がきわめて大である。

　大型店の進出イコール消費者利益の増大という論理を展開する識者も存在するが，いささか疑問である。中小小売業者が自助努力してもどうにもならないほどに大型店による商業秩序の破壊がひどくて，ついにヤル気を失い，子弟がいても跡を継ぐ意欲をなくすのである。その結果，歯抜け商店街になり，商店街全体が衰微し，ひいてはまちそのものが解体されていくのである。

　では，どうすればよいか。望ましい小売流通政策，中小商業政策とはいかに

あるべきか。この点については第15章第5節において，いくつかの政策的提言を行うこととする。

1) 規制緩和の本質や，大店法規制緩和実施の経緯・問題点など，大店法規制緩和（撤廃）にかかわる詳細な分析については，下記文献を参照されたい。①拙著『現代日本の中小商業問題』信山社，平成11年，61-144頁。②拙著『大型店出店調整問題』信山社，平成11年，29-122頁。③拙著『日本中小商業問題の解析』同友館，平成16年，89-153頁。
2) 著者は，大店法の規制緩和が要請された背景として下記の諸要因を考慮している。①外圧（とくにアメリカによる外圧），②大手小売商業資本の規制緩和圧力，③世界的な規制緩和の流れ，④内外価格差によって意識させられた流通近代化の必要性，⑤大店法の運用システムがもたらしたさまざまな問題点の顕在化。以上詳しくは，注1)の①の文献，68-73頁，②の文献，38-43頁，および③の文献，90-98頁を参照されたい。
3) 大店法は，昭和53年（1978年），同58年（1983年）と2回改正されており，この改正で3回目の改正となる。ただし，昭和58年（1983年）の改正は大店法第7条第1項に記載されていた「大規模小売店舗審議会」を「政令で定める審議会」に改めただけに過ぎず，実質的には平成3年（1991年）改正が2回目の改正といえる。
4) 樋口兼次「大店法関連5法案を斬る」『月刊専門店』平成3年3月号，10頁。
5) 同論文，8頁。

(付記)

本章は，拙著『大型店出店調整問題』（信山社，平成11年）の第1章「大型店問題の発端と第1次百貨店法」および第2章「戦後の大型店問題調整の展開プロセス」に加筆修正または削除を施し，再編成したものである。なお，本章第2節第4項については全面的な書き直しを行っている。

第10章　零細小売商業施設の諸問題と存在意義

第1節　本章の意義

「零細小売業冬の時代の到来」がいわれて久しいが，近年の状況をみると，1～2人規模店の激減現象の続行により，もはや「零細小売業厳冬の時代」の様相を呈している。なお，経済産業省「商業統計」でいう従業者・就業者には個人事業主および無給家族従業者も含まれるから，1～2人規模店の店舗のほとんどは，実質上個人経営店とみてよい。商店街の中核である個人商店が次々と閉店あるいは廃業等を行っている理由や背景としては，さまざまな要因を挙げることができるが，再整理すれば，下記のような内的要因と外的要因に大別できそうである。内的要因としては，①店主の高齢化，②後継者難，③単独店であること，④品揃えの弱さ，⑤顧客対応力の低さなどを挙げることができよう。一方，外的要因としては，①大店法（大規模小売店舗における小売業の事業活動の調整に関する法律）規制緩和ないし撤廃の影響，②総合品揃え型業態との商品競合，③製造型小売業における製造職人の人手不足などを挙げることができよう。上記のような内的要因と外的要因が複合して，零細小売店（とりわけ1～2人規模店）の激減現象が始まった，ということである。しかし，大店法規制緩和（撤廃）が1～2人規模店の減少に拍車をかけたことは明白であり[1]，大店法規制緩和実施以降は，大店法規制緩和ないし撤廃の影響が1～2人規模店激減の最大の要因になったと結論づけざるを得ない。1990年代に本格化した規制緩和によって，大型スーパーなどの出店が激増し，多くの商店街が競争に敗れた。地域によっては，まちの「顔」ともいうべき中心商店街ですら崩壊寸前の状態にあり，地域住民にも戸惑いが広がっている[2]。

零細小売業が抱える問題はあまりにも大きくかつ複雑であるが，近年は「中

心市街地の空洞化問題」(都市の空洞化問題) や「フードデザート問題」(食の砂漠化問題) とも密接に関連している。零細小売業問題はこれらの問題との関わりのなかからも捉えていかなければならない。

とくにフードデザート問題との関わりのなかから零細小売業問題を捉えた場合, その問題性はいっそう複雑化してくる。フードデザート問題の捉え方については, 従来, 商店街の空洞化などによる店までのアクセスの低下から生じた「買物弱者」問題の視点から捉えるのが主流であった。しかし, 岩間信之氏らが指摘するように, フードデザート問題の発生については, 上記のような空間的要因のみならず, 社会的要因 (貧困や社会からの孤立) も大きく影響している[3]。つまり, フードデザート問題は単なる買物弱者の問題のみならず, 社会的排除問題とも密接に関連しているのであるが, 岩間氏らは問題の本質はむしろ後者の弱者の排除すなわち社会的排除問題にこそ求められるとして, その論を展開している[4]。したがって, 零細小売業問題を究究する際には, 社会的排除の問題にまで立ち入らなければならなくなってくる。

上記のような問題を考慮したとき, 零細小売商業施設の存在意義はどこに求められるであろうか。本章ではこうした点を明らかにしていきたい。

1) 零細小売店激減現象と大店法規制緩和 (撤廃) の因果関係について詳しくは, 拙稿「零細小売店激減現象の理由および社会的インパクト」『経済学研究紀要 (明星大学)』第38巻第2号, 平成19年, 6-9頁を参照されたい。
2) 大店法規制緩和に伴う諸問題については, 第15章第2節で詳述する。
3) 詳しくは, 岩間信之編著『フードデザート問題』(財)農林統計協会, 平成23年, 149-150頁を参照されたい。なお, 本書は6名の共同著作であるが, 執筆分担章は明示されていないので, 章ごとの執筆者名を明示することは不可能である。
4) 詳しくは, 同書, 1-19頁を参照されたい。

第2節　零細小売業問題の意味

第1項　従来の零細小売業問題

零細小売業問題とは何か。用語的にはこれが中小商業問題に包摂されることはいうまでもないが, 前章でも触れたように, 中小商業問題は以下のように類

型化することができる。

　まず，中小商業問題の中核として大型店問題が存在する。大型店問題とは，端的にいうならば，大型店出店をめぐる大型店対中小商店の紛争に集約されるが，いわば「狭義の中小商業問題」である。大型店問題は古くて新しい問題であるが，これが日本において初めて顕在化したのは，一般的には大正12年（1923年）の関東大震災以降に発生した百貨店問題を契機とするといわれている。しかし，竹林庄太郎氏は，日本における中小商業研究の先駆的業績といってよい『日本中小商業の構造』（有斐閣，昭和16年）のなかで，次のように指摘している。すなわち，「所謂，中小商業問題は当面の問題であると同時に，また歴史的な課題である。人々は中小商業問題の発生を大正末期に限定づけているが，実はそうではなく其の萌芽は我が国における大工業制度の確立期たる明治末期に於いて既に発足していたのであった」[1]と。関東大震災以降，百貨店大衆化の時期を迎えるまでは，大型店（百貨店）は「上流階級」を対象に買回品中心の高級品のみを扱い，大衆性に欠けていたので，一般中小小売商との競合はさほど問題とならず，大型店問題は潜在化していたといってよい。しかし，明治37年（1904年）の三越呉服店のデパートメント・ストア宣言を契機として，以降，続々と百貨店が設立されていくが，竹林氏が萌芽としての大型店問題であれば，百貨店の登場とともにすでに発生しているとしていることは，正確な指摘であろう。

　中小商業問題には上記のような大型店問題のほか，下記のような付随的諸問題も含まれる。

① 価格破壊現象が中小小売業に対して誘発した諸問題
② ロードサイドショップ対中小小売業のコンフリクト
③ 流通外貨（とりわけ巨大流通外貨）の日本進出が中小小売業にもたらす問題
④ 生協対中小小売業のコンフリクト
⑤ 寡占メーカー対中小小売業のコンフリクト——いわゆる流通系列化に随伴する問題
⑥ 中小卸売業が抱える諸問題

⑦　その他の諸問題〔大規模商業資本によるフランチャイズ・チェーン店（コンビニエンスストアなど）対中小小売業のコンフリクト，大規模商業資本による無店舗販売対中小小売業のコンフリクトなど〕

　上記のようなモデルを前提として，中小商業問題ないし零細小売業問題とはいかなる問題なのか，という原点を以下再確認しておこう。

　中小商業は独占商業資本の市場的・資本的支配に圧迫され，あらかじめ独占利潤を引き去られた後の商業利潤を相互に激しく争奪する。そこでは当然に平均利潤率以下の利潤しか獲得しえないし，零細商業に至っては労賃部分を得るに過ぎない。したがって，資本集積の可能性は乏しく，商業資本として大規模化する途を閉ざされているばかりでなく，たえず新規参入者と激しく競争しなければならない。競争の激化は低い利潤をいっそう低くする過当競争をもたらし，中小商業においては過当競争が常態化している。過当な競争はしばしば経営の破綻さえ招き，経営の困難，不安定が中小商業の属性となる。このような現実的矛盾が中小商業者，零細商業主に意識され問題化されたのが中小商業問題である[2]。なお，上記のような現実的矛盾がとくに零細商業主の意識に反映し問題化された場合には，零細小売業問題となってたちあらわれよう。

　以上のように，従来の中小商業問題ないし零細小売業問題は商業における大と小との対抗関係を軸として生じ，また問題の解決策もそのような視点から考慮されていた。

1)　竹林庄太郎『日本中小商業の構造』有斐閣，昭和16年，1頁。
2)　糸園辰雄『日本中小商業の構造』ミネルヴァ書房，昭和50年，67頁。

第2項　新たな零細小売業問題の発生

　近年，従来の枠に納まりきれない新たな零細小売問題が発生している。前述したように，中心市街地の空洞化問題やフードデザート問題との関連から捉えなければならない問題がそれである。

　まずは，零細小売業問題はなぜ中心市街地の空洞化問題との関わりのなかから捉えていかなければならないのかについてであるが，以下，論を進めよう。

　いまや商店街の命運が風前の灯になろうとしているが，商店の代替わりはい

つの時代にもあった。努力や工夫もしない商店が廃業し，進取の気性に富んだ商店が参入してくるのは自然の摂理である。むしろ，商店街が繁栄し続けるためには大切なことかもしれない。しかし，問題は中心商店街全体が衰退し，とくに地方都市においては都市の空洞化が著しいことである。

中心商店街は一般に，地域の都市機能が集中した，住民の生活の核となる市街地を構成する重要なファクターとして位置づけられている。そこには，公共施設や銀行，学校，病院，事業所などの生活基盤施設が集積し，地域の歴史・文化をも内在させている。単に住民の消費生活をリードしてきただけではなく，住民の生活需要を幅広く，高度に充足し，地域社会の活力の源泉となってきたのが，中心商店街である。その意味で，中心商店街はいわば地域を代表する「顔」である。したがって，中心商店街の衰退は単に一商店街の衰退という問題にとどまるものではない。

中心商店街が衰退すれば，都市が空洞化する。そして，都市が中心性を喪失すれば廃れていくのは，これまでの歴史が証明している。以上は第8章第1節ですでに明らかにした通りであるが，零細小売業問題は，地域社会やそこに暮らす生活者の視点からも考慮していかなければならない理由を，その点に見出せる。

フードデザート問題との関わりのなかから捉えた零細小売業問題については，問題性がいっそう複雑化してくる。従来とはまったく異なった視点からこれを考究しなければならなくなっているのである。

さて，宇野政雄氏は「フードデザート問題」という用語こそ使用していないものの，約30年前に今回のような事態が生じるであろうということをすでに予測していた。

以下，宇野氏の主張を要約しておこう。

ヨーロッパ各国ではハイパーマーケットを中心とした大型店が発展した結果，高齢者や身体障害者など社会的弱者や地域住民にとってはむしろ不便になった。日本においても大型店出店によって従来の商業集積における秩序が破壊されつつあり，そこに過密と過疎が起こってくるが，これからは過密現象の解決をどうするかということのほかに，地域においては過疎現象が生じてくるこ

とも見落としてはならない，と宇野氏は主張した[1]。そのうえで，大型店出店によって街中の中小商店が廃業すれば，高齢者や身体障害者など社会的弱者に購買上の不便をきたすことから，社会的弱者救済の立場に基づいて中小商店を確保しなければならないといった視点が今後重要となる，と主張していたのである[2]。

　以上のような宇野氏の主張はまさに慧眼であった。著者もこうした宇野氏の主張をもとに，約30年前に下記のような主張を行った。すなわち，「中小零細小売業は社会的弱者救済という社会的使命を帯びているのであり，もはや問題は中小零細小売業にのみ負わされているのではない。中小零細小売業のみならず，社会的弱者をも巻き込んだ形で問題になるのである。そこに，社会的弱者救済との関連から，『中小零細小売業を存立させなければならない』という強い意味で，その存立を外部から支える根拠の積極的要因を見出すことができる」と[3]。

　かくして約30年前の宇野氏の主張は今日，現実化しつつあるが，日本においてフードデザート問題が顕在化したのは平成12年（2000年）頃からであり，最近になってこの問題が急速に拡大している。

　では，フードデザート問題とはいかなる問題であるのか。前出の岩間信之氏らはこの問題を「①社会・経済環境の急速な変化の中で生じた『食料品供給体制の崩壊』と，②『社会的弱者の集住』という二つの要素が重なったときに発生する社会問題」[4]であると定義し，問題の本質は「弱者の切り捨ての構図，いわゆる社会的排除問題（Social Exclusion Issues）にある」[5]としている。つまり，さまざまな排除のなかで「食」に注目したときに浮上してくるのがフードデザート問題である，というのである。

　こうしたフードデザート問題はなぜ発生したのであろうか。フードデザートでは，「生鮮食料品の購入先のみならず，医療や公共交通機関の減少，社会福祉の切り詰め，家族や地域コミュニティの希薄化など，様々な問題が発生している」[6]。つまり，買物先の消滅はフードデザート問題の一側面であるに過ぎない，ということに留意しておかなければならない。上記のような問題が複雑に絡み合って，フードデザート問題が発生しているのである。しかも，問題をも

たらす主要因も地域ごとに異なっている。

　本章の冒頭でも述べたように，岩間氏らによれば，フードデザート問題の発生には，商店街の空洞化などによる店までのアクセスの低下といった「空間的要因」のみならず，貧困や社会からの孤立といった「社会的要因」も大きく影響している。しかも発生の主要因も地域ごとに異なっているのであるが，以下，図表10―1に基づきつつ岩間氏らの主張を簡潔に整理しておこう[7]。

① 縁辺部の場合，生鮮食料品店数が絶対的に不足しており，生鮮食料品店までの近接性の悪化がフードデザート問題の主要因となっている。

② 地方都市では，空間的要因と社会的要因の双方がフードデザート問題に影響している。中心商店街の空洞化が進み，街中の一部地域では買物が困難なエリアが広がっている。また，人の出入りが激しい駅前地区などでは，高齢者の社会からの孤立も顕在化している。

③ 大都市圏のベッドタウン（再開発地区）では社会的要因の影響が強い。こうした地域では近接に食品スーパーなどが比較的多い反面，家族や地域コミュニティの希薄化が深刻である。社会から孤立する高齢者ほど，生き甲斐の喪失や健康な食生活に対する興味関心の低下のなかで，食生活が悪化する傾向にある。

　以上のようなフードデザート問題は日本全国で発生している，というのが岩

図表10―1　地域別にみるフードデザートの発生要因

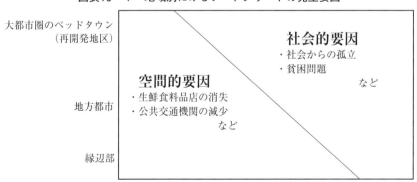

（資料）　岩間信之編著『フードデザート問題』(財)農林統計協会，平成23年，150頁。

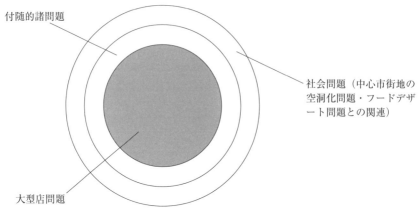

図表10―2　零細小売業問題の概念図

間氏らの主張である。

　このようにみてくると，零細小売業問題はフードデザート問題との関連からも考慮しなければならないことは明らかである。買物先の消滅すなわち生鮮食料品店を中心とした多くの零細小売商業施設の消滅は，社会的排除問題とも連動している。農林水産省の推計によると，最寄りの生鮮食料品店まで直線で500m以上離れ，自動車を保有しない「買物弱者」は910万人に上るという。しかも，買物弱者は公共交通機関が貧弱な過疎地のみならず，都市部でも発生しているだけに，事態はいっそう深刻である[8]。

　なお，図表10―2は零細小売業問題の概念図を示したものである。本図表にみるように，従来は，中小商業問題ないし零細小売業問題の中核として大型店問題（狭義の中小商業問題）が存在し，それを取り巻くものとして付随的諸問題が発生していた。しかし，近年，中心市街地の空洞化問題やフードデザート問題との関連から考慮すべき社会問題としての零細小売業問題が発生している。つまり，零細小売業問題の範囲がより拡張しているのである。

　零細小売業問題については，零細小売業擁護論の立場からではなく，都市の空洞化問題や社会的排除問題のこれ以上の拡大化を食い止めるためにも，零細小売商業施設の消滅は食い止めるべきという新たな視点からこれを考究していくことが，今後より重要となるであろう。「業者」の消滅ももちろん問題では

あるが，それよりも「施設」の消滅こそがより大きな問題なのである。と同時に，零細小売業問題はきわめて複雑かつダイナミックな研究対象であるだけに，流通論のみならず，さまざまな関連学問分野から総合的に解明していかざるを得ないが，今後はとりわけ地理学，社会学，都市計画論などの分野からの解明が強く要請されていくであろう。

1) 宇野政雄「これからの流通展望」『早稲田商学（早稲田大学）』第296号，昭和57年，20頁。
2) 詳しくは，同論文，20-27頁を参照されたい。
3) 拙稿「中小零細小売業存立を支える理論的根拠の一般化」『商学研究科紀要（早稲田大学）』第18号，昭和59年，150頁。
4) 岩間信之編著『フードデザート問題』(財)農林統計協会，平成23年，1頁。
5) 同書，2頁。
6) 同書，151-152頁。
7) 詳しくは，同書，149-150頁を参照されたい。
8) 『読売新聞』平成24年6月25日付。

第3節　零細小売業施設の捉え方

では，いかなる施設を零細小売商業施設と称するのか。本節では，この点を明確にしていこう。

『商業施設技術体系（改訂・増補版）』によると，商業施設は下記のように分類される[1]。

① 個別商業施設（1 物品販売施設，2 飲食サービス施設，3 各種サービス施設）
② 複合商業施設（4 総合商業施設，5 集団商業施設）
③ 展示施設（6 情報サービス施設，7 文化施設）

上記のように，中分類では7つの施設に分類されているが，それぞれの施設において小分類もなされ，計23の施設に分類されている。ちなみに物品販売施設は①服飾用品販売業施設，②生活文化用品販売業施設，③日用生活用品販売業施設，④食品販売業施設，⑤その他の販売業施設に分類されている。

さて,零細小売業の定義についてであるが,中小商業研究者間の定説では糸園辰雄氏による規定に従い,常時従業者数4人以下が零細小売業とされている[2]。しかし,馬場雅昭氏は,1〜2人規模層と3〜4人規模層には明らかに大きな格差があり,前者を「第1種零細小売商(層)」,後者を「第2種零細小売商(層)」と区別すべきであるとしている[3]。これは,おそらくは昭和53年(1978年)の改正大店法(大規模小売店舗における小売業の事業活動の調整に関する法律)にて大型店を第1種大規模小売店舗と第2種大規模小売店舗の2種類に峻別したところに着想のヒントを得たものであろう。小売商店数の減少傾向は1〜2人規模の限界的な零細店の激減によってもたらされており,しかも激減現象に歯止めはかかっていない。また馬場氏自らも指摘するように,1〜2人規模層と3〜4人規模層との間には商店数構成比・年間販売額構成比の推移の面で大きな格差があり[4],1人あたりの販売効率・1m^2あたりの売場効率の面でも大きな格差がある[5]。用語の適否の問題はさておき,同じ零細小売業といえども,1〜2人規模層と3〜4人規模層は峻別しなければならないとする発想それ自体は妥当であろう。

次に経済産業省「商業統計」によって,小売商店数がピークに達した昭和57年(1982年)以降の商店数の推移を売場面積別に確認してみよう。商業統計によると,商店数減少・増加の分岐点は個人商店で100m^2,法人商店で50m^2となっていることが確認できる。個人商店数の減少は転廃業,閉店,法人商店への転化に起因することが推測できるが,個人商店の法人化は商業統計では判明しない。したがって,個人商店のみに的を絞ると,個人商店数は50〜100m^2未満層において減少し,とりわけ20〜30m^2未満層においては半数以下へ減少している。

以上から,著者は零細小売商業施設を下記のように定義したい。すなわち,常時従業者数1〜2人規模かつ売場面積30m^2未満の物品販売施設を「第1種零細小売商業施設」,3〜4人規模かつ30〜100m^2未満のそれを「第2種零細小売商業施設」と定義することとする。

なお,零細小売商業施設を上記のように定義した場合,コンビニエンスストアをどのように捉えるかが問題として残る。経済産業省の「小売業態区分」で

は，売場面積50m²以上500m²未満で，売場面積の50％以上でセルフサービス方式を採用し，営業時間12時間以上または閉店時刻が21時以降であるものをコンビニエンスストアと定義している。また，番場博之氏は「大規模小売商業資本によるフランチャイズチェーンに加盟したコンビニエンスストア」を，常時従業者数4人以下であることに着目して，零細小売業の一部として捉えている[6]。

番場氏によれば，規模の零細な小売業はすべからく零細小売業であるとして，前述の糸園氏の量的規定を援用し常時従業者数4人以下を零細小売業としている[7]。そのうえで，フランチャイズ・チェーン加盟のコンビニエンスストアにおける商業労働の質を，次のように規定している。すなわち，「独立性が弱いという共通の属性があるものの，コンビニエンスストアにおける労働が実際には家族労働等によって賄われていることから，大規模小売業資本による小売商店とコンビニエンスストアは商業労働の質が異なるという意味では区別しておく必要がある」[8]と。さらにこうした区別の必要性について，注記において次のような補強説明を行っている。「コンビニエンスストアとしてのフランチャイズ契約をする場合に，フランチャイザーはフランチャイジーに対してその契約履行者を夫婦あるいは兄弟・親子といった家族を単位とするよう求めることが多い。近代的な小売経営技術を伴い，あるいは近代的物流システムを背景にするコンビニエンスストアではあるが，実はこれまでの多くの零細小売業同様に家業的な側面をもっているのである」[9]と。

フランチャイズ・チェーン加盟のコンビニエンスストアを零細小売業の一部とする番場氏の捉え方についてであるが，直営店は別として，確かに加盟店は法的には独立しているのであるから，そのように捉えることもできる。しかし，チェーン本部，直営店および加盟店の総体としてのコンビニチェーン全体をみた場合，単位店舗における常時従業者数および売場面積の規模こそ小規模零細であるものの，実際には大規模小売商業資本主導のもとで徹底した情報管理システムを利用して運営されているのであるから，コンビニエンスストアはむしろ大規模小売業とみなした方が妥当であろう。

したがって，コンビニエンスストアについては零細小売商業施設の範疇から除外するものとする。なお，除外はするものの，コンビニエンスストアに社会

的機能ないし役割が期待されないわけではない。

　東日本大震災では，コンビニエンスストアが被災地の生活復旧に大きな役割を果たし，その公共性が大きく着目されたのは記憶に新しいところである。つまり，効率性と合理性を追求する経営スタイルが，仮設店舗や移動販売車などの迅速な展開に活かせたのである。

　今後は，災害時の物資調達や帰宅困難者支援など，社会的インフラとしての機能のいっそうの充実がコンビニエンスストアには求められよう。

　また，買物弱者問題が社会問題化している折，買物過疎地にも出店していくなど，採算一本槍ではない地域貢献もコンビニエンスストアには求められよう。

1)　改訂増補・商業施設技術体系編集委員会編『商業施設技術体系（改訂・増補版）』(社)商業施設技術団体連合会，平成4年，160-161頁。
2)　中小，零細小売業の区分について詳しくは，糸園辰雄『日本中小商業の構造』ミネルヴァ書房，昭和50年，57-81頁を参照されたい。
3)　馬場雅昭『日本の零細小売商業問題』同文舘，平成18年，18頁および246頁。
4)　この点について詳しくは，同書，207-211頁を参照されたい。
5)　同書，232頁。
6)　番場博之『零細小売業の存立構造研究』白桃書房，平成15年，44-45頁。
7)　詳しくは，同書，32-38頁を参照されたい。
8)　同書，44-45頁。
9)　同書，49頁。

第4節　零細小売商業施設の存在意義

　零細小売商業施設とりわけ第1種零細小売商業施設の激減現象に歯止めがかからない状況のなかで，零細小売商業施設はなぜ存在させなければならないのであろうか。その存在意義はどこに求められるのであろうか。以下では，この点を明らかにしていこう。

　一般に，零細小売商業施設のみならず商業施設は，消費者の「選択の自由」により消費者から支持が得られなくなれば，消滅していくのはむしろ自然の摂

理であるかもしれない。しかし，消費者の「選択の自由」ははたして神聖不可侵なものなのであろうか。矢作弘氏もいうように，市場を野放しにすれば，地域社会は崩壊する。市場の無軌道さを調整するシステムが必ず必要になる。市場メカニズム自体にもこれを調整する機能は備わっているが，それに100％期待していては，社会的コストがかさむ[1]。そもそも市場の暴走を防ぐための「一定のルール」なり「規制」なりは，市場のなかから自然発生的に生じる類のものではない。いわば市場の外側もしくは上側から，より高次の価値判断に基づいて与えられるべきものであろう[2]。零細小売商業施設の存在意義については，まず，上記の点を前提として考察を進めなければならない。

　存在意義の第1は，零細小売商業施設といえども，多面的な消費者利益の確保の面からみて切り捨てられてよい存在ではない，という点に求められる[3]。

　日本における膨大な小規模零細商業者の存在は，流通経路を長く，複雑で非効率的なものにし，その結果，小売価格は下落せず，消費者利益を損なっている，と主張する論者も存在する。しかし，小規模零細な卸・小売業者を切り捨て，流通経路を短くしたとしても，それが直ちに小売価格を下落させることにつながるわけではない。また，小売業における地域寡占化が進行した場合，小売価格はむしろ上昇するであろうということが，マリオン（Marion, B. W）の研究によって実証されている[4]。

　日本の小売業は一般商店，専門店，百貨店，量販店，スーパーマーケット，ディスカウントストア，コンビニエンスストア，ホームセンターなど実にさまざまな業態が存在することで，「消費生活の多様なあり方にたいし柔軟に対応できる構造になっていることが特徴である」[5]。関連していえば，樋口兼次氏の所説は実に示唆的である。樋口氏によれば，「日本の商業流通構造の特質は『稠密』構造というにふさわしい。垂直面には規模の大小と取引関係という階層性（深さ）を，横断面には業種・業態の著しい多様性と分化（広がり）をもつ立体構造をなしている。――中略――この稠密構造は，優劣・強弱・成長と停滞の著しい格差を内包した不安定な体系をなしているために，総体として『活力』を生むのである」[6]。であるとすれば，日本の流通機構は前近代的ないし非合理的であるというよりはむしろ逆に，「活力」に富んだ性質を有してい

ることになる。

　以上の考察から明らかなように，日本の流通機構が小規模零細，多段階，複雑であることは，消費者利益を損なっているどころか，むしろ多様な商品を確保し，個性化・多様化した消費者ニーズに適合した商品の選択を保証しているのである。つまり，零細小売商業施設といえども多面的な消費者利益の確保に貢献しているという点に，その存在意義を求めることができるのである。

　第2の存在意義は，零細小売商業施設が保障する独自のサービスに求めることができる。

　小規模零細な自営小売業者は，家族労働力を主体とする生業的経営を行っている。そこでは，企業的経営の場合に重視される効率性や高生産性は意識されていない。裏を返せば，「生業的経営は企業的経営よりも有利な面をもって」[7]いるということであるが，生業的経営であるがゆえに，企業的経営の場合とは異なる意味でのサービスを消費者に提供することが可能である[8]。すなわち，「業者自身も地域の住民であり，近隣ほぼ500メートル以内のなじみの客を相手にし，対人的サービスを重視する営業は，消費者にとっても大事な意味を持っている」[9]。とりわけ高齢者や身体障害者など社会的弱者にとっては，「近所に小売店がある，必要なときには配達もしてくれるというサービスは大事である」[10]。日本における人口の高齢化は諸外国でも例をみないほどに急激な速度で進行しており，また身体障害者への配慮を考えると，たとえば地域生活者の80％が満足しているから問題は解決しているとみるだけでは不充分なのである。

　第3の存在意義は第2の存在意義とも関連するが，社会的排除問題の拡大化を防止する防波堤としての役割に求められる。

　前述したように，かつて宇野政雄氏は商業集積における過疎現象が生じてくることに警鐘を鳴らしていたが，宇野氏の憂いが現実化し，社会問題化している。宇野氏が憂えた社会問題とは，岩間信之氏らによればすなわちフードデザート問題の発生であるが，フードデザートでは，生産食料品の購入先のみならず医療や公共交通機関の減少，社会福祉の切り詰め，家族やコミュニティの希薄化などさまざまな問題が発生していた。しかも，問題の本質は単なる買物先

の消滅にあるのではなく,弱者切り捨ての構図すなわち社会的排除問題にこそあり,発生の主要因こそ地域ごとに異なるものの,これが全国各地で発生していたのである。

零細小売商業施設の消滅は社会的弱者切り捨ての社会を拡大することにつながりかねない。これ以上の拡大化を防止するためにも,零細小売商業施設の消滅は食い止めていかなければならないのである。

第4の存在意義は,零細小売業者ないし零細小売商業施設が果たしてきた社会的役割に求めることができる。

都市に集中した零細小売業者を中心とする中小小売業者は,商業集積としてのまち並みをつくり出し,地域住民と連帯して住みよい生活環境,都市環境の形成に努めてきた。また自らも地域住民として,地域の祭礼や盆踊りなど地域の文化行事の担い手となり,地域社会を支えてきた。さらには,買物にくる地域の青少年たちに社会生活の常識を教える教育者としての役割も果たしてきた。零細小売商業施設を地域から追い立てることは,地域社会の崩壊にもつながりかねない。

第5の存在意義は,零細小売業者を中心とする中小小売業者が地域経済を主として担ってきた点に求められる。

「中小小売業を中心に歴史的に形成された商圏は,地域の中小製造業・農漁業の生産と,地域住民の購買力との釣り合いのとれた発展のもとで形成されてきたものである。そして,これらの中小企業は地域住民の雇用・就業を保障してきた」[11]のである。

しかし,大手流通資本が無制限に進出すれば,地域住民の購買力は中央の大資本に吸い上げられ,地域経済のバランスのとれた発展の条件を崩してしまう。地域の中小製造業も中小卸売業も,取引先の衰退とともに衰退する。信用金庫などの中小金融機関も大きな打撃を受ける。中高年層の再雇用が厳しい折,彼らの雇用・就業にも大きな困難が生じる。若者は地域に定着することに希望を失い,過疎化はさらに進行するであろう[12]。「食物連鎖」の場合と同様に,これはまさに生態系の破壊である。

地域経済の中心的な担い手である零細小売業者そしてその施設を地域から追

い立てることは，地域経済を破壊することにもなりかねない。すでに地方都市の一部は解体しかかっており，「まち」の顔ともいうべき中心商店街ですら衰退し，「まち」としての機能を喪失しようとしている。

関連していえば，消費社会研究家の三浦展氏は，規制緩和でコミュニティは液状化しているとして，次のように述べている。「構造改革，規制緩和，自己責任という美名の下に，日本中のコミュニティの完全なる破壊が始まっている。見かけは立派な道ができ，商業施設ができ，ニュータウンに新しい家が建っている。しかし，その地盤は揺らいでいる。コミュニティのよってたつ地盤が流動化し，液状化している。地面の上には，立派な建物が建っているが，その土台がどろどろになっているのである」[13]と。そのうえで，三浦氏はコミュニティの液状化は大都市に固有のものではなく，地方において急速に進みつつあることをとくに指摘している[14]。

第6の存在意義は第5の存在意義とも関連するが，「まちづくり」と連関させた意味での社会的側面に求めることができる[15]。

いうまでもなく零細小売商業施設は商店街や「まち」の主要構成要素のひとつであるが，とりわけ第1種零細小売商業施設の激減現象がもたらす社会的インパクトはもはや無視できないほどに大きくなっている。零細小売商業施設の消滅により，とりわけ地方都市においては，近隣型・地域型商店街はいうには及ばず，中心商店街ですら衰退し，都市の空洞化が著しい。零細小売商業施設とりわけ第1種零細小売商業施設の激減現象がもたらす社会的インパクトの問題の核心は，まさにこの点にある。そしてこのことがまた，前述の社会的排除問題とも密接に連動してくるのである。

前述したように，中心商店街は一般に，地域の都市機能が集中した，住民の生活の核となる市街地を構成する重要なファクターとして位置づけられており，いわば地域を代表する「顔」である。したがって，中心商店街の衰退は，単に一商店街の衰退という問題にとどまるものではない。中心商店街が衰退すれば，都市が空洞化する。すなわち，都市の空洞化現象に歯止めをかけるためにも，零細小売商業施設は確保しなければならないのである。そこに，存在意義を見出せる。

1) 矢作弘『都市はよみがえるか』岩波書店, 平成9年, 11頁。
2) 飯田経夫談,『日本経済新聞』平成10年5月7日付。
3) 以下本節は, 拙著『現代中小商業論』同友館, 平成24年, 284-289頁をベースとして再編成している。
4) 詳しくは, マリオン著, 山中豊国訳「アメリカにおける食品の小売業と卸売業」糸園・中野・前田・山中編『転換期の流通経済Ⅰ・小売業』大月書店, 平成元年, 205-213頁を参照されたい。
5) 吉谷泉「日米構造協議の焦点・大店法問題」日本共産党中央委員会出版局編刊『日米構造協議』平成2年, 138頁。
6) 樋口兼次談,『日経流通新聞』平成元年4月15日付。
7) 吉谷泉, 前掲論文, 140頁。
8) 同論文, 同頁。
9) 同論文, 同頁。
10) 同論文, 同頁。
11) 同論文, 142頁。
12) 同論文, 142-143頁。
13) 三浦展『ファスト風土化する日本』洋泉社, 平成16年, 94頁。
14) 詳しくは, 同書, 94-95頁を参照されたい。
15) 詳しくは, 拙稿「中小小売業の存在意義とまちづくり3法改正後の課題」『中小商工業研究（全商連付属・中小商工業研究所）』第92号, 平成19年, 11-13頁を参照されたい。

第5節　総括

　すでに明らかにしたように, 従来の零細小売業問題は商業における大と小との対抗関係を軸として生じ, 問題の解決策もそのような視点から考慮されていた。零細小売業者はけっして資本家に対して労働力商品を販売しているわけではないが, その経営において利潤はあったとしても, みせかけのものに過ぎず, 本質はむしろ「労働者に近い存在」ということで, 著者はこれを「擬制的労働者」と称している。そこに零細小売業者が手厚く保護・育成されて然るべき理由を見出せるが, しかし, 零細小売商業施設とりわけ第1種零細小売商業

施設の激減現象に歯止めはかかっていない。大と小との対抗関係から問題の解決策を見出そうとすれば，結局は，激減現象に歯止めをかける特効薬はなく，安楽死に導く方策しかないのかもしれない。

しかし，中心市街地の空洞化問題やフードデザート問題などとの関連から生じた新たな零細小売商業問題の発生は，事態をより複雑化させている。「業者」の消滅ではなく，「施設」の消滅こそがより大きな問題としてクローズアップされている以上，零細小売商業施設の社会的有用性に関する研究を従来にも増して深化させていかなければならない。零細小売商業施設が社会的にも必要とされる理由・理論を単なる抽象論・感情論ではなく，より説得力をもたせつつ具体的に構築していかなければならない。その責務が我々に課されているということを付記して，本章を終える。

(付記)

本章は，拙稿「零細小売商業施設の諸問題と存在意義」〔『日本商業施設学会誌』第12号，平成25年所収〕に加筆修正または削除を施し，再編成したものである。

第11章　メーカーのチャネル戦略

第1節　流通チャネルの概念と類型

第1項　流通チャネルの概念

　チャネル（channel）とは何か。チャネルとは，「運河」を意味するカナル（canal）と同じ語源から生まれた用語で，「道筋」ないしは「経路」を意味する。ここで考察の対象としているのはいうまでもなく，生産者から消費者に至る商品の流れの「経路」についてであるが，通常，それは商品の所有権移転の経路として把握される。

　しかし，生産者から消費者に至る商品の流れの経路にはもうひとつの側面がある。すなわち，商品それ自体の移転経路である。そこでの活動には，輸送，保管，荷役，荷造・包装，在庫管理，受注処理が含まれ，これらの活動を一般に物的流通（physical distribution）または物流と称する。物流の諸活動は，図表11－1に示すように，個々ばらばらではなく，システムとして統合される必要がある。本図表からも明らかなように，物流システムの達成目標は，全体としてマーケティング戦略，マーケティング計画によって，対顧客サービスの水準の形で与えられる。なお，物流とは，企業のマーケティングの一機能として捉えた場合に，「製造業者から消費者まで製品自体を移動することにかかわる諸活動である」[1]と定義することができる。また，物流はロジスティックス（logistics）の一環をなす。ロジスティックスは，物流とともに資材調達活動を包含する概念である。

　なお，商品それ自体の移転経路は，一般のチャネル概念とは別に，「物的流通チャネル」として把握されるのが通例である。商品の所有権移転の経路と物的流通経路は，かつてはほぼ一致していたが，最近では必ずしも一致しないこ

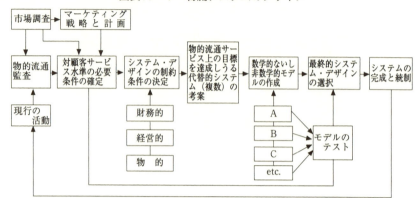

図表11−1 物流システムのデザイン

（資料） W. B. Saunders, "Designing a Distribution System", *Distribution Age*, Vol. 64, No. 1, 1965, pp. 32–33.

とが多くなってきている。

　ところで，商品の所有権の移転経路として把握されるチャネル概念は，大きくは，社会経済的視点からみるマクロ的チャネル概念と，個別企業的視点からみるミクロ的チャネル概念に分けられる。

　まず，チャネルをマクロ的視点から捉えれば，それは流通機構（structure of distribution）を意味している場合が多い。コンバース（Converse, P. D.）は，「取引チャネルとは，商品が生産者から消費者へ移転する経路であって，それは商品の流通を取り扱う配給機関によって形成されている」[2]としているが，これは社会経済的な流通機構を意味している。

　一方，チャネルをミクロ的視点から捉えれば，それはマーケティング・チャネル（marketing channel）になる。マーケティング・チャネルは，商品が生産者から消費者に至るまでのひとつの具体的流通ルートを，生産者の視点からみた概念である。ハワード（Howard, J. A.）は，マーケティング・チャネルとは，「生産者である販売者が自社商品を最終使用者に流すための販売代理店の組み合わせである」[3]としているが，これはミクロ的なチャネル概念を意味している。

　なお，一般的には，流通チャネル（channel of distribution, distribution

channel）は，マーケティング・チャネル，取引チャネル（trade channel）と同義と解されている。AMA（アメリカマーケティング協会）の定義によれば，流通チャネルとは，「商品，製品またはサービスがそれを通じて市場に出される，卸売および小売の，社内組織諸単位，ならびに社外代理店およびディーラーの機構である」[4]とされている。

 1) 宮澤永光「物流戦略」田内幸一・村田昭治編『現代マーケティングの基礎理論』同文舘，昭和56年，267頁。
 2) P. D. Converse and Others, *The Elements of Marketing*, 6th ed., Prentice-Hall, 1958, p. 119.
 3) J. A. Howard, *Marketing Management : Analysis and Planning*, Irwin, 1957, p. 179.
 4) （社）日本マーケティング協会訳『マーケティング定義集』（社）日本マーケティング協会，昭和38年，23頁。（American Marketing Association, *Marketing Definitions : A Glossary of Marketing Terms*, AMA, 1960.）

第2項　流通チャネルの類型

流通チャネルは，チャネル段階の数によって特徴づけることができる。すなわち，チャネルにおける段階の数が，その長さを規定することになる。

いま，生産者をM，卸売商をW（1次卸売商W_1，2次卸売商W_2），小売商をR，消費者をCで表せば，生産者段階から消費者段階までのチャネルのパターンは，基本的には以下のように表すことができる。

① M────────────C
② M──────────R──C
③ M──W────────R──C
④ M──W_1──W_2────R──C

最も短い流通チャネルは①の場合であるが，たとえば，化粧品メーカーの個別訪問販売方式がこれに該当する。②の場合は，中間業者の段階がひとつ存在する。消費財市場においては，それは一般に小売商であり，生産財市場においては，販売代理店またはブローカーである場合が多い。③の場合は，2つの中間業者の段階が介在する。消費財市場においては，それらは一般に卸売商と小

売商であり，生産財市場においては，卸売商と販売代理店とで構成されることが多い。④の場合は，3つの中間業者の段階が介在する。たとえば，精肉業界においてその事例を見出せるが，そこでは，通常，1次卸売商と小売商との間に2次卸売商（仲買商人）が介在する。なお，④の場合よりも多くの段階から成る流通チャネルも存在するが，一般的ではない。

第2節　流通チャネルの決定要因

流通チャネルの決定にあたって考慮すべき要因としては，コトラー（Kotler, P.）によれば，①顧客特性，②製品特性，③中間業者特性，④競合他社特性，⑤企業特性，⑥環境特性を挙げることができる[1]。これらの諸要因が，流通チャネルの決定にいかに関連するか検討してみよう。

(1) **顧客特性**

チャネル設計は，顧客特性によって大きく影響される。すなわち，顧客の数の多少，規模の大小，地理的密度の大小などがチャネルの長短に影響を与える。たとえば，最終顧客が少量の商品を頻繁に購入するようなところでは，チャネルは長く設定されよう。

(2) **製品特性**

製品特性もチャネル設計に影響を与える。たとえば，製品の技術度，アフターサービスの必要度，腐敗性・破損性，製品単価，グロス・マージンなどが大である場合には，チャネルは短くなる。

(3) **中間業者特性**

チャネル設計にあたっては，種々の業務を遂行する際に，異なった類型の中間業者の長所と短所を考慮に入れなければならない。すなわち，販売業者の有無とともに，その販売能力，資金力などがチャネルとしての中間業者選定要因として考慮される。

(4) **競合他社特性**

生産者のチャネル設計は，競合他社が利用するチャネルによって影響を受ける。たとえば，競合他社のチャネル政策，とりわけ系列化政策が強力にとられ

ている場合には，自社のチャネル政策は大きな影響を受ける。競合他社のチャネル管理が強力な場合も同様である。

(5) 企業特性

企業特性は，チャネル選択において重要な役割を果たす。すなわち，その企業の規模，資金力，およびプロダクト・ミックス[2]が大きな影響を与える。

(6) 環境特性

チャネル設計はさらに，環境諸要因によっても影響を受ける。たとえば，経済状況が後退しているような所では，生産者は最終顧客に最も費用のかからない方法で，自社製品を市場に導入しようとする。また，法的規制・制約もチャネル設計に影響を与える。

1) 詳しくは，P. Kotler, *Marketing Management*, 4th ed., Prentice-Hall, 1980, pp. 431-433（稲川・浦郷・宮澤訳『続マーケティング・マネジメント』東海大学出版会，昭和55年，63-65頁）を参照されたい。
2) プロダクト・ミックスとは，「企業によって販売に提供される製品構成」とか，「特定の売り手が買い手に提供するすべての製品ラインと製品アイテムの集合」と定義できる概念である。以上詳しくは，久保村隆祐・荒川祐吉編『商業辞典』同文舘，昭和57年，257頁を参照されたい。

第3節　チャネル政策の主体と体系

第1項　チャネル政策の主体

第2章第1節で触れたように，1957年（昭和32年），オルダーソン（Alderson, W.）がチャネルを「組織された行動システム」として理解して以来，多くの研究者によってチャネルもひとつのシステムであると理解され，今日では，チャネルのシステム性は広く認められている。そして，チャネルもひとつのシステムとして理解するという考え方から，新しい概念がいくつか生まれてきたが，そのひとつが「チャネル・キャプテン（channel captain）」という概念である。チャネルがひとつのシステムである以上，システム全体を設計し，運営し，管理する責任者が必要とされるが，その責任者を，チャネル論では，チャ

ネル・キャプテンと称している。なお，このチャネル・キャプテンは，チャネル・リーダー（channel leader）もしくはチャネル・アドミニストレーター（channel administrator）またはチャネル・コマンダー（channel commander）とも称されている。

さて，問題は，誰がチャネル・システムのリーダーシップをとるかである。理論的には生産者，卸売商，小売商，および消費者のいずれがチャネル・キャプテンになってもさしつかえないし，場合によっては，公的機関がチャネル・キャプテンになる場合もあろう。以下，それぞれのケースを概観しよう[1]。

(1) **生産者がチャネル・キャプテンの場合**

寡占メーカーの供給するナショナル・ブランド商品の場合がこれに該当する。たとえば，家電品，有名ブランド化粧品，自動車などがそうである。

家電品の流通は，一般にそれを生産したメーカーによって組織化され，それはしばしば「メーカー系列化組織」の形態をとる。卸売段階ではメーカーによって選別された業者が代理店化され，小売段階ではこれら卸売業者と密接な関係をもつ企業群が選ばれて特約店となる[2]。なお，卸売段階は現実にはメーカーの別機関たる販売会社，商事会社が該当するケースが多い。有名ブランド化粧品の場合も，家電品の場合に類似する。自動車の場合は，卸売段階と小売段階が合体し，メーカーの販売会社や専売権（franchise）を得た販売店が製品を流通させる。

こうした諸般の形態における組織化のもとで，トータルフローの担当はもっぱらメーカーが担当する。

なお，寡占メーカーがチャネル・キャプテンの場合，その経路運営は，図表11―2に示すような4つの手順を踏むことになるといわれている[3]。すなわち，①経路運営に関する目標の設定──②チャネル・キャプテンの経路統率力の強化と発揮──③経路内衝突の管理──④経路構成員の意欲喚起，という手順である。

いわゆる販売店援助（ディーラー・ヘルプス）は上記の各手順に関わりをもち，経路運営活動のなかで大きな部分を占めている。ディーラー・ヘルプスの内容については，要約すれば下記の3つになる[4]。

第11章　メーカーのチャネル戦略　211

図表11—2　経路運営の体系

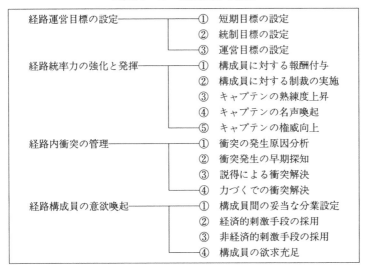

（資料）　江尻弘『マーケティング思想論』中央経済社，平成3年，153頁。

① 割引き，リベート，プレミアムなど，販売店を刺激して，その自社製品仕入高を増加させる諸活動。
② 店頭広告資材の提供，共同広告，販売員の派遣，販売店やその店員の教育・訓練など，販売店の自社製品販売活動を援助する諸活動（狭義のディーラー・ヘルプス）。
③ 経営全般の指導，出資，役員派遣など，販売店と自社との一体化を図る諸活動。

上記①〜③のうち，①は最も古くから行われていたが，寡占メーカーの経路支配の進展と垂直的マーケティング・システムの形成は，②，③に属する諸活動の重要性の増大と高度化を推進している。

(2) **卸売商がチャネル・キャプテンの場合**

書籍・雑誌，家内工業的生産の繊維品，地方の特産物，小規模メーカーによる加工食品などがこれに該当する。書籍・雑誌の出版元はときとして巨大な企業であるが，チャネル・システムの実質的なリーダーシップはいわゆる取次店

（卸売段階）が発揮している。家内工業的生産の繊維品，地方の特産物，小規模メーカーによる加工食品の場合も，卸売商が全体のフローをとりまとめる。

(3) 小売商がチャネル・キャプテンの場合

例は少ないが，大規模小売業たる百貨店，量販店チェーン本部，ボランタリー・チェーン本部などが自ら商品を開発し，その商品にプライベート・ブランドを付与して販売する場合がこれに該当する。

(4) 消費者がチャネル・キャプテンの場合

これも例は限定されるが，消費生活協同組合が自ら製品を計画し，クミアイ・ブランドを設定してメーカーに製造を依頼する場合，このパターンが発生する。

(5) 国・地方自治体がチャネル・キャプテンの場合

ガス，水道，電力などのいわゆる公益事業の生産物がその典型である。この場合，チャネル・キャプテンは国や地方自治体である。

1) 以下は，清水滋『マーケティング機能論』税務経理協会，昭和55年，148-149頁に負うところが大きい。
2) もっとも，近年は，家電量販店や大手ディスカウントストアの発展により，こうした形態も形骸化しつつある。
3) 江尻弘『マーケティング思想論』中央経済社，平成3年，152頁。
4) 市川貢「流通管理」三浦・来住・市川著『新版マーケティング』ミネルヴァ書房，平成3年，212頁。

第2項 メーカーのチャネル政策

以上概観してきたように，チャネル・システムのリーダーシップは誰が発揮してもいいのであるが，現状のマーケティング論においては，チャネル・キャプテンの座はメーカー，とりわけ現代的大量生産体制を築き，市場支配力を有する寡占メーカーが占めるとされるのが一般的である。

したがって，以下ではメーカーのチャネル政策に論点を絞り，検討を進めよう。

チャネル政策のうち最も基本的な政策は，下記の3つである。

① 開放的チャネル政策（extensive channel policy, extensive distribution policy）
② 選択的チャネル政策（selective channel policy, selective distribution policy）
③ 専属的チャネル政策（exclusive channel policy, exclusive distribution policy）

①の開放的チャネル政策とは，流通業者を差別・選択しないで，できる限り多くの販売窓口を設定する政策である。この政策は，最寄品や産業用消耗品について，しばしば採用される。また，この政策は生産者の市場支配力が弱く，系列化を考えない場合に採用されることが多い。したがって，チャネル・コントロールはほとんど行われない。

②の選択的チャネル政策とは，あらかじめ一定の協力的な流通業者を差別・選択し，選定された業者に自己の製品を優先的に取り扱わせたり，優遇措置をとったりする政策である。この政策は，製品のあらゆる範疇に適合する。また，この政策は，寡占メーカーの支配力が強く，後発メーカーや中小メーカーがディーラーの協力を得にくい場合に採用されることが多いが，メーカーはある程度のチャネル・コントロールを行う。

③の専属的チャネル政策とは，選択的チャネル政策の場合よりもさらに選択性（限定性）が強く，特定販売地域で特定の販売店のみを選定し，これに自社製品の専売権を与える政策である。この政策において，特定販売地域で1店のみの販売業者に専売権を与えるときは，一手販売代理店契約（single exclusive agency agreement）が結ばれ，数店の販売業者に専売権を与えるときは，共同専売代理店契約（joint exclusive agency agreement）が結ばれる。前者は中小都市，後者は大都市において多くみられる。この専属的チャネル政策は，ある種の買回品や，より高価な専門品に最適である。この政策においては，販売店がメーカーの系列になるので，メーカーの支配力は最も強く，また流通業者のメーカーに対する忠誠度も最も高い。メーカーのチャネル・コントロールは，きわめて強力である。

以上3つのチャネル政策の特徴を表示すると，図表11—3の通りとなる[1]。

図表11—3　各チャネル政策の特徴

各チャネル政策 比較項目	開放的 チャネル政策	選択的 チャネル政策	専属的 チャネル政策
チャネルの長さ	長い	中	短い
流通段階の数	多い	中	少ない
中間業者の数	多数	数社	1社
販売窓口の数	多数	中	少数
系列化の程度	弱いまたはなし	中	強い
系列化の形態	系列化なし	製品系列	会社系列

　なお，以上3つのチャネル政策はいずれも，流通業者が一応，独立を保持していることが前提となっているが，メーカーの系列支配がさらに進展すると，メーカーは流通業者を吸収合併するようになる。この場合の流通政策は，資本統合的流通政策（integrated distribution policy）と称される。

1) 詳しくは，橋本勲『現代マーケティング論』新評論，昭和48年，255-256頁を参照されたい。

第3項　チャネル政策の体系（メーカーの場合）

　チャネル政策を考察するとき，従来のチャネル論では，チャネルの設計ないし構築に重点がおかれがちであった。しかし，1960年代から70年代にかけて，すでに構築されたチャネルを的確に管理することの重要性が，チャネル論の主要なテーマとなるに至った。

　さて，チャネル政策の内容は，メーカーの立場と流通業者の立場とでは大きく異なる。しかし，すでに前項で検討したように，現実には寡占メーカーがチャネル・キャプテンの座を占めているとする見解が一般的であったということから，ここでは，メーカーの立場からチャネル政策のあり方を検討しよう。

　チャネル政策のあり方は，図表11—4の通りであるが，以下，これに基づいて具体的に検討を進めよう。

(1) チャネル政策の基本構想

　今日，チャネル・キャプテンがチャネル政策を企画・立案するとき，その構想のなかで支柱となる基本的な考え方は，江尻弘氏によれば，以下の3つのも

図表11—4　チャネル政策の体系

のがあるという[1]。

　第1は，垂直的マーケティング・システムの構築を目指すべきだ，という考え方である。流通系列化の問題についてはさまざまな見解があるが，現実において垂直的マーケティング・システムがますます深く進展しつつあることは否めない。

　第2は，価格競争一辺倒の時代は終わり，非価格競争手段も重視されるべき時代を迎えたので，それだけ競争が深化し複雑になってきた，という考え方である。現に，競争手段は多元化してきているが，江尻氏によれば，そればかりか競争の主体という観点からみれば，個別企業ではなく，垂直的チャネル・システムこそ現代の競争の主体となっているという。

　第3は，チャネル政策の究極目標を消費者利益[2]の確保に求めるべきだ，という考え方である。

　以上3つの考え方を支柱としてチャネル政策が構想されることになるが，では，基本構想を立案する際，具体的にはいかなる手順を踏めばよいのであろうか。ローゼンブルーム（Rosenbloom, B.）によれば，①チャネル構築のニーズ確認，②チャネル政策の目的の明確化，③チャネル政策の課題の選定，という手順を踏んで，チャネル政策の基本構想が立案されるべきだという[3]。

　以下，チャネル設計政策，チャネル管理政策，およびチャネル修正政策について，コトラーの流れ[4]に沿って検討を進めよう。

(2)　**チャネル設計政策**

　流通チャネルに関する決定は，企業が直面する最も複雑かつ困難な決定のひとつである。

　適切なチャネル設計は，チャネル諸目標，チャネル代替案，利益の見込値を明確にすることから進めるべきである。チャネル目標は，顧客，製品，中間業者，競合他社，企業，および環境の各特性によって条件づけられる。チャネル

代替案は通常多く存在するが，それは中間業者のタイプの多様性，市場支配力の差異，チャネル業務がチャネル構成員間に配分されうる方法の多様性，取引関係ミックスの可能性が大であるという理由に基づく。

(3) **チャネル管理政策**

基本的なチャネル設計が決定されると，次にメーカーは，効果的なチャネル管理という課題に取り組むことになる。具体的には，協力して仕事を行う特定の流通業者を選定するか，または進んでそうしようとする流通業者を見出さなければならない。また，取引関係ミックスを通じて，チャネル構成員に与えられる動機づけを，特別の誘因と監督によって補わなければならない。さらには，チャネル構成員の売上高，販売割当に対する個々のチャネル構成員の業績を定期的に評価しなければならない。

(4) **チャネル修正政策**

市場とマーケティングはたえず変化しているので，メーカーはチャネルを変更する準備をしていなければならない。すなわち，個々のチャネル構成員が解約されたり，追加されたり，あるいは特定市場のチャネルが変更されたりするかもしれない。また，場合によっては全チャネル・システムを再設計しなければならないこともあろう。

「チャネル変更」に関する最も困難な決定は，チャネル・システム全体の修正にかかわる問題についてである。たとえば，ある自動車メーカーが，独立したディーラーを自社専属のディーラーに置き換えようと考えていたとする。これは，最高レベルで行われる意思決定，すなわちチャネルを変更するだけでなく，メーカーがこれまで慣例としてきたマーケティング・ミックスの諸要素とマーケティング諸政策との大部分の修正を求める意思決定と連動し，したがって最も困難な決定となる。

1) 詳しくは，江尻弘『流通系列化』中央経済社，昭和58年，108-109頁を参照されたい。
2) 「消費者利益」という用語の概念はきわめて曖昧である。たとえば，価格のあり方について，①「どこで購入しても同じ」なのが消費者の利益，②「安ければ安いほどよい」のが消費者の利益，③「需給関係によって変わる」のが消費者の利

図表11―5 生活者，消費者，および自覚的消費者の相関関係

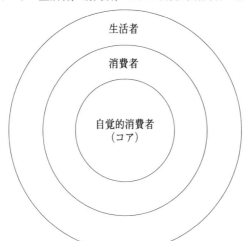

（注） 生活者と消費者は同一人物であるが，消費者と自覚的消費者は同一人物の場合もあれば，そうでない場合もある。
（資料） 拙著『現代日本の中小商業問題』信山社，平成11年，135頁。

益，という３つの考え方があろうが，一致した理解を求めるのは困難である。

しかし，近年，消費者のなかにコアとなるべき消費者，すなわち「自覚的消費者」が増えつつある動きに注目したい。消費者といっても，企業が生産する商品の受け手として，単純に「安ければ安いほどよい」と考える消費者と，たとえば，大気汚染を防ぐ立場から，少量の商品を何度もトラック輸送するような配送システムは許さない，というような市民社会の一員としての「自覚的消費者」が存在する。自覚的消費者であれば，まち並みが破壊され，まちそのものが破壊されていくような動きは認めないであろう。こういう自覚的消費者の利益こそ，真の意味での消費者利益と考えたい。

なお，図表11―5は，「生活者」，「消費者」，および「自覚的消費者」の相関関係を示したものであるが，そもそも消費者行動は人間行動の一側面であるに過ぎない。人間は「消費」のみを行って生きているのではない。人間は働きもすれば，飯も食う。日々の暮らしがある。また，地域社会とのつき合いもある。こうした営みの全体が生活である。営みの主は「生活者」であり，消費者は生活者の「一部」であるに過ぎない。そして，消費者のコアとなるべき存在が自覚的消費者である，ということである。

以上詳しくは,拙著『現代日本の中小商業問題』信山社,平成11年,98頁および134-135頁を参照されたい。
3) B. Rosenbloom, *Marketing Channels*, The Dryden Press, 1978, p. 108.
4) 詳しくは,P. Kotler, *Marketing Management*, 4th ed., Prentice-Hall, 1980, pp. 430-444(稲川・浦郷・宮澤訳『続マーケティング・マネジメント』東海大学出版会,昭和55年,61-85頁)を参照されたい。

第4節　流通チャネルの系列化

第1項　流通チャネル系列化の諸方式

すでに触れたように,チャネル政策の究極的な狙いはチャネル・コントロールにある。しかし,開放的チャネル政策のように,市場カバリッジを広く確保することを主たる目的とする場合には,チャネルをコントロールすることはきわめて困難であり,また,当該政策者自身においても,コントロールするという意識はほとんどない。したがって,現実にチャネル政策を実施するうえで,チャネル・コントロールを重視する政策とあまり重視しない政策とを区別して,前者を「流通チャネルの系列化」ないしは,端的に「流通系列化」と称することが一般化している。

さて,流通チャネル系列化(流通系列化)の諸方式は,図表11—6に示した通りであるが[1],それは「資本参加による方式」と「資本参加以外の方式」とに大別される。

流通チャネルの系列化がチャネル・コントロールをとくに重視しているという点からいえば,最も完全なコントロールを期待できるのは「資本参加による系列化」である。しかし,流通チャネルのすべての段階に資本を投下することは,投資効率の面からいってもまず不可能であり,したがって資本参加による系列化は,現実には主として卸売段階(とりわけ元卸段階)までがその中心となっている。

資本参加以外の方式による系列化としては,「管理的系列化」と「契約による系列化」がある。前者は,経済的刺激を中心とした種々の補助的政策を実施

図表11－6　流通チャネル系列化の諸方式

1.	資本参加による系列化
2.	資本参加以外の方式による系列化
	(1) 管理的系列化（政策的系列化） 　① 各種リベート 　② 各種アローアンス 　③ 各種ディーラー・ヘルプス
	(2) 契約による系列化 　① 個別的契約形態 　　a 排他条件付取引契約 　　b 再販売先制限契約 　　　・販売地域制限 　　　・一店一帳合制 　　c 抱合せ販売契約 　　d 再販売価格維持契約 　　e 責任販売高制 　② 包括的契約形態 　　a 代理店・特約店制 　　b 販売会社制（販社制） 　　c 生産者主宰ボランタリー・チェーン 　　d フランチャイズ・システム

することによって，チャネルをコントロールしようとするものであり，「政策的系列化」とも称される。一方，後者には大別して個別的契約形態と包括的契約形態とがあるが，個別的契約形態とは，特定の契約事項について個別に契約を結ぶことによって，その特定の事項を中心としてチャネル・コントロールの実をあげようとするものである。また，包括的契約形態とは，個別の契約を適切に組み合わせて，特定の目的に合致するように形成される包括的な取引契約であり，それぞれ慣習的に特定の名称で呼ばれている。

以上に示した，①資本参加による系列化，②管理的系列化（政策的系列化），③契約による系列化，という3つの基本方式が，それぞれ単独で，あるいは適宜組み合わせられることによって，現実の流通チャネルの系列化が実施されていくこととなる。

1)　この点については，木綿良行「チャネル戦略」田内幸一・村田昭治編『現代マ

ーケティングの基礎理論』同文舘,昭和56年,256-263頁が詳しい。

第2項　流通チャネル系列化の諸問題

　第2次大戦後,日本において,寡占メーカーの流通支配は流通系列化政策として強力に推進されてきた。

　流通系列化が推進されてきたのは,以下のような要請からである[1]。

① 大メーカーの急速な成長とその生産力の拡大によって寡占的経済体制に移行し,激烈な寡占的競争が同一の卸売商（問屋）を併用することを許さなくなってきたこと。

② メーカーは自社製品の強力な販売のために,戦後,資本的,経営的に弱体化した卸売商に対し,資本的・経営的テコ入れを行う必要を生じさせたが,そのためには,その卸売商に競合他社が競合的に入っている事態を排除する必要が生じてきたこと。

③ 大メーカーのマーケティング戦略上,自社のマーケティング戦略に対し,ディーラーを可及的に忠実化させ,それによってメーカーの流通上に及ぼす管理・統制を強化する必要に迫られたこと。

④ 自社のマーケティング戦略上の機密が競合他社へ漏れないようにする必要があったこと。

　以上のような要請から流通系列化が推進されてきたのであるが,これにはさまざまな長所や短所がある。以下,その長所と短所について主要なものを列挙しよう[2]。

（流通系列化の長所）

① 系列販売店に対し,メーカーのマーケティング戦略を浸透させることができる。

② 同一販売店内における競合他社のシェア・アップの心配がない。

③ 販売割当に対する販売店の協力を強化することができる。

④ 系列販売店の経営内容を容易に捉えられ,売上債権管理のうえで得策である。

⑤ 販売店に対する諸般の指導・教育が容易になる。

⑥ メーカーの生産計画，販売計画が容易になる。
⑦ 以上の諸利点によって，メーカーの販売店に対する管理，統制力が強化され，メーカーによる流通支配が確立できる。

（流通系列化の短所）
① 製品計画が安易に陥る弊害がある。
② 製品ラインの過大拡張の弊害が生じる。
③ 系列販売店の経営の自主性，主体性の減退ないし喪失の問題がある。
④ 系列販売店の積極的な創意工夫を減退させ，活力のない販売店が増えてくる危険性がある。
⑤ 系列化は，一般に流通コストの上昇を招来する。
⑥ 系列化は，一般に販売資本の増大を促進し，それはメーカーの資本固定化の現象を招来する。
⑦ 系列化は，一般にメーカーの人的要員の増大をきたし，人的固定化の弊害を招来する。
⑧ 系列ディーラー全体の維持のための負担増大という弊害が生じる。
⑨ 販売増大に対する阻害となる危惧すらある。
⑩ 過度の系列化政策は，経営志向の本命たるべき消費者の利益を害することもありうる。

以上のようにみてくると，流通系列化政策は必ずしも最良のチャネル政策ではない。むしろ今日では，その弊害の方が大である。すなわち，流通系列化によるチャネル・コントロールは，チャネル・キャプテンたるメーカーのマーケティング力を強化し，当該メーカーにとっては有利にみえるが，長期的には，卸・小売業者および消費者に対し不利益を被らせる。では，今日のチャネル政策はいかにあるべきか。次節で検討を進めよう。

1) 三上富三郎『現代マーケティングの理論』ダイヤモンド社，昭和49年，285頁。
2) 詳しくは，同書，285-288頁を参照されたい。

第5節　複合的チャネル政策の展開

　従来，流通チャネルは，生産段階の小規模分散性ゆえに，製品種類別に分化した商業組織が確立し，生産者は製品の販売をこのような商業者に依存していた。しかし，生産段階における寡占化の進行に伴い，寡占メーカーを主体とする企業別流通チャネルの再編がもたらされた。さらには，大手スーパーなど大規模小売業の抬頭による流通革新の進展は，新たな流通チャネルを生み出してきた。

　第5章第2節で触れたように，日本において，メーカーをチャネル・キャプテンとするチャネル・システムは昭和28年（1953年）頃から寡占メーカーによって急速に形成され，いわゆるメーカー主導型流通が確立された。メーカー主導型チャネル・システムは，日本の流通近代化にそれなりの役割も果たしたが，他方では，それはたえず批判の対象とされてきたのも事実である。

　メーカー主導型チャネル・システムにおいて，常に批判の対象とされてきたのは，管理価格の問題である。すなわち，価格が水平的にも垂直的にも一定水準に保たれ，流通段階は価格形成機能を失い，特定メーカーの代弁者に転じてしまっているという批判である。しかし，実は，このような価格戦略に疑惑をもたらしたより根元的な原因は，大手スーパーなど大規模小売業の抬頭であった。管理価格に敏感になっている消費者に対して，大規模小売業の抬頭とその価格戦略は強い印象を与えるとともに，メーカー主導型チャネル・システムへの疑惑をもたらす契機となった。

　国内においては大規模小売業のさらなる進展，コンシューマリズム[1]の高まり，そして国外からの流通系列化への批判もあって，メーカー主導型チャネル・システムは，大転換せざるを得なくなった。では，日本の流通が急速な変容を遂げつつある現在，いかなるチャネル政策が有効であろうか。

　三上富三郎氏は，かつて，「いまや——中略——対立型マーケティング・チャネルは，消費者主権統合型マーケティング・チャネルへと移行せざるをえず，このパターンのなかに，真の『マーケティング』が誕生してくるものと思

われる」[2]としたうえで，図表11—7に示すようなチャネル類型化を行った。

以下，三上氏の主張を要約しよう[3]。図表11—7において，対立型チャネルとは，そのタイプがどれであれ，いずれもメーカーに対立するものとなっている。これは，メーカーのいう消費者志向が必ずしも消費者の利益と合致しないことから発生している。したがって，今後は，消費者主権統合型マーケティング・チャネルに移行しなければならない。消費者主権統合型マーケティング・チャネルには，M型，W型，R型，およびC型という4つのタイプがある。M型は，消費者主権に立脚しつつ，メーカーがマーケティングの主導権をとっているタイプである。W型は，強力な自主的卸売業が消費者主権に立脚し

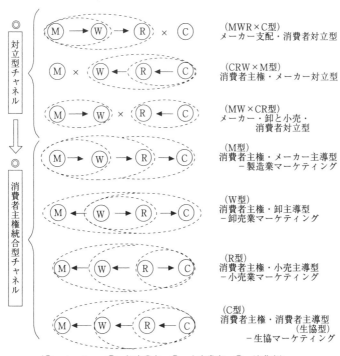

図表11—7 流通チャネルのタイプ

（Ⓜ＝メーカー，Ⓦ＝卸売業者，Ⓡ＝小売業者，Ⓒ＝消費者）

（資料）　三上富三郎『現代マーケティングの理論』ダイヤモンド社，昭和49年，280頁。

図表11-8　製販

	アオキインターナショナルと東レ, 帝人	イトーヨーカ堂のチームMD	岩田屋とワコール
取り組みの共通目的	商品開発	商品開発 流通コスト削減	流通コスト削減
取り組みの参加者	小売(専門店)と素材メーカー	小売(GMS)と素材, ニットメーカー	小売り(百貨店)とアパレルメーカー
商品分野	紳士服(スーツ・コート)	セーター, ポロシャツ等	下着類
商品特性	デザインでの差別化が難しい	差別化が難しく, 輸入比率が高い	アイテム数(サイズ)が多い
取り組みの主導者	小売り	小売り	アパレルメーカー
成果　小売り	・商品差別化 ・イメージアップ ・平均単価向上	・他社との差別化により売上増	・リードタイム短縮による売り逃し, ロスの低下
メーカー卸	・ロット拡大 ・取引拡大	・取引拡大	・受発注業務の効率化
消費者	・値頃な高機能商品の購入	・値頃な高機能商品の購入	・品切れの低下
課題　小売り	・在庫リスク	・売れ筋追求による商品同質化	・社内システムとの整合性
メーカー卸	・既存チャネルからの反発	・コスト削減要請 ・交渉力の低下	・システム開発コストの回収
取り組み拡大の可能性	・開発テーマごとに複数メーカーとの取り組み	・商品ごとに取り組み先の拡大 ・企画力のある製造卸の取り組み	・オープンな運営による双方の取り組み先の拡大

(原資料)　長銀総合研究所編『全解明・流通革命新時代』東洋経済新報社, 平成9年, 176-
(資料)　鷲尾紀吉『現代流通の潮流』同友館, 平成11年, 206-207頁。

同盟の主な事例

	サンリットグループのQR	ジャスコと花王	相鉄ローゼンと菱食	セブン-イレブンの弁当・惣菜	コンビニの出来立てパン
	流通コスト削減	流通コスト削減 カテゴリーマネジメント	流通コスト削減 カテゴリーマネジメント	商品開発 流通コスト削減	商品開発
	小売り（特約店）とアパレルメーカー	小売り（GMS）とメーカー	小売り（中堅スーパー）と大手食品卸	小売り（CVS）と供給業者（素材，包装材等）	小売り（CVS）と製パンメーカー
	ユニフォーム	日用雑貨	加工食品	弁当・惣菜	パン（菓子パン）
	納期が厳しい サイズが多い	価格競争になりやすい	多品種・短サイクルの商品が多い	新商品開発，鮮度が競争力	鮮度重視 商品サイクル短い
	アパレルメーカー	メーカー	卸	小売り	小売り
	・在庫リスクの低下	・発注業務効率化 ・品揃えの最適化 ・在庫圧縮	・検品，陳列業務の効率化 ・在庫回転率の向上 ・欠品率の低下	・売り逃し，ロスの低下	・顧客層の拡大 ・売上増
	・返品率の低下	・納品業務の計画性向上	・取引の拡大と効率化	・取引拡大 ・商品開発力の向上	・取引の拡大
	・納期の確実化	・品切れの低下 ・価格の低下	・価格の低下	・品質保証 ・新鮮な商品購入	・新鮮な商品購入
	ー	ー	ー	ー	・取り組み相手の確保
	・受注生産と工場の稼働平準化の両立	・提携先が単独ではメリット少ない	ー	・取引自由度の制限 ・専用投資負担増	・採算が取り難い ・既存自社商品の侵食
	・商品開発は複数のクローズなサークル化	・オープンな運営による双方の取り組み先の拡大	・小売りの取引先卸の選別拡大 ・提携は固定的ではない	・小売りチェーンごとにクローズなサークル化 ・大手メーカーの子会社も参入	・メーカーは地域単位で限定参画 ・低採算性からメーカーは消極的

177頁により作成。

つつ，マーケティングの主導権をとっているタイプである。R型は，自らシステムを形成するだけの規模・能力のある小売業が，消費者主権に立脚しつつ，マーケティングの主導権をとっているタイプである。C型は，生協型マーケティングである。

　三上氏の以上のような主張は，今日，現実のものとなりつつある。たとえば，大規模小売業によるプライベート・ブランド商品の開発，ダブル・ブランド[4]などにみられるように，CRW×M型ないしMW×CR型の対立型チャネルは，R型チャネル・システムへの移行を部分的にせよ現実化しているし，生協運動の活発化もC型チャネル・システムを拡大しつつある。

　さらには，いわゆる製販同盟の動きも活発化している。現在，大手消費財メーカーの多くは，流通をコントロールできる既存の流通チャネルを維持しつつも，同時に，強大な販売力をもつ大手流通企業との取引拡大を図る戦略を併用している。すなわち，小売企業の上位集中化による高度集中度販路時代を迎え，大手消費財メーカーによる従来のチャネル政策が限界となり，強大な販売力をもつ特定の大手流通企業と提携し，流通コストの低減や共同商品開発などを行う動きがみられるようになっている。日本においては，こうした動きは1990年代に入ってからみられるようになったが，そこでは，製・販による新しい協働関係が構築されている。これが製販同盟であるが，その展開は，流通チャネルを主宰する機関と流通システムのあり方を根本から変え，新たな流通システムを生み出す可能性を秘めている。なお，図表11―8は，日本における製販同盟の代表的なケースを示したものである。本図表によると，製販同盟の共通目標は，大きくは①流通コスト削減，②商品開発にあることがわかる。

　ともあれ，こうして，消費者主権に立脚した複合的チャネル・システムが進行し，さらには製販同盟の動きも活発化している現在，流通チャネル戦略もかかる前提のもとに展開されなければならない。そこでの有効な戦略はチャネル・ミックス戦略である。すなわち，複合的チャネル・システムの形成に対応する複合的なチャネル政策の展開である。そして，複合的チャネル・システムの登場は，究極的には消費者の要求を反映したものであり，流通チャネル戦略も消費者主権理念に立脚して展開されなければならないのである。

1) 消費者主義，消費者保護運動，生活者運動などと訳されるが，一般的には，消費者運動とほぼ同じ意味で用いられることが多い。しかし，消費者運動が，消費者としての権利を主張する組織化された運動であるのに対し，コンシューマリズムは，生活者としての人間そのものの復権を主張する要素がより多く入った思想および運動であるといえる。故ケネディ大統領が1962年に明らかにした消費者の4つの権利（①安全を求める権利，②知らされる権利，③選ぶ権利，④意見を聞いてもらう権利）は，コンシューマリズムの本質を的確に捉えている。なお，コンシューマリズムという用語は，1960年代に入って，アメリカにおいて頻繁に使われるようになり，日本においても昭和45年（1970年）頃から多く用いられるようになった。
2) 三上富三郎『現代マーケティングの理論』ダイヤモンド社，昭和49年，279頁。
3) 詳しくは，同書，279-282頁を参照されたい。
4) ひとつの商品にメーカーと販売業者などとの商標を併用する場合に，これらの商標のことをいう。メーカーのブランド力を販売業者などのブランド力で補うために設定されることもあり，その逆のこともある。

（付記）
　本章は，拙著『現代マーケティング概論』（信山社，平成5年）の第7章「流通チャネル戦略」に加筆修正または削除を施し，再編成したものである。

第12章　価格破壊と流通

第1節　価格破壊のルーツ

　年末恒例の自由国民社による「94年度流行語大賞」のなかに,「価格破壊」が選ばれた。現在は当時ほどの勢いはないにせよ, 平成消費不況が長く続く過程で,「価格破壊」と呼ばれる現象が広範囲に広がっている。この価格破壊現象は一時的なブームではない。参考までに, 価格破壊現象が顕著にうかがえるようになった頃の主な「価格破壊商品」を挙げておくと, ①家電品, ②紳士服, ③玩具, ④ビール, ⑤ワイン, ⑥コーラ, ⑦生活雑貨, ⑧化粧品・医薬品, ⑨食品などとなる[1]。すなわち, 食品, 雑貨, 衣料, 家電など多くの商品分野において著しい「低価格化」への動きが加速化している。このような動きはメーカー希望小売価格ないしは通常価格を破壊する動きであることから「価格破壊」と称されるようになったが, この価格破壊のルーツは大手スーパーのダイエーが草創期に開始した「安売り商法」にあるといわれている。
　ダイエーの創業者・中内㓛氏が第2次大戦から復員後, 大阪・千林駅前で安売り商法の店「ダイエー薬局・主婦の店」[2]を開業したのは昭和32年（1957年）のことである[3]。ダイエーのルーツは「安売り」にあるが, その安売りを実現するために「工業化の論理」を商業に適用したとされている。すなわち, 標準化, 単純化, 専門化という工業化の論理が, 最大の商業革新といわれるチェーン・ストアの経営革新, つまり仕入集中組織や店舗運営の標準化などに応用されているのである。かくして, スーパー・ダイエーは寡占メーカーによって大量生産された製品を大量販売することで利益をあげ, 同時に店舗網も拡大させてきた。
　中内氏は早い時期から次のように主張し続けてきた。すなわち,「主要な分

野における価格の決定権は生産者がもっている。それは流通支配権を生産者が掌握しているからである。価格決定権をわが手にしようとする流通業者は，流通支配権を奪い返さなければならない」と[4]。ダイエーの安売りのルーツは，1950年代後半から60年代前半にかけての路線でもあった価格破壊の論理から生まれている[5]。

1) 詳しくは，柳沢靖三「どうなる・どうする価格破壊」柳沢・石井・神田著『価格破壊で中小小売業はどうなる・どうする』同友館，平成7年，15-18頁を参照されたい。
2) 「主婦の店」運動は山口県で誕生したものであるが，それが東漸する過程で中内氏の「ダイエー」が参加するに至って，日本の小売業界は本格的なスーパー時代を迎えることとなる。第7章第4節でも触れたように，「主婦の店」運動では，セルフサービス，集中チェックアウトなど近代的スーパーの要件とされているものは，発生当初はもちろん採用しておらず，販売技術も稚拙であったが，猛烈な安売りで小売機構に衝撃を与え，そのような安売店を次々に開いていった。「主婦の店」という名称が示すように，心情的には消費者の生協活動に近いものがあり，マスプロ商品，マスコミ商品を主婦のために大安売りして，既存の小売店から顧客を奪っていった。
3) 以下は，小山周三「流通革新と中小企業」中村秀一郎・金谷貞夫編『エレメンタル中小企業』英創社，平成7年，91-92頁を参考にしている。
4) この時期の中内氏の考え方は下記文献に詳しい。中内㓛『わが安売り哲学』日本経済新聞社，昭和44年。
5) 小山周三，前掲論文，92頁。

第2節　価格破壊のメカニズム

第1項　価格破壊の発生要因

前節では価格破壊のルーツを明らかにしてきたが，では，そうした価格破壊現象はなぜ生じたのであろうか。

価格破壊の発生要因として，『中小企業白書（平成7年版）』は下記の諸点を挙げている[1]。

① 消費者が実質的な「価格」に敏感になっていること

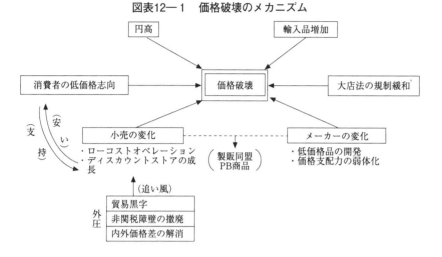

図表12—1 価格破壊のメカニズム

② ディスカウント業態（総合ディスカウンター，カテゴリーキラーなど）の成長
③ PB商品の開発に代表される「製販同盟」の動き
④ 円高による輸入コストの低下とそれに伴う輸入品の取扱量増大
⑤ メーカー主導の「建値制」の崩壊と「オープン価格制」の導入
⑥ 卸・小売業にみられるローコストオペレーションの進行

また，経済企画庁による『物価リポート'95』は，下記の諸点を発生要因としている[2]。

① ディスカウントストア対既存スーパーの価格競争の激化
② PB商品の開発に代表される「製販同盟」の動き
③ メーカーサイドにおける設計変更や部品の共通化などを通じた，低価格品の開発の進展
④ メーカーの価格支配力の弱体化
⑤ 消費者の低価格志向
⑥ 安価な輸入品の増加
⑦ 大店法（大規模小売店舗における小売業の事業活動の調整に関する法律）の規制緩和

以上，価格破壊の発生要因について，『白書』と『物価リポート』の指摘を概観してきたが，両者を比較すると，若干の差異はあるものの，基本的にはほぼ同様の見方であるとみてよい。

　図表12－1は，『白書』や『物価リポート』の指摘を踏まえつつ，価格破壊のメカニズムを著者なりに整理したものである。価格破壊は，本図表に示した各種の要因が相互作用し合った結果，発生したものと思われる。

　次項では，各要因別に，より詳細な検討を行っていこう。

1) 詳しくは，中小企業庁編『中小企業白書（平成7年版）』大蔵省印刷局，平成7年，108-117頁を参照されたい。
2) 詳しくは，『読売新聞』平成7年10月27日付を参照されたい。

第2項　各要因別分析

(1) 消費者の低価格志向

　図表12－2は，価格破壊現象が顕著にうかがえるようになるまでの5年間

図表12－2　過去5年間（平成2～6年）における消費者の商品購入先業態の変化

(％)

	百貨店	コンビニエンスストア	大型スーパー	中小スーパー	ディスカウントストア	一般小売店
日常衣料品	-2.6	0.4	2.3	-0.3	2.3	-4.4
その他衣料品	-2.4	0.1	1.7	-0.2	2.9	-2.3
加工食品	-0.1	0.6	2.9	-0.7	0.8	2.3
酒　　類	-1.0	1.9	2.7	1.1	18.7	-20.4
飲　　料	0.0	2.4	1.6	-0.9	4.7	-7.4
肉　　類	0.8	0.0	2.7	0.3	1.0	-4.1
野菜・果実	0.2	0.3	2.1	0.8	0.4	-3.4
日用雑貨	0.0	0.8	1.1	-1.1	4.1	-3.5
家電製品	-0.7	0.0	1.0	0.2	6.8	-7.8
化粧品	0.1	0.8	1.3	0.3	1.0	-3.4
娯楽品	-1.8	0.1	-0.2	-0.3	4.7	-3.4

(注)　本図表の増減値は，「現在の商品購入先業態の選好度」－「5年前の商品購入先業態の選好度」により算出したものであるが，プラスとなるものは顧客シェアの拡大，マイナスとなるものはシェア縮小を表している。
(資料)　中小企業庁「消費者動向実態調査」（平成6年12月）。

図表12—3 主要品目の業態別販売価格水準

	百貨店	コンビニエンスストア	大型スーパー	中小スーパー	ディスカウントストア	一般小売店
野　　　　菜	116.7	120.8	96.4	91.3	88.0	86.9
肉　　　　類	114.2	—	105.2	104.6	75.0	102.0
魚　貝　類	122.3	—	93.1	96.0	84.5	104.1
飲　　　　料	91.4	90.9	85.0	83.8	78.5	86.2
加　工　食　品	92.0	93.1	84.5	85.1	75.6	89.5
酒　　　　類	95.1	93.5	89.1	88.9	78.7	93.8
日　用　雑　貨	82.6	91.0	57.4	62.8	55.7	66.2
医　薬　品	98.7	—	91.7	91.4	82.4	93.6
化　粧　品	99.3	—	99.2	98.8	97.5	99.4
日　常　衣　料	92.8	95.3	91.7	88.5	72.4	91.1
ビデオテープ	64.0	62.6	53.3	53.9	52.2	56.7
家　電　製　品	91.4	—	82.7	—	77.4	84.2
玩　　　　具	89.4	—	76.6	76.3	68.1	82.8
腕　時　計	98.9	—	79.1	—	67.7	93.8
ハンドバッグ	97.1	—	88.1	—	76.0	81.0
スポーツ用品	96.8	—	86.1	—	80.1	91.3

(注) 業態別の価格水準は，野菜，肉類，および魚貝類については，各業態における価格について平均した価格を100とし，その他の品目についてはメーカー希望小売価格を100としている。
(資料) 経済企画庁「店舗形態別価格実態調査」（平成6年7月）。

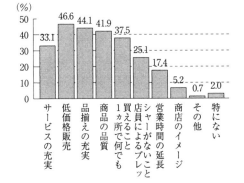

図表12—4 消費者が小売店に対して求めること

(注) 複数回答のため合計は100％を超える。
(資料) 図表12—2に同じ。

〔平成2～6年（1990～1994年）〕における消費者の商品購入先業態の変化をみたものである。本図表によると，ディスカウントストアや大型スーパーではほとんどの品目について顧客シェアを拡大しているが，逆に，一般小売店では軒並み顧客シェアが縮小している。

また，図表12―3は主要品目の業態別の販売価格水準を比較したものであるが，スーパーやディスカウントストアの価格水準が相対的に低くなっている（とくにディスカウントストアの価格水準が低い）反面，百貨店や一般小売店のそれは高い。

以上から，消費者の低価格志向性が明白であり，それぞれの品目について概ね低価格を実現している業態へと，志向をシフトさせつつあることがみてとれる。すなわち，消費者の低価格志向が価格破壊の一因となった，ということである。

しかし他方では，図表12―4にみるように，小売店に対する消費者の要望として「低価格販売」欲求が第1位にランクされてはいるものの，「品揃えの充実」，「商品の品質」などに対する欲求もかなり高い。消費者は低価格のみを求めているのではない。一般中小小売店は，価格面ではディスカウントストアなどに対抗できないとしても，工夫次第ではそれなりに顧客を確保し，生き残っていける余地が残されている，ということである。

(2) 小売サイドの変化

小売サイドにおいて価格破壊の発生要因となったものとしては，たとえば，①ローコストオペレーションの進行，②ディスカウントストアの成長，③PB商品の開発，などを挙げることができる。

まずは，ローコストオペレーションの進行について検討してみよう。

従来のディスカウント業態においては，①大量一括仕入，②低い仕入価格[1]，③薄利多売，④軽投資（郊外立地，倉庫型店舗），⑤セルフサービス，といった手法を採用することで低価格販売が実現されていた。こうした動きに加え，近年，「小売業では仕入単価引き下げを目指して卸売業の機能の一部（配送等）を肩代わりする」[2]など，「流通コスト削減により低価格販売を実現しようとするローコストオペレーションへの取り組みが見受けられる」[3]ようになっ

ている。なお，卸売業においても自社物流によって物流コストの効率化を図るなど，ローコストオペレーションへの取組みが見受けられる。

また，こうしたローコストオペレーションの一環として，多くの流通業者が，「流通コストの削減と効率的な商品販売という目的をメーカーと共有し，生産，加工，物流，販売といったそれぞれの段階におけるコストを両者が協力して簡略化することにより効率化を実現している」[4]。

かくして，ローコストオペレーションの進行が価格破壊の一因となった。

次は，ディスカウントストアの成長についてであるが，多くの消費者アンケートをみると，消費者がディスカウントストアとして認知するのには，その店のほとんどの商品が定価（メーカー希望小売価格）の3～5割引で販売されていることが条件のようである。「ディスカウントストア」は，日本においては，永らく東京・秋葉原の家電品の安売店やカメラの「さくらや」，ヨドバシカメラ，ダイクマ，ロヂャースなど「安売店」の総称として扱われてきた。しかし，近年，ディスカウントストアは大手流通資本の本格的進出により業態として完全に定着している。

さて，ひと口にディスカウントストアといってもさまざまなタイプのものがあるが，図表12－5は，日本において昨今展開されているディスカウントストアの分類とその特徴を図示したものである。本図表に示したようなディスカウントストアが，近年，急速な勢いで成長している。

図表12－6は日本におけるディスカウントストアの成長要因を図示したものであるが，現状をほぼトレースしたものといえる。成長要因のなかで注目されるのは，日本の貿易黒字，非関税障壁の撤廃，および内外価格差の解消に向けての外圧である。こうした外圧がディスカウントストアの成長に対する大きな追い風となった。そして，消費者の低価格志向とも相まって消費者から大きな支持を受け，急成長している。

かくして，ディスカウントストアの成長は，価格破壊の大きな要因を形成した。

第3は，PB商品の開発についてである[5]。

PB商品については，従来から日用雑貨品，食料品などを中心に大手スーパ

図表12—5 ディスカウントストアの分類

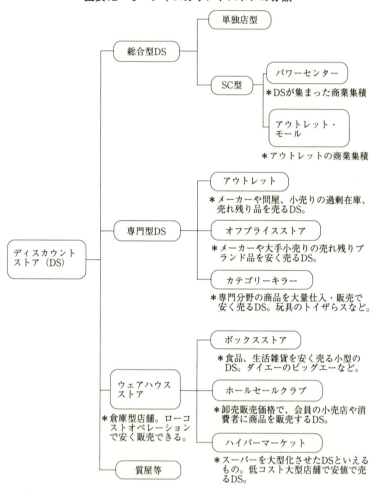

（資料） 岡本広夫『超価格革命が図解でわかる本』山下出版，平成6年，125頁。

ーが力を注いできたところであるが，近年ではコンビニエンスストア，百貨店なども PB 商品開発の動きをみせており，PB 対象品目も拡大している。PB 商品は，流通サイドの企画による OEM 供給（販売元のブランドでの生産）という形で販売されるものがほとんどであるが，海外への生産委託や宣伝費・流通

第12章 価格破壊と流通　237

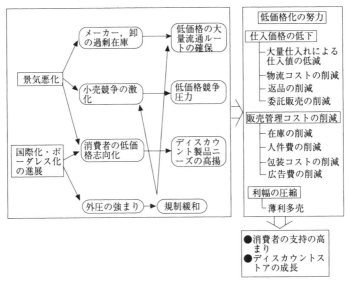

図表12―6　ディスカウントストアの成長要因

（資料）　野口智雄『ビジュアル・マーケティングの基本』日本経済新聞社，
　　　　平成6年，133頁。

経費等の中間経費の大幅圧縮により，NB商品に比べ売価が相当割安に設定されている。なお，PB商品の販売量は全体的にはまだ僅少であるが，消費者の低価格志向性の強い商品，たとえば洗剤，清涼飲料などにおいては大きく売上げを伸ばしている。

　こうしたPB化の動きは昭和55年（1980年）頃にもみられたが，当時は品質・価格ともNBに対する充分な優位性を打ち出せず，一部の商品を除いて成功しなかった。今回のPB好調は，消費者の低価格志向のなかで流通サイドがまず「売れる」価格を設定し，ローコストオペレーションなどによりそれに向けた大胆なコスト削減を図ったこと，また，景気の低迷を背景としていわゆる「製販同盟」によるPB商品開発がスムーズに運んだこと，などによるものと考えられる。

　かくして，PB商品の開発が価格破壊の一因となったことが明らかになったが，一方では，NB側でも生産拠点の海外移転などによりいっそうのコスト削

減が図られている。今後は，PB相互間の価格競争もいっそう激しくなっていくであろう。

(3) メーカーサイドの変化

以上のような流通の動きはメーカーにも及んでいる。たとえばCDプレーヤーなどの音響・映像製品や自動車などの分野でも，設計変更や部品の共通化などを通じた低価格品の開発が進められ，価格破壊に拍車をかけている。

また，製品の価格設定でも，メーカーの価格支配力が弱まり，そのことが価格破壊の一因となっている。

第5章第2節で触れたように，近年，メーカー希望小売価格は商品の単なる値引率を表す指標へと変わりつつあり，それとともにメーカー希望小売価格に代表される，メーカー主導の「建値制」が崩壊しつつある。最近では，「建値制」に代わって，メーカー希望小売価格を提示せず小売段階で最終価格を決定する「オープン価格制」導入の動きもみられる。

以上のような「建値制」の崩壊，「オープン価格制」の導入により，価格決定権は川上（メーカー）から川下（小売業者）へ移りつつあるということがわかる。

(4) 大店法の規制緩和

流通に関わりある規制緩和のなかで最大の注目の的となったのは大店法の規制緩和であるが，第9章第2節で詳述したように，大店法の規制緩和は平成2年（1990年）5月，同4年（1992年）1月，同6年（1994年）5月と，3つの段階を経て実施された。

こうした大店法の規制緩和により，大型店の長時間営業などが可能となった。このことは消費者サイドからみれば，低価格のPB商品などを購入する機会がその分だけ従来より増えたことを意味している。

かくして，大店法の規制緩和が価格破壊の一因となった。

(5) 円高と輸入品増加

平成6年（1994年）6月に1ドル＝100円を突破し，11月には最高値96円をつけた。そして翌年（1995年）3月には90円前後に上昇し，4月19日には一時80円を突破した。

さて，過去にみられた上記のような円高には，輸出価格競争力にみられる「国外的な側面」と内外価格差に象徴される「国内的な側面」の両面がある。

まずは「国外的な側面」についてであるが，90円前後という「輸出限界レート」を突破すれば，日本経済を成長させてきた外需（輸出）の要素は奪われるであろう。また，一時期経験した80円台というような超円高が続いたとすれば，国際競争力の維持という点では壊滅的な打撃を被ることになろう。

一方，「国内的な側面」については2つの側面がある。

第1の側面は「産業の空洞化」である。とくに輸出産業にとって円高は望ましくないが，高賃金など高コスト回避のため生産拠点を海外に移転するなどの対策が必要であり，現にそういう形が一部進んでいる。その結果，国内生産は減少という空洞化現象が進んでいる。また，海外に移転した工場で生産された安価な製品が，一部逆輸入されている。

第2の側面は，一般消費者に対するメリットである。円高により，外国製品が従来よりも相対的に安く購入できるようになった。円高は輸入業者や輸入品を販売する小売業にとっては追い風となるものであり，昨今は製品輸入が急増し，安価な多くの輸入品が小売店舗に並んでいる。

かくして，円高によってもたらされた安価な輸入品の増加が，価格破壊の一因となった。

1) ディスカウントストアの低い仕入価格は，実際には現金買取りや完全買取りなどから得たリベートを値引きに当てることによって実現されている。
2) 中小企業庁編『中小企業白書（平成7年版）』大蔵省印刷局，平成7年，117頁。
3) 同書，同頁。
4) 同書，同頁。
5) 以下は，羽田昇史『現代の流通・商業』学文社，平成7年，78頁を参照している。

第3節　価格破壊の影響

第1項　消費者の反応[1)]

以上，価格破壊の実態とそのメカニズムを明らかにしてきたが，では，価格破壊は流通業とりわけその影響を最も受けやすいと思われる中小小売業に対し

ていかなる影響を及ぼしているのであろうか。そのことを明らかにする前に，中小小売業には今後とも消費者からの支持を獲得していく余地が残されているか否かを検証する意味においても，まず価格破壊に対する消費者の反応を明らかにしておかなければならない。

　前述のような価格破壊の動きに対して，最近の消費者はいかなる反応を示しているのであろうか。

　近年，流通を取り巻く環境が激変しているが，景気についてもデフレ不況が長引き，消費が低迷している，といわれている。消費者と直に接する小売業はその影響をまともに受けた結果，そごう，マイカルといった日本を代表する百貨店，総合スーパー（GMS，量販店）が破綻をきたし，流通革命のシンボルであったダイエーも経営再建に悪戦苦闘し，ついには破綻する，といった従来の常識では考えられなかったような事態が生じている。

　しかし，不況ということとは別に，明らかに消費は変わってきている。たとえば衣料品や身の回り品についてみてみると，「ユニクロ」（会社名はファースト・リテイリング）や「無印良品」（会社名は良品計画）といった品質と安さを追求したものが消費者に広範に受け入れられる一方で，「エルメス」，「グッチ」，「シャネル」，「ルイ・ヴィトン」，「プラダ」など外国の高級ブランドがまた好調である。これら高級ブランド専門店は都心に積極的に店舗展開を図りつつ，新しい消費を喚起している。高級ブランド専門店の坪あたりの売上高は一般小売店のそれの10倍を軽く超えるという。また，ブランド品の特売を限定的に実施するアウトレットモールや，いわゆる100円ショップなども大盛況である。

　では，ユニクロを購入する客層とエルメスを購入する客層は異なっているのであろうか。そうではない。同一の消費者がある時はユニクロの商品を購入し，ある時はエルメスの商品を購入している。すなわち，同一消費者層において「消費の二極化現象」が進行しているということである。「贅沢をするときは贅沢をする，節約するときは節約する」というわけである。このことは，不況で消費が低迷しているといわれながら高級車がよく売れていることにも関係している。

第12章　価格破壊と流通　241

図表12―7　高級ブランド品や特売品・超低価格品はますます元気

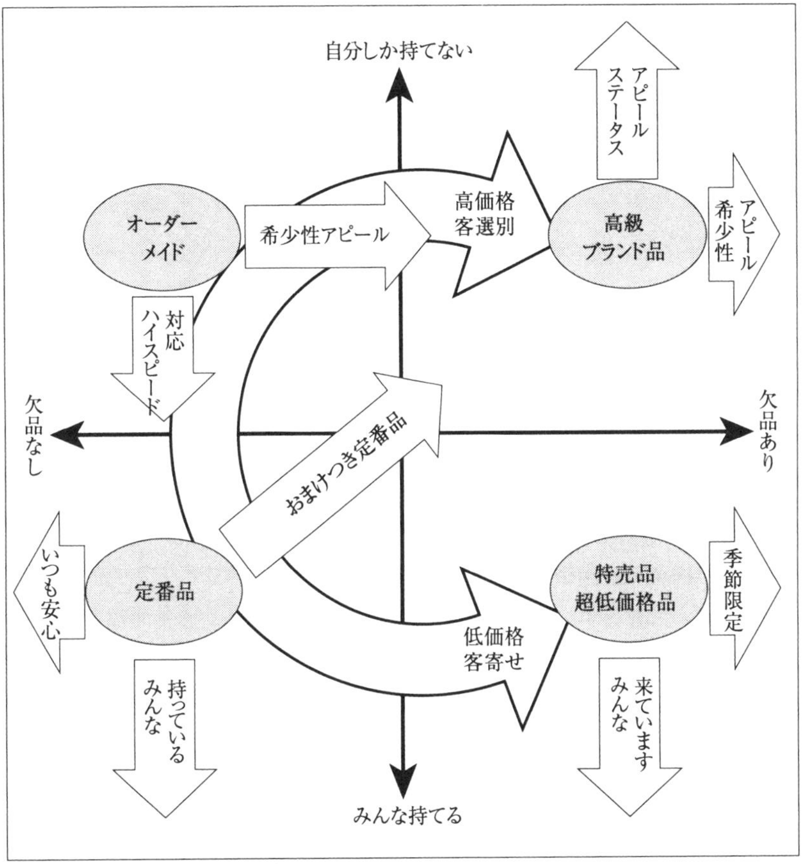

(資料)　岡田和典・松川孝一「流通再編と卸売業の経営革新」『一橋ビジネスレビュー（一橋大学）』第49巻第2号，平成13年，110頁。

　消費者はすでに多くのモノをもっている。モノがあふれている時代，消費者は本当に必要でしかも自分好みの個性化，多様化した商品を常に適時・適量・適正価格で求めるようになっている。そして，消費者の志向は超高価格品か超低価格品に二分化され，いわゆる「いつでもある商品」からは遊離していっている[2]。図表12―7は，こうしたトレンドの全体像を示したものである。

　ともあれ，消費の変化と流通の変化が相関関係にあることは間違いない。

商品の志向が超高価格帯と超低価格帯に二極化していることを受けてか，流通業界では，消費者ニーズの変化に柔軟に対応し，それを成長の糧とした「ごく一握りの勝ち組」と，過去の成功体験を払拭しきれずに，何ら変化のないマーケティングを実施している「数多くの負け組」へと分化する二極化現象が以前にも増して進行している。

以上から明らかなように，最近の消費者は買うものによって安い商品を選好する場合もあれば，逆に，高価でも，「自分の好きな，憧れのブランド」であれば，出費を惜しまなくなっている。消費者が価格破壊の動きを歓迎していることそれ自体は明白であるとしても，バブル消費とその後の価格破壊の両方を経験して賢くなった消費者の行動は，メーカーや小売業者にとっても把握しにくくなっている。

かくして，小売業者にとっては，従来以上によりきめ細かく顧客のニーズをつかみ取る努力を積み重ねない限り，売上げを伸ばせない時代となっている。

1) 本項は，拙著『日本中小商業問題の解析』同友館，平成16年，184-186頁を引用したものである。
2) 詳しくは，岡田和典・松川孝一「流通再編と卸売業の経営革新」『一橋ビジネスレビュー（一橋大学）』第49巻第2号，平成13年，109-110頁を参照されたい。

第2項　中小小売業に対する影響

本項では，価格破壊現象が最も進行していた頃の調査である中小企業庁「小売業経営実態調査」「卸売業経営実態調査」「製造業構造実態調査」（平成6年12月）を用いて，価格破壊が流通とりわけ中小小売業に与える影響を分析していこう。

図表12―8にみるように，価格破壊が進行するなかで下請企業を含む製造業から小売業まですべての取引主体の相当数が価格を引き下げている。すなわち，価格破壊の動きは小売業，消費財卸売業，最終品メーカー，下請企業と，産業全般にわたっていることがうかがえる。しかし，いずれの段階においても価格の引き下げを行った中小企業の割合は大企業のそれよりも小さいということから，価格引き下げについては中小企業は大企業ほど積極的に取り組めてい

第12章　価格破壊と流通　243

図表12—8　この1年間で販売価格を引き下げた企業の割合

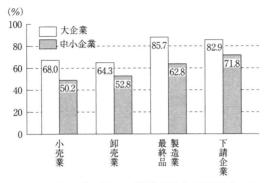

(注)　ここでいう下請企業とは「製造業構造実態調査」において下請企業と回答した企業であり，下請中小企業振興法に基づく下請企業とは若干異なる。
(資料)　中小企業庁「小売業経営実態調査」「卸売業経営実態調査」「製造業構造実態調査」（平成6年12月）。

図表12—9　「低価格化の動き」に対する評価

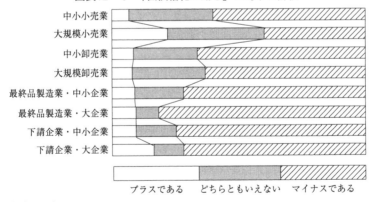

(注)　図表12—8に同じ。
(資料)　図表12—8に同じ。

ないことがうかがえる。

また，図表12—9にみるように，価格破壊の動きに対しては，大規模小売業を除いた全産業にわたって過半数がマイナスの影響が大きいと評価している。

図表12—10　中小小売業における販売数量と販売単価の状況

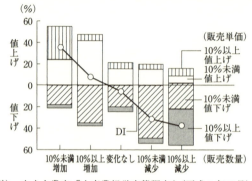

（資料）　中小企業庁「小売業経営実態調査」（平成6年12月）。

図表12—11　中小小売業における販売単価と粗利益の状況　　図表12—12　価格引き下げの実現要因

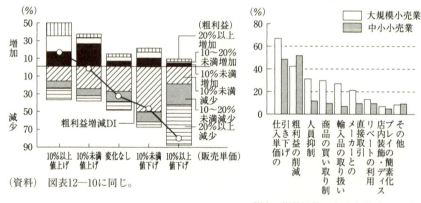

（資料）　図表12—10に同じ。

（注）　複数回答のため合計は100％を超える。
（資料）　図表12—10に同じ。

　次に，価格破壊による中小小売業への影響をより具体的に検証していこう。
　図表12—10は中小小売業における販売数量と販売単価との関係をみたものであるが，販売数量の減少幅が大きい中小小売業者ほど販売単価を引き下げる傾向にある。また，図表12—11は販売単価と粗利益との関係をみたものである

が，販売単価の引き下げ幅が大きい中小小売業者ほど粗利益を減少させている。

価格引き下げの手段については，図表12—12によると，「仕入れ単価の引き下げ」，「粗利益の削減」が多いが，中小小売業においては，目先の対応ともいえる「粗利益の削減」が比較的多く，「人員抑制」，「商品の買い取り制」，「輸入品の取り扱い」，「メーカーとの直接取引」といった対応策の面で大規模小売業と際立った相違をみせている。

以上のように，価格破壊は多くの中小小売業に対してマイナスの影響をもたらしているが，価格破壊の嵐のなかで，中小小売業も必然的に価格競争に巻き込まれている。そして，留意しなければならないのは，中小小売業における価格引き下げは，前述のローコストオペレーションのように業務の効率化等の推進によってなされているのではなく，自らの利益を削ってなされているケースが多い，ということである。単なる値引き販売は自らの収益を著しく圧迫するだけに，まさに悪循環である。

第4節　中小小売商への提言

中小小売業とりわけ生業・家業型の零細小売業は，大店法規制緩和（撤廃）による影響，後継者難，家計消費支出の低迷その他種々の要因により，苦境の只中にあるが，そういう状況のところへかつて経験したことのない大転換の時代＝価格破壊時代にさらされることとなった。こうした時代において，中小小売業はいかなる対応策を講ずれば生き残れるのであろうか。

中小小売業生き残りに向けての対応策については，著者はすでに自らの考えを第8章第2節で明らかにしているが，価格破壊時代における対応策の多くも，基本的には，従来のそれの延長線上にある。しかし，価格破壊との関連からいえば，中小小売店には大胆な低価格化は望むべくもないし，それに耐えられるだけの基盤もない。また，消費者も低価格化を支持しているとはいえ，それのみを求めているわけではない。したがって，中小小売店は，むやみに低価格に走ることだけは避けなければならない。生き残り策もまずそのことを前提

条件としつつ，考慮すべきであろう。

　第8章第2節で詳述したように，中小小売業を取り巻く環境条件がますます厳しくなっていることを考慮すると，これからは，従来以上に個店の体質を強化していくことが重要課題になってくるものと思われる。その際の目指すべき方向は「専門店化すること」にある。

　規模が小規模零細であることは有利に働く面もある。中小小売店は，大型店のように，広範囲の市場を対象としてさまざまな顧客に多種多様な商品を提供する必要はない。狭小な市場を対象に，限定した商品を扱えばよい。限られた経営資源を活用するためには，市場を絞り込み，特定の商品についての専門家になるしかない。すなわち，業態としては専門店化することが鍵となる。専門店化する際の基本的条件は，①経営者は企業家精神をもつこと，②顧客志向の経営に習熟すること，③業態戦略を展開すること，の3点に求められる。

(付記)

　本章は，拙著『現代日本の中小商業問題』(信山社，平成11年) の第9章「価格破壊と中小小売業」に加筆修正または削除を施し，再編成したものである。

第13章　流通外資の日本進出とその影響

第1節　流通の国際化の形態

　周知の如く，近年，日本の経済は巨大化し，国内のみならずグローバルな規模で諸活動を展開している。メーカーが東南アジア，アメリカやヨーロッパに工場を進出させ，現地で生産した製品を逆に日本に輸出する，ということがごく当たり前の時代になっている。一方，日本の流通業とりわけ大手小売業の海外進出も盛んに行われている。また，スーパーや百貨店を中心として，開発輸入や並行輸入も活発に展開されている。さらには，逆輸入や個人輸入も見受けられるなど，輸入の形態も多様化している。加えて，いわゆる流通外資（本書では主として欧米系の大規模小売・サービス関連資本を意味するものとする）の日本市場進出も活発化している。

　かくして，日本の流通業は「国際化」の問題にさらされているが，それは，とりわけ市場開放が輸入の促進・増大と結びついた1980年代半ば以降から顕在化している。

　さて，流通の国際化といった場合，実態的には主として大手小売業の国際化が俎上に乗るのであるが，それは，①商品調達・輸入，②海外出店，③流通外資の日本進出，という3つの側面から論ずることができる。

　まずは商品調達・輸入に関してであるが，日本の流通業（主として大手小売業。以下同様）は，とりわけ昭和60年（1985年）9月のG5（先進5ヵ国の蔵相・中央銀行総裁会議）のプラザ合意以降の急激な円高を契機として，輸入への関心を強めている。なぜなら，円高によって海外製品を安価に輸入できるからである。日本の流通業は円高メリットを積極的に活用しようとした。そして，円高それ自体が日本の流通機構に大きな影響を与え，構造変革をもたらす

大きな要因のひとつとなった。

輸入の形態をみると，前述したように，スーパーや百貨店を中心として，開発輸入や並行輸入も活発に展開されている。さらには，逆輸入や個人輸入も見受けられるなど，輸入の形態が多様化している。

このように製品輸入が増加傾向にある状況のなかで，とりわけスーパーの輸入品販売が積極化している。なお，スーパー業界の中心的役割を果たしているのは，スーパーを出身母体としつつも，その後，多業態化を図ったチェーン・ストア企業である。したがって，チェーン・ストアの動向はスーパーの動向とほぼ同じものとみてさしつかえない。

スーパーの輸入品販売のなかでとりわけ注目されるのは，開発輸入品である。スーパーが自社の規格・仕様に基づき海外で開発し，輸入した商品の売上高は，輸入品総売上高の約3分の1を占めている[1]。また，問屋や商社などを経由しない直接輸入品の売上高の内訳についても，その大半は開発輸入品である[2]。

そのほか，低価格プライベート・ブランド商品の開発や調達を優位に進めるために，海外メーカーと大手小売業が戦略的な同盟を結ぶ「製販同盟」も，写真フィルム，ビール，コーラなどの分野で活発化している。また，日・欧米間流通業において，商品調達を中心にした交流も活発化している。

第2は日本流通業の海外出店に関してであるが，これは戦前における百貨店のアジア進出までさかのぼることができる[3]。しかし，国際化の流れのなかで本格的に海外出店が始まったのは1980年代以降であり，とりわけ積極的な展開は1980年代後半からのことである。とりわけアジア諸国への進出が顕著であるが，川端基夫氏によると，「2004年末までにアジアだけで約90店の百貨店（ブティックやレストラン含む）が出店され，スーパーは総合スーパー・食品スーパー合わせて約280店が出店された。それは，海外に出店された日本の百貨店・スーパーの全店舗の85％にあたる」[4]。この「背景には，アジア市場の拡大（所得増大）や円高があった」[5]。

しかし，「これまでに出店された百貨店・スーパーの店舗は，実に7割以上もの店がすでに閉店してしまっている」[6]のも事実である。むしろ，近年では，

いわゆる100円ショップやコンビニエンスストアなどの進出が目につく。しかし，ここ1～2年はタイやマレーシアなど東南アジアの主要国で，急増する中間所得層を見据え，日系の流通大手がショッピングセンターや百貨店を相次いで開業している[7]。イオンは「イオンモール」などの大型商業施設をマレーシアで18ヵ所展開し，ベトナムやインドネシアでも出店を急ぐ。東急百貨店は平成27年（2015年）6月，タイ・バンコク郊外に2号店を開業した。高島屋も平成29年（2017年）にバンコクに進出する予定である。三井不動産は平成27年（2015年）5月，「三井アウトレットパーク」をマレーシア・クアラルンプール近郊で開業し，タイなどへの進出も視野に入れている。ただし，中国経済の減速のあおりを受けて東南アジア主要諸国の足元の消費は冷え込んでおり，また，成長市場を狙っているのは日系企業だけではない。日本のショッピングセンターや百貨店が地元で支持されるには差別化が求められる。

第3は流通外資の日本進出に関してであるが，近年，グローバル規模での市場の狭隘化・成熟化を契機として，流通業界においてもその本格的な日本市場進出が注目され出している。従来，日本小売市場においては大型店出店をめぐっての紛争に象徴されるように，国内小売業同士の参入窓口でのコンフリクトの発生はあったが，流通外資と日本小売業との競争関係はほとんど生じていなかったとみてよい。その意味でも，流通外資の日本小売市場への進出はまさに「黒船の襲来」といってもいいほどに，心理的なインパクトも含めて実にさまざまな側面に影響を及ぼそうとしている。

いまやグローバルチェーンに成長した流通外資にとって，最後に残された黄金の国「ジパング」の市場確保が急務になっているわけであるが，1980年代以前においても若干の単発的な進出はあったにせよ，日本市場進出が本格化したのは1990年代に入ってからのことである。

平成3年（1991年）末の大手玩具小売企業のトイザらス（米）の茨城県阿見町への進出は，きわめて保守的なメーカー主導型流通システムに支配されてきた日本の玩具小売業界に大きな衝撃を与えた。それと相前後して，音楽ソフト販売のヴァージンメガストア（英）やオフィスサービスのキンコーズ（米），ナイキ（米），エディーバウアー（米），ギャップ（米）なども日本で本格的に

ビジネスを展開し始めた。

そして，1990年代末以降，いよいよ流通業界の本命であり，商品構成において総合的に商品を取り扱う総合品揃え型の巨大流通外資の日本市場進出が始まった。後述するように，日本市場にはすでに，コストコ（米），カルフール（仏），ウォルマート（米），メトロ（独），テスコ（英）（以上，進出順）が進出している。ただし，後述するように，カルフールは平成17年（2005年）3月に国内の全店舗をイオンに売却し，日本市場から撤退することになった。また，テスコも平成23年（2011年）8月31日に，日本市場から撤退する旨のプレス発表を行っている[8]。

こうした巨大流通外資の特徴は，店舗が巨大である点にある。巨大な店舗に数万点のアイテムを陳列したり，ケース単位で販売したりするなどして，とにかく量で消費者を圧倒しようとする戦略がそこにみてとれる。また，ハイパーマーケット，会員制ホールセールクラブ，ディスカウントストア＋食品スーパーなど，業態も従来の日本にはみられなかった特徴をもつ。

対する日本の流通業界はデフレの真っ只中にあり，各社とも独自性を打ち出すのに躍起となっている。現在の日本の流通業界は激変の時代を迎えているが，そごうやマイカル，ダイエーが破綻するなどと誰が想像したであろうか。流通業の従来の常識が通用しない時代が到来しているのである。

グローバル化時代を迎えて，はたして流通外資は，こうした日本の流通業界においていかなる戦略でいかに戦おうとしているのであろうか。それは日本の流通業界の「破壊」にまでつながっていくのであろうか。また，日本の流通業界や中小小売業にはいかなる影響がもたらされるのであろうか。次節以下では，これらの点を解明していこう。

1) 鈴木・関根・矢作編『マテリアル流通と商業（第2版）』有斐閣，平成9年，169頁。
2) 同書，同頁。
3) 川端基夫「小売国際化の深化とアジア市場の特徴」『生活協同組合研究』通巻350号，平成17年，6頁。
4) 同論文，同頁。

5) 同論文，同頁。
6) 同論文，同頁。
7) 以下の事実は，本書初校時に判明した。詳しくは，『読売新聞』平成27年10月25日付を参照されたい。
8) 『日本経済新聞』平成23年9月1日付。

第2節　流通外資の進出背景

第1項　進出を阻止してきた要因

　前述したように，流通外資の日本市場進出が本格化したのは1990年代に入ってからのことであるが，では，なぜ，それまで流通外資は日本市場への本格的な進出を果たせなかったのか。

　番場博之氏が挙げるように，まず下記3点の進出阻止要因が考えられるが，第1は，日本国内における大型店の出店規制である[1]。

　日本における小売業の資本自由化は昭和44年（1969年）から始まり，同50年（1975年）に完全自由化された。しかし，流通外資が急激に日本市場に進出してくるような事態は生じなかった。それは，第2次百貨店法〔昭和31年（1956年）制定〕から大店法（大規模小売店舗における小売業の事業活動の調整に関する法律）〔昭和48年（1973年）制定〕へと続く小売商業調整政策（出店規制），とりわけ昭和53年（1978年）の大店法改正に始まり同57年（1982年）の窓口規制による大規模小売業の総量規制，そして平成2年（1990年）の大店法の運用適正化の通達まで続く出店規制強化策によって，日本の大規模小売業ですら出店が困難な時代が続いたからである。したがって，流通外資にとっては出店などほぼ不可能であったであろうことは想像に難くない。また，届出から審議，出店までの調整期間の長期化[2]によって出店費用が増大し，これが参入障壁となっていたであろうことも想像に難くない。

　第2の阻止要因は，1980年代までは流通外資にとって母国市場が消費需要をまだ吸収できる状況にあったこと，加えて，母国における小売業にかかわる規制が比較的ゆるやかな時代であったことにある[3]。

海外出店には文化的な相違や商取引慣行の相違といった統制不可能要因がリスクとしてつきまとうため，多くの小売業は，自国内に消費需要を充分に吸収できる条件が整っている場合には，海外には進出しない。その意味で，小売業の活動は基本的にはドメスティックでローカルなものである。

しかし，自国の市場が競争によって成長の期待がもてなくなると，まず，自国小売市場と条件が類似した周辺の他国・地域（たとえば，ヨーロッパ小売業のヨーロッパ域内出店など）へ進出するという形態で海外出店がなされる。そして，それを足掛かりとして，さらなる新しい海外市場を求めて，海外出店がグローバル化していくのである。

第3の阻止要因は，日本の商取引慣行や流通システムが欧米諸国のそれらとまったく異質であることに求められる[4]。

たとえば，「系列」である。最近でこそ，日本企業独特の「系列」が廃止されてきたといわれているが，まだまだ残ってはいる。外資系企業が独自でそこに食い込んでいくことは，かなり困難である[5]。

また，日本の産業界には必ず業界団体があり，その影響力が強い。業界団体自体が外資系企業を疎外しているケースや，役所からの情報もまず業界団体を通して伝達されるというケースもよく見受けられる。したがって，業界団体に加入していない外資系企業は情報から疎外される[6]。

その他，①品質，価格，納期・納入方法に関する顧客の要求が厳しいこと，②顧客が人間関係などを重視し，容易に取引先を変更しないこと，③広範なアフターサービス・苦情処理などが求められることなども参入障壁として働いてきたものと思われる。

第4の阻止要因は，一般的にも指摘されており，流通外資のみならず外資系企業全般にとって該当することであるが，日本の土地・家賃，物価，税金が高いことに求められる[7]。

複数の調査をみると，日本（東京）は世界一の物価高と分析されている。進出しようにも土地やオフィスビルの賃貸料が高く，家族を呼ぼうにも物価が高く住みにくいというわけである。ただ，最近は，東京都心の港区や中央区，新宿区のオフィスビルへ外資系企業が数多く転居してきている。これは，景気低

迷によるオフィスビル賃貸料の下落が原因であろう。

法人税や所得税も確かに高く，これも外資系企業にとっては参入障壁として働く。しかし，日本企業も同様に税金を支払っているわけであるから，これはむしろ日本市場という競技場のルールとして捉えるべきであろう。

以上のような阻止要因のほか，日本の役所にみられる独特の風土も，外資系企業にとっては参入障壁として働く。これについては，小島郁夫氏が指摘するように，たとえば下記の諸点を挙げることができる[8]。

① 独自基準がある

日本の省庁や地方自治体には，それぞれ独自の基準がある。その基準が外資系企業本国の基準とは異なる。そして，基準が細かすぎたり，時代に合わなくなったりしていても，それを通用させようとする。

② 前例がない

役人の象徴的な言葉が「前例がない」である。役所は，新規参入に対して慎重な態度をとる。この場合，その商品が，外国では長年にわたって何ら問題なく使用されていても通用しない。ともかく，日本の基準に合わなければ，「前例がない」ということで排斥されるのである。

③ 提出書類が多い

現在，日本の中央官庁は「電子政府」を目指してIT革命を推進しているが，役所に提出する書類は「紙」で行う。この数が膨大で，時間とコストがかかり，外資系企業はその対応に疲れてしまうという。また，英語でなく，日本語で提出する場合も多く，これが外資系企業にとっては高いハードルとなる。

④ 行政指導への対応

中央官庁や地方自治体は企業に対して行政指導をする。これが，外資系企業にとっては実に面倒に映り，独自の戦略に口出しをされているような気になる。

1) 詳しくは，番場博之「グローバル化に伴う流通構造の変化と中小零細小売業」『商工金融』第51巻第11号，平成13年，29頁を参照されたい。
2) 第9章第2節で触れたように，平成3年（1991年）の大店法再改正により，出店調整期間は大幅に短縮されたが，それでも出店までは最長1年を要した。
3) 詳しくは，番場博之，前掲論文，29-30頁を参照されたい。

4) 同論文，30頁。
5) 小島郁夫『日本の流通が壊滅する日』ぱる出版，平成13年，170頁。
6) 同書，同頁。
7) この点について詳しくは，同書，166-168頁を参照されたい。
8) 詳しくは，同書，168-170頁を参照されたい。

第2項 進出を阻止してきた要因の崩壊

以上，流通外資の日本進出を阻止してきた要因について論じてきたが，ところが以下に述べるように，1990年代に入ってからこれらの条件が崩壊し始めてきた。その結果，流通外資の日本市場進出が本格化し始めたわけである。

第1は，日本国内における参入障壁が崩壊し始めたことである。

流通外資にとって，大店法はそれこそ流通の鎖国政策のように映ったであろうし，異常なまでに高い地価，建設費などの商業開発コストは彼らのビジネスの常識を逸脱していた。したがって，彼らは日本を諦め，台湾や韓国，タイやシンガポールなどの周辺国に進出するしかなかったのである。

ところが，大店法の規制緩和とその後の撤廃，1990年代を通して行われたさまざまな規制緩和（酒類販売免許制度や薬事法の緩和など），商取引慣行や流通システムの簡素化，バブル経済崩壊後の地価下落などにより，流通外資にとって日本市場進出は自らのビジネスの間尺に合うようになってきた。そうなると，世界的にみて日本ほど「おいしい市場」はない。いくら不況といったところで，世界の標準からみれば，人々は実に豊かな生活を送っている。日本で「消費不振や売り上げ停滞と言われているのは，異常な過去と比較しての話である。外資は過去とではなく，他の地域と日本の市場性を比較している」[1]のである。しかも，大店法を始めとする各種規制によって競争が阻害されていたこともあって，日本国内には世界に通用するような強力流通企業がほとんど育っていない。そして，なにより日本は1,645兆円〔平成26年（2014年）6月末現在〕という莫大な個人金融資産を有し，世界トップクラスの高い消費購買力を誇っているのである。

第2は，有力流通外資の多くが，自国市場の飽和現象と激烈な競争によっ

て，第2，第3の成長の活路を海外に求めざるを得なくなったことである。

やや古いデータではあるが，たとえば，各国食品小売市場における売上高上位5社の国内マーケット・シェアは日本（1999年）が9.6％なのに対して，アメリカ（2000年）は39.5％，ヨーロッパ（1999年）ではノルウェー98.5％，スウェーデン94.3％，フィンランド87.4％，スイス85.9％，ベルギー76.6％，フランス76.4％，オランダ71.2％，イギリス63.4％，ドイツ61.8％と，欧米諸国の小売市場の寡占化は著しく進行している[2]。

こうした状況のなか，たとえばイギリスの場合を例にとると，同国ではすでに1980年代の半ば頃にマルティプル（10店舗以上の小売店舗を有する小売業）が全小売取引額の約6割弱を占めており，寡占の程度は日本の数十倍にも達していたが，その後もアメリカのウォルマートによるイギリスのアズダ買収に代表されるように，欧米小売市場をひとつのマーケットとして大規模小売業間の競争がより激烈化し，寡占化がいっそう進行していった[3]。こうなると，大規模小売業は自らの生き残りをかけて積極的に海外に進出せざるを得なくなる。

こうした状況を受けて，1990年代に入ると，流通外資の国際的な展開が急速に進み，とりわけアジア諸国・地域への進出が加速された。流通外資のアジア進出を促進した理由としては母国市場の成熟化・飽和化を挙げることができるが，それ以外に，「進出した場合のリスクの小ささと，商品の生産・加工地点との地理的な近接性による利便性があった」[4]こともある。

このようなアジア諸国・地域への進出を足掛かりとして，日本国内における参入障壁が崩壊し始めるや，流通外資は残された巨大市場である日本に一挙になだれ込んできたのである。

第3は，欧米諸国における法的規制の強化である。

日本とは逆に，1990年代に入ると，欧米諸国では都市政策や環境政策あるいは小売商業政策の観点から大型店の出店に対する規制が強化されていった[5]。たとえば，フランスでは小規模零細小売店を保護するロワイエ法がラファラン法として1996年（平成8年）に強化改正されたが，その結果，売場面積が300m^2以上の店舗，6,000m^2以上の商業施設は自由に開設できなくなった。オランダ，ベルギーでも出店規制は同時期にフランス並みに強化された。

また，ドイツやイギリスでは都市政策の観点から大型店出店に対する規制が強化されている。たとえば，イギリスでは1994年（平成6年）から開発許可指導要領（プラニング・ポリシー・ガイダンス/PPG）が制定され，同年のPPG13は交通と土地開発を規制し，1996年（平成8年）のPPG6は大型店の建設よりもタウンセンター商店街の振興を優先して，大型店出店を制限している。

かくして，欧米諸国における多くの大規模小売業が資本蓄積の舞台を海外市場へと広げていかざるを得なくなったのである。

1) 田島義博「流通『グローバルスタンダード』で日本の取引慣行の破壊を目論む外資勢」『エコノミスト』平成13年2月20日特大号，64頁。
2) 二神康郎「高まってきた先進商業国の市場占拠率」『流通とシステム』第108号，平成13年，88頁。
3) 番場博之「グローバル化に伴う流通構造の変化と中小零細小売業」『商工金融』第51巻第11号，平成13年，30頁。
4) 同論文，31頁。
5) 以下の事例については，二神康郎「グローバルチェーンの動向とわが国小売市場」『TRI-VIEW（東急総合研究所）』第15巻第6号，平成13年，36頁を参照している。

第3節　流通外資の進出状況

第1項　トイザらスの進出

流通外資の日本市場進出を語るとき，まず触れなければならないのは，アメリカの大手玩具小売企業であるトイザらスの進出である。トイザらスは，平成3年（1991年）12月20日に茨城県阿見町に第1号店をオープンした。

では，なぜ，トイザらスが騒がれたのか。後述するように，トイザらスは進出後わずか10年で圧倒的な玩具ガリバー企業に登りつめている。「この企業のやり方と日本進出の狙い，国内流通業に与えた影響などを見れば，外資の脅威がいかなるものかストレートに浮かび上がる」[1]。

引用が長くなるが，当時取材した全国紙記者の見解は実に示唆的である。「日本の流通機構は，これまで何度も海外から閉鎖的だと指摘されてきまし

た。その扉を強くこじ開けるきっかけとなったのが，トイザらスです。日本の玩具業界は典型的な古い体質が残っている業界で，メーカー，卸，小売というがっちりした流通機構があった。そこに，トイザらスがメーカーとの直接取引という形を持ち込んだのです。また，1号店を開設したすぐ後の翌年1月4日，奈良県橿原市に2号店をオープンしたのですが，そのときに当時のブッシュ米大統領が訪問。トイザらスを先陣として米国の小売業が日本に進出することを望む，とアピールし，日本のいっそうの市場開放を促したのです」[2]。

トイザらスは日本第1号店のオープンからわずか5年後の平成8年（1996年）には，売上高で玩具小売業界首位の座に踊り出た。その後は，2位以下の玩具専門店企業との売上格差は開く一方であり，国内出身大手のハローマック（チヨダ），バンバン〔靴のマルトミ／平成12年（2000年）末，民事再生法申請〕，キディランド3社の売上げを合算してもトイザらス1社に遠く及ばない[3]。そして，平成12年（2000年）4月25日，日本トイザらス社は流通外資として初の株式店頭公開を果たした。

では，何がトイザらスの急成長と独走を可能にしたのか。それは，前述の全国紙記者の見解にも部分的に表れているが，以下，この点について詳述していこう[4]。

米トイザらス社の日本上陸準備期間は，日米構造問題協議の期間〔平成元〜2年（1989〜90年）〕と重なる。「トイザらスの日本進出」はそのモデルケースとなった。それゆえ，日本に強く規制緩和を迫るアメリカ政府の威光を後ろ盾に，日本における流通外資の先兵としてきわめて異例なスピードで，多店舗化を順調に実現することができたのである。これが急成長と独走の最大の要因である。

第2の要因は，売場面積3,000m^2という従来の玩具小売業界の常識では考えられない規模と，約1万8,000品目にも及ぶ圧倒的に豊富な品揃えである。これでは，町の零細玩具店はいうまでもなく，それまでの成長組であった前述のハローマックやバンバンとて勝ち目はない。

第3に，グローバルスタンダードな近代的流通企業としての戦略とマニュアル，システム武装に，大手スーパー，百貨店など国内の総合大型店勢力がまっ

たく対抗できなかったことを挙げることができる。メーカー直取引，自社物流，徹底したローコストオペレーションによるマーチャンダイジングと価格競争力で迫る本格的カテゴリーキラーの攻勢に，総合大型店はまったく対抗できなかった。

以上，トイザらスの急成長と独走を可能にした要因について論じてきたが，ともあれ同社はいまや絶大なるパワーで業界に君臨している[5]。したがって，トイザらスに「破壊」されるのは単に同業の玩具店だけにはとどまらない。卸を経由しないメーカーとの直取引はすでに80％強に達しており，もはや日本の大手玩具メーカーは，トイザらスの年間販売額とシーズン戦略を無視しては生産にかかれない状況であるという。つまり，こうした流通外資の脅威は，小売業のみならず，卸，メーカーを含む流通全般に及ぶのである。

1) 月泉博『流通激震！これからの「勝ち組」戦略』日本実業出版社，平成13年，42頁。
2) 小島郁夫『日本の流通が壊滅する日』ぱる出版，平成13年，178-179頁。
3) 月泉博，前掲書，44頁。
4) より詳しくは，同書，45-46頁を参照されたい。
5) 以下は，同書，44頁を参照している。

第2項　1990年代以降における主な流通外資の進出動向

前述したトイザらスの動きに刺激されて，流通外資が続々と日本市場進出を果たしている。図表13―1は進出が本格化した1990年代における主な流通外資の進出状況を年度別に〔平成12年度（2000年度）まで〕整理したものであり，図表13―2はこれを図表13―1に掲載された外資以外のものも含めて，分野別に整理したものである。そこでは実に多くの流通外資が日本市場進出を果たしていることをみてとれるが，当初はそのほとんどが取扱商品を特定商品分野に限定した専門店型の流通外資のケースであった。しかし，本章の冒頭でも触れたように，1990年代末以降，いよいよ流通業界の本命であり，商品構成において総合的に商品を取り扱う総合品揃え型の巨大流通外資の日本市場進出が始まった。それがコストコ（米）であり，カルフール（仏）〔平成17年（2005年）

に撤退〕であり，ウォルマート（米）であり，メトロ（独）であり，テスコ（英）〔平成23年（2011年）に撤退〕である。

アメリカやカナダで会員制ホールセールクラブという新しい業態を展開するコストコは，平成11年（1999年）4月に福岡県久山町に第1号店をオープンし，翌年（2000年）12月には日本有数の流通激戦地帯である千葉市幕張地区に第2号店をオープンした。なお，日本での店舗数は現在〔平成26年（2014年）8月6日時点〕20店舗である。コストコは，宣伝広告費を極力抑えることや会員制という業態も影響して，メディアへの露出度が少ないために，知名度がかなり低かった。しかし，カルフールと同時期に幕張地区に進出したことで，一気にメディアの注目を集めた。

そして，コストコとほぼ時期を同じくして，ヨーロッパ最大の流通企業であり，世界第2位の売上規模を誇るカルフールが平成12年（2000年）12月に幕張地区に第1号店をオープンし，同16年（2004年）1月までに計8店舗出店した。しかし，後述するように，カルフールは平成17年（2005年）3月に日本市

図表13—1　1990年代における主な流通外資の日本進出（年度別）

合弁		完全子会社	
1990	シアーズ（米）	1990	HMV（英）
	ヴァージンメガストア（英）	1992	ディズニーストア（米）
1991	ブロックバスター（米）	1993	ナイキ（米）
	トイザらス（米）	1994	ランズエイド（米）
1992	キンコーズ（米）		エスプリ（香港）
1993	エディー・バウアー（米）	1995	ギャップ（米）
1994	クレアーズ（米）	1997	フットロッカー（米）
1995	DFI（香港）	1999	バイキング・オフィス・プロダクツ（米）
	タイラック（英）		コストコ（米）
1996	スポーツオーソリティ（米）		ヘイガークロージング（米）
	ワーナーブラザーズ（米）		セフォラ（仏）
1997	オフィス・デポ（米）	2000	カルフール（仏）
	オフィスマックス（米）		REI（米）
1998	ゼラ（スペイン）		
1999	ブーツ（英）		
	リズ・クレイボーン（米）		

（資料）　番場博之「グローバル化に伴う流通構造の変化と中小零細小売業」『商工金融』第51巻第11号，平成13年，32頁。

図表13―2　1990年以降の主な流通外資の日本進出（分野別）

分　　野	企業（店）名
ファッション関連	ギャップ，ゲス（以上カジュアル，米），LLビーン，ティンバーランド，エディー・バウアー（以上アウトドア・ウエア，米），タルボット，リズクレイボーン（以上レディース，米），オアシスストアズ（カジュアル，英），エスプリ，コジィ（以上カジュアル，香港），ネクスト（メンズ，英），クレアーズ（アクセサリー，米），タイラック（ネクタイ，英），ゼラ（カジュアル，スペイン），アスリートフット（靴，米）
文化・雑貨関連	タワーレコード（AVソフト，米），ヴァージンメガストア，HMV（以上AVソフト，英），ザ・ボディショップ（フレグランス，英），トイザらス（玩具，米），ナイキ，スポーツオーソリティ（以上スポーツ，米），REI（スポーツ，アウトドア，米），オフィス・デポ，オフィスマックス（以上オフィス用品，米），ディズニーストア，ワーナーブラザーズストア（以上キャラクター，米），ブーツ（ドラッグ，英），セフォラ（コスメ，仏），進出予定＝ウォルグリーン（ドラッグ，米）
住・食関連	ピア・ワン・インポーツ（ホームファッション，米），ルームズツゥーゴー（家具，米），コストコ（ホールセールクラブ，米），カルフール（総合，仏），キャンディエクスプレス（菓子，米），進出予定＝ウォルマート（総合，米），メトロ（ホールセールクラブ，独），ホームデポ（ホームセンター，米），クレート＆バレル（家庭用品，米），ペッツマート（ペット用品，米），マークスアンドスペンサー（総合，英），テスコ（食品スーパー，英）
飲食・その他サービス	サブウェイ（サンドイッチ，米），スターバックスコーヒー，タリーズコーヒー，シアトルベストコーヒー（以上コーヒーチェーン，米），ケニーロジャーズロースターズ（チキン料理，米），バーガーキング（ハンバーガー，米），タイムワーナー，AMC（以上シネマコンプレックス，米），ユナイテッドシネマズ，ヴァージンシネマズ（以上シネマコンプレックス，英），ブロックバスター（貸しビデオ，米），キンコーズ（オフィスサービス，米）
通販・ネット	ランズエンド（衣料，米），ニーマンマーカースダイレクト，サックスフィフスアベニュー，ブルーミングデールス・バイメール（以上百貨店通販，米），バイキングオフィスプロダクツ（事務用品，米），アマゾン（書籍ネット，米），eトイズ，トイザらスドットコム（以上玩具ネット，米），オートバイテル（車販売仲介ネット，米），eベイ（ネットオークション，米）
不動産・デベロッパー	トラメルクロウグループ，コールグループ，ワールドプレミアインベストメント，AMI，チェルシーGCA（以上，米）

＊カッコ内は業種，出身国。
（資料）　月泉博『流通激震！これからの「勝ち組」戦略』日本実業出版社，平成13年，40頁。

場から撤退することになった。

　次いで，世界最大の小売企業であるウォルマートが，平成14年（2002年）5月に西友との提携という形で進出してきた。西友は第三者割当増資（普通株式4,247万株，発行価格259円，総額109億9,900万円）を実施したが，ウォルマートが2,316万5,000株（4,600万ドル，約60億円），提携の仲介役となった住友商事が1,930万5,000株（約50億円）を引き受けた[1]。第三者割当増資は，平成17年（2005年）12月までに50.1％，同19年（2007年）12月までに66.7％までウォルマートの持株比率を高めるオプション付きであったが，西友は同20年（2008年）4月19日にウォルマートの完全子会社となった。また，ウォルマートは平成15年（2003年）3月に佐賀市に国内第1号店，翌年（2004年）4月に静岡県沼津市にスーパーセンターをオープンした。なお，西友の店舗数は現在〔平成26年（2014年）10月末時点〕373店舗である。

　また，ドイツの会員制キャッシュ＆キャリー卸大手のメトロが，丸紅との合弁会社を設立し，業務用需要をターゲットとする店舗を平成14年（2002年）12月に千葉市美浜区にオープンした。また，翌年（2003年）2月には埼玉県川口市に第2号店をオープンした。日本での店舗数は，全国25店舗体制に拡大する方針が示されているが[2]，現在〔平成22年（2010年）12月末時点〕9店舗となっている。

　さらには，イギリス最大手の小売企業であるテスコが平成15年（2003年）7月，中堅スーパー「つるかめ」を展開するシートゥーネットワークを株式公開買いつけ（TOB）で買収するという形で，日本市場に進出してきた。テスコはこれにより，一気に約80店舗体制からのスタートになった[3]。しかし，結局は日本市場での経営が立ちゆかなくなり，平成23年（2011年）8月31日に，日本市場から撤退する旨のプレス発表を行った。

　なお，日本進出を目指して事業化を調査中の欧米大手流通企業は目白押しの状況である。

　流通外資も専門店のみの進出段階では日本の流通業界に与える影響は部分的なものであったが，総合品揃え型の巨大流通外資の進出がより本格化すればその影響は小さくない。加えて，現在，日本の流通業界はデフレというきわめて

厳しい経済状況のもとで厳しい生き残りの戦いを強いられている。消費者の目もサイフも厳しい。そうした環境のなかに，圧倒的な組織力とセリングパワー（バイイングパワー）をもった巨大流通外資が本格的に進出しつつあるのであるから，そのインパクトはきわめて大きいといえよう。

1) 丸山秀樹「ウォルマートの海外戦略と対日戦略」『TRI-VIEW（東急総合研究所）』第17巻第2号，平成14年，44頁。
2) 『日本経済新聞』平成21年10月23日付。
3) 日経MJ（流通新聞）編『流通経済の手引（2004年版）』日本経済新聞社，平成15年，31頁。

第3項　勝ち組外資と負け組外資

　流通外資といえども，過去に日本に進出した事例をみると，成功した事例ばかりではない。むしろ，失敗し撤退した事例の方が多いくらいである。そして，総合品揃え型の巨大流通外資の進出がすべて成功するという保証もどこにもない。流通外資の日本進出は今後も続いていくものと思われるが，「鳴り物入りで参入した流通外資のなかでも，ここにきてはっきり勝ち組と負け組に分かれてきた」[1]。

　以下，まず負け組外資の事例を総括してみよう。

　アメリカの家庭用雑貨大手小売業のピア・ワン・インスポーツは，すかいらーく系の暁印刷と提携し，平成8年（1996年）に日本に進出した。アメリカの人気大型店としてSCディベロッパーなどから出店要請が殺到し，全国で10数店展開したが，肝心の販売実績はさっぱりであった。その後，抜本的な商品政策の見直しと戦略縮小が検討されたという。

　また，撤退組も相次いでいる。

　香港系バミューダ籍の食品スーパーであるディリーファーム・インターナショナルは，西友との共同出資で平成7年（1995年）に日本に進出した。同社は関東地区に「ウェルセーブ」という店名のディスカウントスーパーを一挙に14店舗出店し，「早期100店構想」をぶち上げたが，結局，3年足らずで全面撤退を余儀なくされた。

おしゃれなキッチン用品を販売するアメリカの人気店「ウィリアムズ・ソノマ」は東急百貨店と提携し，同百貨店インショップを主体に多店舗化を図ったが，軌道に乗らず，平成11年（1999年）に日本市場から撤退している[2]。

小売業世界第2位の仏カルフールは，日本国内の全8店舗を傘下に収める100％子会社「カルフール・ジャパン」の全株式を，平成17年（2005年）3月10日付でイオンに売却し，社名を「イオンマルシェ」に変更した[3]。その後イオンマルシェは，平成22年（2010年）12月1日，イオンリテールに吸収合併された。現在〔平成26年（2014年）8月末時点〕も営業している店舗は5店舗のみである。鳴り物入りで日本市場に進出してきたカルフールであるが，結局，4年あまりでの日本撤退となった。

英テスコも前述したように，日本市場で8年間，苦闘を続けてきたが，採算が取れず，結局は撤退することになった。

「これら『負け組外資』に共通する第1の敗因は，日本の提携先企業におけるマーケティング，店舗開発，販売戦略といった基本事項の不徹底にある」[4]。「『外資さえ呼べば』式のお手軽な発想」[5]では成功しないということである。

第2は，日本市場の「特性をまったく無視した『本国流マーチャンダイジングの押しつけ』である」[6]。たとえば，日本人のタイプに合わない商品やサイズが大きすぎる商品を投入したり，商品説明書が英語で書かれていたりすることなどがそれである。日本市場をよく研究せずに，いきなり進出してきても成功するはずがない。

以上の敗因のほか，流通外資も含めて外資系企業一般が日本市場で失敗する要因としては，以下の諸点が考えられよう。

・社長が外国人であり，日本人気質を理解していない。
・優良顧客だけを優遇し，顧客サービスが徹底していない。
・実力主義，能力主義が徹底しすぎる。
・ブランド力を過信し，プライドが高すぎる。
・採用については有名大学志向であり，新卒採用にも熱心ではなく，人を育てようという気風がない。
・教育制度や福利厚生が充実していない。

・日本の規制問題に対して文句ばかりをいい,日本の法律を熟知していない。
・明確な経営ポリシーがない。

負け組外資の以上のような敗因に対して,勝ち組外資の成功の要因は裏返しの関係にある。以下,流通外資も含めて外資系企業一般が日本市場で成功する要因を列挙しておこう。

・合弁相手等々で良いパートナー企業をみつける。
・本国流マーチャンダイジングの押しつけではなく,日本市場のニーズやビジネス方法に合った戦略を展開する。
・経営を日本人に任せ,本国からあまり口出しをしない。ただし,親会社との意思疎通は密にしておく。
・顧客を選別せず,顧客サービスを徹底させる。
・能力主義を活かす一方で,教育制度や福利厚生を充実させる。
・優秀な製品を市場に送り,ブランド力で消費者ニーズを喚起する。
・採用については男女平等・能力主義に徹して,非学歴主義とする。
・中央官庁や業界団体などの規制問題担当者とコミュニケーションを深める。
・明確な経営ポリシーをもち,商売の哲学を確立させる[7]。

ともあれ,負け組外資の日本での苦戦ぶりをみると,小売業の活動は基本的にはドメスティックでローカルなものであるということを,改めて強く感ずる。基本的には,その国の小売業はその国だからこそ成り立つ産業なのである。日本市場に進出した流通外資が本国そのままの業態,品揃え,販売スタイルで経営を展開したとしても,それが日本で通用するとは限らない。

このようにみてくると,次節第3項で詳述する巨大流通外資の場合は別として,日本で成功する流通外資の業種・業界分野は限定されてくるのではないか[8]。

流通「外資が成功する可能性が最も高い分野は,『インターナショナルな需要があるハード商材分野』である」[9]。たとえば,玩具やCD,パソコンなどの需要に国境はない。したがって,「品揃えの量と価格だけが決め手になる」[10]。

第2は,「『既にブランドイメージが確立されているファッション分野』である」[11]。「とりわけ日本人は『世界のブランド』にからきし弱い」[12]らしく,日本は輸入ブランド品の世界的な消費市場となっている。ルイ・ヴィトン,シャネル,エルメス,カルティエ,グッチ,プラダなどの輸入ブランド品がバブル期を凌ぐといわれるほど売れており,不景気風などどこ吹く風となっている。これらヨーロッパのスーパーブランド組が相次いで都心の超一等地に直営店を出店し,隆盛を誇っているのは周知の通りである。

　第3は,「『メーカー支配力が強く保守的・閉鎖的で零細小売業が主体の業界』」[13]である。いいかえれば,「実質的にメーカーが末端の小売まで牛耳り,近代的な流通システムと強力な小売業が未発達な業界である。外資にとって,こうした業界は比較的効率よく風穴を開けやすい。たとえば,玩具業界,文具・事務用品業界,化粧品業界などがこれに当たる」[14]。なかでも玩具業界については,本節第1項ですでに触れたように,トイザらスの日本市場進出によって,その「従来体質が完全に"破壊"され」[15]ている。

　なお,以上はあくまで可能性の問題であって,進出した流通外資の戦略展開の仕方いかんによっては例外ももちろんありうる,ということを付記しておこう。

1) 月泉博『流通激震!これからの「勝ち組」戦略』日本実業出版社,平成13年,47頁。
2) 以上の事例については,同書,48頁を参照している。
3) 『日本経済新聞』平成17年3月11日付。
4) 月泉博,前掲書,49頁。
5) 同書,同頁。
6) 同書,同頁。
7) 以上のような勝因・敗因については,小島郁夫『日本の流通が壊滅する日』ぱる出版,平成13年,188-191頁および196-198頁が詳しい。
8) 以下は,月泉博,前掲書,50-53頁を参照している。
9) 同書,50頁。
10) 同書,同頁。
11) 同書,同頁。

12) 同書, 同頁。
13) 同書, 同頁。
14) 同書, 50-51頁。
15) 同書, 51頁。

第4節　巨大流通外資の日本市場攻略戦略

第1項　国外進出の動機

　すでに触れたように,圧倒的な組織力とセリングパワー(バイイングパワー)をもった総合品揃え型の巨大流通外資の日本市場進出がより本格化すれば,そのインパクトはきわめて大きい。では,巨大流通外資の国外進出の動機はどこに求められるのか。まず,この点を明らかにしておこう。

　巨大流通外資の国外進出の要因は,第2節第2項で挙げたような自国から出ざるを得ない受動的要因から,現在では,より能動的な要因へと変容しつつある[1]。

　第1の要因は,株価の高揚の必要性である[2]。

　「株価は収益性だけでなく発展性で左右される。他国に進出して企業規模を拡大し,株価を高く保つことは企業存廃に関わる重大関心事だ。株価が安いと乗っ取られやすく,高いと株式交換により競合社を容易に買収できるからである」[3]。

　付言すれば,株価高揚の最も有力な手段はM&A(合併・買収)である。「合併が発表されると市場はおおむね好感を示し,株価は上がる。これは市場が,その企業の今後の成長性やリストラの推進に期待するからである」[4]。M&Aが相次ぐ最近では,「次の合併の可能性のある有力企業の株価も期待感を込められて上がるという相乗効果が示されている」[5]。また,「格付け会社のランクが上がり信用力が増し,資金調達力が有利になる」[6]という側面もある。

　なお,1990年代後半から,欧米の有力な流通業はM&Aによる規模拡大を進めている。なかでも,国境を越えたM&Aによる規模拡大の動きは,とりわけヨーロッパで1997年(平成9年)頃から激しくなっている。ヨーロッパの

流通再編の動きから主要な例を挙げると[7]，ドイツの会員制キャッシュ＆キャリー卸のメトロによるオランダのマクロ買収，オランダのスーパーマーケットのアホールドによるスペイン企業買収，さらには，アメリカのウォルマートのドイツ流通業買収によるヨーロッパ進出がある。また，1999年（平成11年）にウォルマートはイギリスの大手スーパーであるアズダを買収し，イギリスの流通業のみならず世界の主要な流通業に大きなインパクトを与えた。今後も，ウォルマートに対抗するため，大手小売業同士が合併する可能性は大いにあるし，ウォルマートがまだ進出していない地域において買収により勢力拡大を目指すといった動きも考えられる。

第2の要因は，先発の優位性を得ることにある。

巨大流通外資が国外に進出する場合，一般に，「その国で3位以内の市場占拠率を確保しなければメリットがないといわれている」[8]。事実，巨大流通外資の国外進出をみると，「3位以内に食い込む可能性のある国を優先して上陸している節がある」[9]。これは明らかに先発の優位性を確保するためである[10]。

第3の要因は「世界制覇」であり，これが巨大流通外資の国外進出の究極的な目的である。

いまや，世界の小売市場はどの国が覇権を制するかが注目される時代に入っている。「日本代表は出遅れたが，世界の小売市場は米国を代表するウォルマート，フランスを代表するカルフール，ドイツを代表するメトロ，英国を代表するテスコ，オランダを代表するアホールドなど」[11]各国を代表する巨大流通外資によって，地球を舞台にした激しいパイの分捕り合戦が展開されつつある。

1) 二神康郎「グローバルチェーンの動向とわが国小売市場」『TRI-VIEW（東急総合研究所）』第15巻第6号，37頁。
2) 以下3つの要因それ自体については，同論文，同頁で展開されている論理を参照している。
3) 同論文，同頁。
4) 小島郁夫『日本の流通が壊滅する日』ぱる出版，平成13年，140頁。
5) 同論文，同頁。
6) 同論文，同頁。

7) 以下の事例については，後藤亜紀子「90年代に日本市場に参入した外資系流通業」根本重之・為広吉弘編著『グローバル・リテイラー』東洋経済新報社，平成13年，16-17頁を参照している。
8) 二神康郎，前掲論文，37頁。
9) 同論文，同頁。
10) ただし，日本で3位以内に入ることは容易なことではなく，日本市場進出の要因としては別の見方をしなければならない。つまり，日本は世界第3位の経済大国であり，日本進出なくして巨大流通外資としての評価は得られない，というのが進出の要因であろう。以上は，二神康郎，前掲論文，37頁を参照している。
11) 二神康郎，前掲論文，37頁。

第2項　日本市場攻略戦略

　流通外資とりわけ巨大流通外資が日本市場進出をうかがっているのは，日本を流通後進国のジパング（黄金の国）とみているからにほかならない。つまり，日本の流通機構は前近代的であり，日本に進出すれば一挙に売上げを伸ばせるとみているからである。
　図表13―3は世界の主要小売業の売上高順位を示したものであるが，彼らは，日本の売上高数千，数百億円程度の小売業など物の数と考えていない。
　巨大流通外資は，日本は流通後進国で組みしやすいし，「黄金の国」（ジパング）ということで進出してくるのである。前述したトイザらスがわずか5年で1,000億円企業になったことはそれを実証するものだとして，巨大流通外資は日本市場進出に続々と名乗りをあげている。
　さて，前述したように，M&Aは株価高揚の最も有力な手段であるが，同時にそれは巨大流通外資の究極的な目的である「世界制覇」とも連動する。すなわち，規模の拡大である。そもそも，企業は一定の規模がなければ競争優位に立つことは難しい。小売業が規模の拡大を行うには商圏，店舗，および人材の確保が鍵となるが，これらを効率よく入手しようとすればM&Aや提携しかない。ただし，今日の不況下では，「M&Aは90年代後半のようには進展しない」[1]であろう。
　しかし，「いまM&A環境は激変している。なによりもIT（情報技術）のお

図表13—3　世界の小売業売上高ランキング（2012年）

順位 Rank	企業 Company	本拠地 Country of Origin	売上高（単位：100万ドル）		主力業態 Dominant Format
			小売売上高 Retail Revenue	グループ売上高 Group Revenue	
1	ウォルマート Walmart Stores, Inc.	アメリカ	446,950 (41兆8077億円)	446,950 (41兆8077億円)	ハイパーマーケット スーパーセンター スーパーストア
2	カルフール Carrefour S.A.	フランス	113,198 (10兆5885億円)	115,277 (10兆7830億円)	ハイパーマーケット スーパーセンター スーパーストア
3	テスコ Tesco PLC	イギリス	101,574 (9兆5012億円)	103,244 (9兆6574億円)	ハイパーマーケット スーパーセンター スーパーストア
4	メトロ Metro AG	ドイツ	92,905 (8兆6903億円)	92,905 (8兆6903億円)	キャッシュ＆キャリー ウェアハウス・クラブ
5	クローガー The Kroger Co.	アメリカ	90,374 (8兆4536億円)	90,374 (8兆4536億円)	スーパーマーケット
6	コストコ Costco Wholesale Corporation	アメリカ	88,915 (8兆3171億円)	88,915 (8兆3171億円)	キャッシュ＆キャリー ウェアハウス・クラブ
7	シュワルツ Schwarz Unternehmens Treuhand KG	ドイツ	87,841 (8兆2166億円)	87,841 (8兆2166億円)	ディスカウントストア
8	アルディ Aldi Einkauf GmbH & Co. oHG	ドイツ	73,375 (6兆8635億円)	73,375 (6兆8635億円)	ディスカウントストア
9	ウォルグリーン Walgreen Co.	アメリカ	72,184 (6兆7521億円)	72,184 (6兆7521億円)	ドラッグストア・薬局
10	ザ・ホーム・デポ The Home Depot, Inc.	アメリカ	70,395 (6兆5847億円)	70,395 (6兆5847億円)	ホームセンター
11	ターゲット・コーポレーション Target Corporation	アメリカ	68,466 (6兆4043億円)	69,865 (6兆5352億円)	ディスカウント百貨店
12	オーシャン Groupe Auchan SA	フランス	60,515 (5兆6606億円)	61,804 (5兆7811億円)	ハイパーマーケット スーパーセンター スーパーストア
13	イオン Aeon Co., Ltd.	日本	60,158 (5兆6272億円)	66,014 (6兆1749億円)	ハイパーマーケット スーパーセンター スーパーストア
14	CVS ケアマーク CVS Caremark Corp.	アメリカ	59,599 (5兆5750億円)	107,100 (10兆181億円)	ドラッグストア・薬局
15	エデカ Edeka Zentrale AG & Co. KG	ドイツ	59,460 (5兆5619億円)	63,458 (5兆9359億円)	スーパーマーケット
16	セブン＆アイ・ホールディングス Seven & i Holdings Co., Ltd.	日本	57,966 (5兆4221億円)	60,691 (5兆6770億円)	コンビニエンスストア スーパーセンター スーパーストア
17	ウールワース Woolworths Limited	オーストラリア	54,614 (5兆1086億円)	57,077 (5兆3390億円)	スーパーマーケット
18	ウェスファーマーズ Wesfarmers Limited	オーストラリア	52,208 (4兆8835億円)	59,980 (5兆6105億円)	スーパーマーケット
19	レーヴェ Rewe Combine	ドイツ	51,331 (4兆8015億円)	56,123 (5兆2497億円)	スーパーマーケット
20	ベスト・バイ Best Buy Co., Inc.	アメリカ	50,705 (4兆7429億円)	50,705 (4兆7429億円)	家電量販店

（資料）　世界の小売業売上高ランキング TOP100（2012年）　世界ランキング統計局，http://10rank.blog.fc2.com/blog-entry-224.html（平成26年12月7日アクセス）。

図表13—4　eマーケットプレイス

社　名	業　態	1999年度売上高 （百万ドル）	国
GNX（グローバル・ネット・エクスチェンジ）加盟企業			
カルフール	HM	52,196	フランス
クローガー	SM	45,352	アメリカ
メトロ	CC, HM	44,163	ドイツ
シアーズ	GMS	36,728	アメリカ
セインズベリー	SM	25,833	イギリス
コールズマイヤー	SM	14,612	オーストラリア
ピノ・プランタン	多業態	9,948	フランス
合計		228,832	
WWRE（ワールド・ワイド・リテイル・エクスチェンジ）加盟企業（主要30社）			
アルバートソンズ	SM	37,478	アメリカ
Kマート	DS	35,925	アメリカ
ターゲット	DS	33,702	アメリカ
JCペニー	Dpt	31,504	アメリカ
ロイヤル・アホールド	SM	31,222	オランダ
セーフウェイ	SM	30,802	アメリカ
テスコ	SM	30,404	イギリス
エデカ	多業態	30,003	ドイツ
オーシャン	HM	23,742	フランス
ジャスコ	GMS	20,885	日本
CVS	Dgs	18,098	アメリカ
デルヘイズ・ル・リオン	SM	17,840	ベルギー
ウォルグリーン	Dgs	17,839	アメリカ
キング・フィッシャー	多業態	17,521	イギリス
カジノ	HM	15,516	フランス
ライト・エイド	Dgs	13,328	アメリカ
パブリックス	SM	13,068	アメリカ
マークス&スペンサー	GMS	12,667	イギリス
ベストバイ	SS	12,494	アメリカ
セーフウェイ	SM	12,389	イギリス
ウールワース	SM	12,252	オーストラリア
ザ・ギャップ	SS	11,635	アメリカ
スーパーバリュー	SM	8,070	アメリカ
エルコンテアングレス	Dpt	7,618	スペイン
ディクソンズ	SS	7,027	イギリス
ブーツ	Dgs	7,001	イギリス
ディリー・ファーム	SM	5,765	中国・香港
西武百貨店	Dpt	5,058	日本
ケスコ	SM	4,368	フィンランド
ロングス	Dgs	3,672	アメリカ
合計		528,893	

「チェーンストアエイジ」2000年12月1日号（ダイヤモンド・フリードマン社刊）より作成。
HM＝ハイパーマーケット，SM＝スーパーマーケット，GMS＝ゼネラルマーチャンダイジングストア，CC＝キャッシュ＆キャリー，Dpt＝百貨店，Dgs＝ドラッグストア，DS＝ディスカウントストア，SS＝スペシャリティストア（専門店）
（資料）　図表13—2の文献，71頁。

陰である。いままではM&A当事者両方の情報処理基盤が違うと実際問題として大変な苦労を強いられた。そのことが双方の融和を妨げたり，2つの文明が長く並存するようなことが多かった。いまはASPプロバイダーに委託すれば適当なミドルウェアを選んで情報処理基盤を統合してくれる」[2]。

付言すれば，IT革命は流通業にも大きな影響を与えている[3]。「eコマース」（電子商取引）がそれであるが，これは「eリテイル」〔＝B to C (Business to Consumer)〕と「B to B」(Business to Business) に大別できる。周知の如く，前者はインターネットを利用した消費者向けの新しいショッピングの場を指し，後者はインターネットによる企業間取引のことをいう。なお，「B to C」の変型として，消費者が企業にさまざまな条件や要望を出す「C to B」(Consumer to Business)，さらにその発展型としてオークションや消費者同士の直接取引を仲介する「C to C」(Consumer to Consumer) がある。

前述の『「B to B」市場における企業連合の取引所『eマーケットプレイス』（企業間電子商取引網）」は「今，世界の流通界で最も大きな注目を集めている」[4]。現在，GNX（グローバル・ネット・エクスチェンジ），WWRE（ワールド・ワイド・リテイル・エクスチェンジ），ウォルマートと，世界の大手小売業各社によって3つの巨大ネット連合（世界小売業購買連合）が誕生しているが[5]，その背景にはIT革命がある。IT革命がなければ，当然，大規模なデータ処理を要するこのような連合は形成されなかった。ちなみに図表13—4は，GNXおよびWWREに加盟している企業を図示したものであるが，この時点で3陣営に加盟していない世界の主な大手流通業はアメリカのホーム・デポ，コストコ，ドイツのレーベ，テンゲルマン，日本のダイエー，イトーヨーカ堂の6社となっている[6]。

「いずれにせよ，こうした巨大ネット連合の誕生による3極構造の中で，世界の流通業はまさに大再編されようとしている」[7]。世界流通ビッグバンといってもよいであろう。そして，世界のこの強者連合が最後の主戦場「日本市場」に攻め込んで来ようとしている。

このようにみてくると，M&Aが1990年代後半のようには進展しないとしても，日本市場に進出した巨大流通外資が「一気に勢力を拡大する方法は，どう

考えても M&A しかない」[8]。小島郁夫氏がいうように，巨大流通外資は，M&A を「日本市場攻略の重要なカードとして手に持っていることだけは確か」[9]であろう。日本は業態小売業の開発が遅れているということで，従来の流通外資は「業態の直接進出」という形で進出してきた。しかし，M&A 型進出にみられるのは，従来型の「業態の直接進出」ではなく，巨大流通外資の国外進出の究極的な目的である「世界制覇」と連動した「資本の論理の導入」という形での進出である。

1) 小島郁夫『日本の流通が壊滅する日』ぱる出版，平成13年，141頁。
2) 清尾豊治郎『小売業 B to B 巨大連合が世界市場を支配する』ダイヤモンド社，平成12年，200-201頁。
3) この点について詳しくは，坂本秀夫「IT 革命がもたらす小売流通システムの進化と変貌」明星大学経済学部編刊『グローバル化時代における経営の課題と展望（Ⅱ）（平成15年度共同研究）』平成15年，9-40頁を参照されたい。
4) 月泉博『流通激震！これからの「勝ち組」戦略』日本実業出版社，平成13年，69頁。
5) 詳しくは，同書，67-70頁を参照されたい。
6) 清尾豊治郎，前掲書，113頁。
7) 月泉博，前掲書，70頁。
8) 小島郁夫，前掲書，141頁。
9) 同書，同頁。

第3項　日本市場での成功の可能性

総合品揃え型の巨大流通外資が日本市場で成功するか否かであるが，過去の実績に照らすと，自国以外の商業先進国では成功した例がない。ここでいう「商業先進国」とは，国際流通研究所代表の二神康郎氏によれば，下記の諸特徴[1]をもつ国を指す。

① 世界で50位以内に入る大規模小売業が存在し，激烈な競争を行っていること。
② 大規模小売業各社の国内マーケット・シェアが上位5社で40％以上と寡占化していること。

③　流通機構がシンプルで，卸売業や中小小売店の数がきわめて少なくなっていること。

　上記①〜③の条件をすべて満たす国は，ドイツ，フランス，スイス，オランダ，ベルギー，スウェーデン，ノルウェー，フィンランド，デンマーク（以上ヨーロッパ），アメリカ，カナダ（以上北米），オーストラリアである。

　事実をみると[2]，巨大流通外資が国外に進出して成功しているのは，イタリア，スペイン，ポルトガル，ギリシャなどの南欧諸国，タイ，中国，台湾などのアジア諸国，ブラジル，アルゼンチンなどの南米諸国に限られている。これらの国は上記①〜③の条件にすべて該当しておらず，巨大流通外資進出の草刈り場となっている。

　これに対して，上記①〜③の条件をすべて満たす国に進出した場合は失敗している。たとえば，カルフールはイギリス，ベルギー，スイス，アメリカに進出したが，すべて撤退した。アメリカにはカルフールのほか，フランスから4社以上のハイパーマーケット・チェーンが進出したが，すべて失敗した。カルフールと合併したプロモデスはドイツに進出したが，撤退した。ウォルマートもドイツで買収した大型店をスーパーセンターに改装したが，莫大な損失を計上している。

　では，日本はどうであろうか。上記①〜③の条件のうち①には該当するが，②，③には該当しない。したがって，巨大流通外資が日本市場に進出した場合，上記の実績に照らすと，成功する可能性はかなり高いものと思われる。ただし，巨大流通外資が日本市場に進出してから10数年が経過したが，外資によってはその苦戦ぶりも伝えられている。

　とりわけカルフールの場合，当初〔平成12年（2000年）10月〕計画では平成15年（20003年）末までに13店舗を展開する計画であったが，翌年（2001年）12月には早くも7店舗に縮小修正のプレス発表を行っている。出店が予定通りに進まなかった理由について，カルフール側は日本の景気低迷や出店交渉・認可等の長期化を挙げているが，それ以上に大きな問題は，第1号店オープン以来オペレーション面を始め細かな軌道修正をしたものの，日本市場適応への明確な方向性が見出せなかったことである[3]。結局，カルフールは，前述したよ

うに，平成16年（2004年）1月までに計8店舗出店したが，同17年（2005年）3月に日本市場から撤退してしまった。また，前述したように，テスコも日本市場からすでに撤退している。

1) 二神康郎「グローバルチェーンの動向とわが国小売市場」『TRI-VIEW（東急総合研究所）』第15巻第6号，平成13年，38頁。
2) 以下の事実については，同論文，同頁を参照している。
3) 日本市場におけるカルフールの動向について詳しくは，丸山秀樹「カルフールの混迷と課題」同誌，第17巻第1号，平成14年，47-51頁を参照されたい。

第5節　流通外資進出の影響予測

すでに触れたように，流通外資も専門店のみの進出段階では日本の流通業界に与える影響はまだ部分的なものであった。しかし，圧倒的な組織力とセリングパワー（バイイングパワー）を誇る総合品揃え型の巨大流通外資の進出がより本格化していけば，そのインパクトはきわめて大である。

これまでに日本市場進出を果たした巨大流通外資はコストコ，カルフール，ウォルマート，メトロ，およびテスコの5社のみであり，撤退したカルフールおよびテスコを除く3社の現時点における店舗展開をみる限りにおいては，これらが直ちに既存国内勢力を脅かす存在になるとは思えない。

しかし，世界の小売業50社ランキングに入る国内企業はほんの数社に過ぎないし，「しかも日本の流通界は，本格的な世界資金の洗礼をまだ受けていない」[1]。「未だ日本の流通業は金融業などと同様，世界標準レベルから最も遠い未成熟な産業部門なので」[2]ある。こうした点からいうと，「今後，日本の金融界を襲った世界の大波が流通界にも間違いなく押し寄せる」[3]であろう。

では，流通外資とりわけ総合品揃え型の巨大流通外資の本格的な日本市場進出によって，流通業界全体に対しては具体的にいかなる影響がもたらされるであろうか。以下，中・長期的視点から若干の影響予測を試みておこう。

第1は，M&Aによる業界再編の進行である。今後の外資参入で真に脅威となってくるものは，巨大流通外資による国内企業再編やM&Aの可能性である。日本の金融界がその先行事例である。なかでも第4節第2項で触れた「B

to B」システムを共有するワールドワイドな強者連合は，今後の世界的流通再編における台風の目になるものと思われるが，日本の流通界も当然，再編成の渦に巻き込まれることになるであろう。

　第2は，大型店間競争のいっそうの激化である。流通規制緩和の流れのなかで一面では日本の大型店に地域独占を保証してきた大店法が撤廃されたことで，日本の大規模小売業同士のより激烈な競争が発生した。そこにさらに流通外資が加わることになるのであるから，競争はより熾烈なものになるであろう。

　第3は，流通構造の簡略化である。「欧米の大手小売業は卸を通さず，メーカー・産地直結が常識である。これまであまりにも多過ぎた日本の卸売業は，川下から次第に整理・淘汰され」[4]ていくであろう。この点については，第3節第1項で触れたトイザラスの日本市場進出によってすでに実証されている。トイザラスによる卸を経由しないメーカーとの直取引は，すでに80％強に達していた。加えて，大手玩具メーカーもまた，ガリバー化したトイザラスを無視しては生産にかかれない状況にあった。

　第4は，第3の影響とも関連するが，商取引慣行の破壊による影響である。メーカー・産地との直取引による「卸中抜き現象」の広範な実現は，日本の従来の商取引慣行の破壊をも意味するものである。日本独自の商取引慣行としては，下記の諸制度を挙げることができる。卸売業や小売業を統制する手段としてメーカーが卸・小売価格を決定する「建値制」，メーカーが特定の商圏ごとに特定の有力卸売業者のみを特約店として指定し，これに自社商品の専売権を与えて自社の傘下におく「特約店制」，特定のメーカーの商品を売れば売るほど見返りがある「リベート制度」，メーカーや問屋に売れた商品の分だけしか代金を払わない「委託販売制度」，メーカーや問屋が自らの費用で小売店に店員を派遣し，自社商品の拡販にあたらせる「派遣店員制度」，売れ残った商品をメーカーや問屋に無条件で返す「返品制度」，同一メーカーの商品はひとつの卸からしか仕入れることができない「一店一帳合制」などがそれである。これらの商取引慣行については，非合理的，不透明な慣行であるとして，平成元年（1989年）9月から翌年（1990年）6月にかけて開催された日米構造問題協議の席上でアメリカから強い批判を浴びたこともあって，公正取引委員会は平

成3年(1991年)に公表した「流通・取引慣行に関する独占禁止法上の指針」(独占禁止法ガイドライン)において,商取引慣行改善方向のガイドラインを示した。しかし,上記の商取引慣行は「バブル経済崩壊後に徐々に変化してきてはいたが,実際には未だ広範に根強く存続している」[5]。バブル経済崩壊後の価格競争の激化,そして巨大流通外資の進出に伴うそのいっそうの激化は,これら日本の商取引慣行を破壊する可能性すら秘めている。

第5章第2節で詳述したように,1990年代に入り,「建値制」と「特約店制」に代表されるメーカー主導の系列的な商取引慣行はすでに崩壊しようとしている。価格競争のいっそうの激化は,「建値制」,「特約店制」の崩壊現象にさらなる拍車をかけるであろう。「建値制」,「特約店制」の崩壊はメーカー主導型流通の崩壊を意味するが,と同時に,そうした制度のもとで一定の立場を確保してきた卸売業の立場を弱体化せしめ,卸売業の淘汰・再編を促進するものでもある。そして中小小売業にとっては,仕入先である卸売業の淘汰・再編は自らの存立が脅かされることを意味する。

また,「リベート制度」のもとで,メーカーの系列網に組み込まれた中小小売業にとっては異常な努力とその商業としての自立と引き換えに,リベート支給によって自らの存立がある程度保障されてきた側面もあるが[6],価格競争のいっそうの激化は,メーカーに対して「リベート支給」というような余裕をもはや与えない。かくして,「系列化が実質的に意味をなさなくなれば,その是非とは別に」[7],中小小売業とりわけメーカー系列販売店にとっては大きな影響がもたらされることになるであろう。

第5は,小売価格の下落である[8]。カルフールが得意とする特売セール方式やウォルマートが常套手段とするエブリデイロープライス方式などは,日本の小売業を巻き込んだ値下げ合戦を誘発する可能性がある。消費者には福音であるが,採算がとれず廃業に追い込まれる中小小売業も出現するであろう。

第6は,新しいマネジメントの導入である。たとえば,仕入の際「コスト・オン」方式と呼ばれる価格設定方式を採用するなど,カルフールが持ち込んだコスト管理のマネジメントは日本企業にも大きな影響を与えるであろう。ちなみに日本の大規模小売資本は25%を超える粗利率で販売しながら1%の純利益

も出せていないが,巨大流通外資は20%を切る粗利率で1％以上の純利益をあげている。これなどはコスト管理の優劣によるところが大きい。

　第7は,新しい販売システムの導入である。たとえば,テスコ（英）のショッピングカード・オペレーション,小売業バンキング,インターネットショッピング,アホールド（蘭）が開発したハンディタイプのセルフスキャニング,メトロ（独）が採用しているエレクトロニック・シェルフラベルなどがそれであるが,これらの新しい販売システムが日本に導入されることになるであろう。

1) 月泉博『流通激震！これからの「勝ち組」戦略』日本実業出版社,平成13年,74頁。
2) 同書,同頁。
3) 同書,同頁。
4) 二神康郎「グローバルチェーンの動向とわが国小売市場」『TRI-VIEW（東急総合研究所）』第15巻第6号,平成13年,39頁。
5) 番場博之「グローバル化に伴う流通構造の変化と中小零細小売業」『商工金融』第51巻第11号,平成13年,36頁。
6) 詳しくは,糸園辰雄『日本中小商業の構造』ミネルヴァ書房,昭和50年,193-194頁を参照されたい。
7) 番場博之,前掲論文,36頁。
8) 以下3つの影響予測については,二神康郎,前掲論文,39頁を参照している。

（付記）

　本章は,拙著『日本中小商業問題の解析』（同友館,平成16年）の第13章「流通外資の日本進出と迎え撃つ日本小売業」に加筆修正または削除を施し,再編成したものである。

第14章　流通政策の体系と小売流通政策

第1節　流通政策の体系[1]

第1項　市場原理重視型流通政策

「政策」とは何か。一般的には，それは特定の目的を遂行するための手段を決定する指針，方策ないし原理を指すものと解されている。このような政策はその実施主体により，①公共政策（国，地方自治体などの行政機関によるもの），②企業政策（個人組織，会社，協同組合，公企業などを含めた広義の企業によるもの），に大別できる。

公共政策はその対象と目的によって，経済政策，社会政策，文教政策，防衛政策，外交政策などに分けられる。これらのうち経済政策を取り上げれば，また種々の政策を含んでいるが，生産，流通，消費という経済の機能別にみると，①生産を対象とするもの，②流通を対象とするもの，③消費を対象とするもの，を挙げることができる。

このようにみてくるのであれば，流通政策は経済政策の一部門であるということになる。そして，日本の流通政策研究者の多くは，流通政策を経済政策の一領域としてのみしか捉えていない。

流通政策の研究はまだ日が浅く，流通政策の体系に関する定説もないが，上記のような立場に依拠した流通政策は政策対象，政策主体，および政策目的によって分類され，一応の体系化がなされている。なかでも比較的多く試みられているのは，政策目的による体系化である。この立場に依拠する代表的な研究者は久保村隆祐氏，田島義博氏，森宏氏，鈴木武氏らである。

久保村氏は，「流通政策の目的は，生産と消費の間の懸隔を架橋するという流通システムの経済的機能をより十分に発揮すること，すなわち流通システム

が近代化されて,流通有効性(distribution effectiveness)が向上するところにおかれる」[2]とし,「流通有効性」の評価基準として「取引便宜性」,「流通生産性」,「配分平等性」,「競争公正性」を挙げている[3]。そして,「流通有効性」を向上させるために,①取引秩序の維持(a. 不正競争の防止,b. 特殊の販売方法に関する規制),②流通機能の効率化,③流通機構の整備,④流通機構の調整,⑤需給の適正化,⑥有効競争の維持・促進,という6つの目的を具体的に設定している[4]。

久保村氏によれば,流通政策の目的は,要は「流通の望ましい状態ないし目的を達成すること」,すなわち「流通有効性の向上」にあるということである。しかし,「流通有効性」は概念として成立するとしても,生産性・効率性の測定,比較における問題など,実際の測定には問題点が少なくない[5]。

そして,流通政策に関する以上のような目的は,流通政策の体系において下記の4つの政策にまとめられている。

第1は,「流通機能の効率化政策」である[6]。これには「中小小売業の近代化に関する政策」(流通近代化政策,中小小売商業振興法),「商業立地の適正化に関する政策」(店舗等集団化事業等),「物流近代化と流通システム化に関する政策」が含まれる。

第2は,「小売商業調整政策」である[7]。大店法(大規模小売店舗における小売業の事業活動の調整に関する法律)に代表されるこの政策は,中小小売業の保護政策とは一線を画しているという。すなわち,調整政策が競争原理を前提とし,大と小との競争を可能にするために競争条件の補正を行うものであるのに対して,保護政策はできるだけ競争を排除することによって,中小小売業を温存しようとするものである,と考えられている。そして,調整政策を保護政策に転化させてはならないことが強く主張され,中小小売商業振興政策との連携が重視されている。

第3は,「競争維持政策」である[8]。この政策を代表する法制度は独禁法(私的独占の禁止及び公正取引の確保に関する法律)である。

第4は,「農産物流通政策」である[9]。

なお,上記と同様の体系化は,鈴木武氏によっても行われている。鈴木氏に

よれば，「流通機能の効率化政策」は「流通振興政策」に，「小売商業調整政策」は「流通調整政策」に，「競争維持政策」は「流通競争政策」にそれぞれ置き換えられ，その論理が展開されているが[10]，流通政策に対する基本的視点は久保村氏らとほぼ同様である。

　以上のような，流通政策を経済政策の一領域としてのみ捉える見解は，基本的には「市場原理重視型流通政策」であるといえる。しかし，新古典派的に市場原理を重視する政策によってもたらされる弊害を，我々は見過ごしてはならない。市場競争に委ねられることによって，さまざまな経済的・社会的格差が拡大している。たとえば，資産格差，所得格差，地域格差，さらには男女格差などがそれであるが，こうした格差が拡大した結果，きわめて不均等な時代になっている。また，市場原理は，低所得者・弱者に対して厳しい経済秩序をもたらし，その結果，経済的・社会的弱者が増加している。効率重視の社会は人間に対して，物質的にも精神的にも「豊かさ」をもたらすであろうか。

　市場原理重視型流通政策の本質は，結局のところ，「直接的に資本の利益のために道を清める側面」と資本主義「体制維持のための側面」にある[11]といわざるを得ない。

1) 本節は，拙稿「流通の国際化と流通政策」（岩下弘編著『流通国際化と海外の小売業』白桃書房，平成9年所収）の37-44頁に加筆修正または削除を施し，再編成したものである。
2) 久保村隆祐「流通政策の目的・体系・研究」久保村・田島・森著『流通政策』中央経済社，昭和57年，36頁。
3) 同論文，同頁。
4) 詳しくは，同論文，49-53頁を参照されたい。
5) たとえば，原田英生「日米流通業の効率性比較に関する批判的検討（その1・2）」（『流通経済大学論集』通巻77・78号，昭和62年）においては，この点についての深い究明が展開されている。
6) 詳しくは，田島義博「流通機能の効率化政策」久保村・田島・森著，前掲書，61-82頁を参照されたい。
7) 詳しくは，田島義博「小売商業調整政策」同書，83-105頁を参照されたい。
8) 詳しくは，田島義博「競争維持政策」同書，159-192頁を参照されたい。
9) 詳しくは，森宏「農産物流通政策」同書，107-157頁を参照されたい。

10) 詳しくは，鈴木武「流通政策の基盤と目標」鈴木武編『現代の流通問題』東洋経済新報社，平成3年，9-10頁を参照されたい。
11) 糸園辰雄「商業政策の本質」糸園・加藤・小谷・鈴木著『現代商業の理論と政策』同文舘，昭和54年，153頁。

第2項　社会政策組込型流通政策

保田芳昭氏と糸園辰雄氏は，流通政策を単に経済政策の一領域としてのみ捉えるのではなく，そこに社会政策を組み込んだ政策論を展開している。狭義の中小商業問題としての大型店問題が単なる流通問題の範囲を超え，「少なくとも競争問題であり，消費者問題であり，地域問題であり，社会保障問題である」[1]ことに鑑みたとき，流通政策に社会政策を組み込んでいく視点はきわめて妥当かつ重要なものであろう。

まず，保田氏の所説であるが，流通政策の体系を図表14―1のように描いている。以下，保田氏の所説を簡潔に紹介しよう[2]。

現代資本主義の流通政策は，流通問題の発生領域・発生の関係から，国内流通政策と国際流通政策に分かれる。国際流通政策は従来からの貿易政策を主軸とするが，国際的商品流通に関する広い内容をもつに至っている。そして，国内流通政策は狭義の流通政策である。これは国内商業政策を基軸とするが，国内商品流通に関する広い内容をもつに至っている。

ところで，国内流通政策は，流通経済政策と流通社会政策の統一である。現

図表14―1　現代資本主義の流通政策

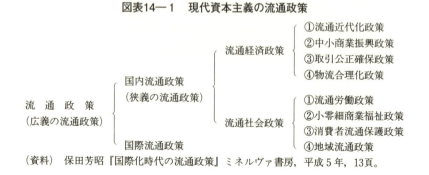

（資料）　保田芳昭『国際化時代の流通政策』ミネルヴァ書房，平成5年，13頁。

実の流通政策は前者に力をおき，後者はほとんど無視している。すなわち，現実の流通政策は，流通の合理化（近代化・システム化）を大資本に有利に推進する独占的流通経済政策に偏向し，流通過程で経済的弱者を犠牲にしている。だからこそ，ここに流通社会政策の形成が重要な意義をもってくる。そして，流通社会政策を実施するための民主的な流通政策実現への方途を考えることが重要な現代的課題となる。

以上，保田氏の所説を紹介したが，国内市場と世界市場の垣根がなくなり，したがって政策的にも，国内の流通問題にのみ視点を向けた従来型の流通政策からの脱却が強く求められている今日，「国際流通政策」をも視点に入れた政策体系は，きわめて妥当なものである。

また，流通政策を単に経済政策の一領域としてのみ捉える立場では，「流通社会政策」は当然，無視されている。流通上の経済的弱者に対する政策的配慮がなければ，流通の民主的発展にとっても大きな阻害要因となる。その意味で，流通社会政策をも組み込んだ政策体系は，これまたきわめて妥当なものである。

ただ，保田氏の所説においては，流通経済政策と流通社会政策をどう調整し，どう接合するのか，という点に関する説明が見受けられない。両者は相反し合うものだけに，この点にまで踏み込んだ説明が欲しい。

次は，糸園氏の所説である[3]。

糸園氏は，論理を中小商業政策に限定したうえで，①中小零細商業保護のための大型店規制，②流通効率化にかかわる中小商業の「近代化政策」，という矛盾し合う２つの基軸についてまず整理する。そして，①の基軸を代表するものは「大店法」であり，大型店規制による中小零細商業保護政策は一種の社会政策的色彩を帯びているとし，②の基軸に基づくものは「中小小売商業振興法」であるとする。そのうえで，「大店法」と「中小小売商業振興法」を一体化して実施するためには，中小商業政策の２つの基軸を結びつける制度の確立が必要である，と主張する。糸園氏によれば，その制度とは「社会保障制度」である。

以上が糸園氏の所説であるが，中小商業政策に限定されているとはいえ，保

田氏の所説では明らかにされていないところの「流通経済政策と流通社会政策との乖離」を埋め合わせるものを考究する際に，ひとつの有力な手掛かりを与えてくれる。すなわち，乖離を埋め合わせるものは，糸園氏によれば「社会保障制度」であり，これを流通政策に組み込んでいかなければならない，ということである。

1) 清成忠男『地域小売商業の新展開』日本経済新聞社，昭和58年，59頁。
2) 詳しくは，保田芳昭『国際化時代の流通政策』ミネルヴァ書房，平成5年，11-15頁を参照されたい。
3) 詳しくは，糸園辰雄『現代の中小商業問題』ミネルヴァ書房，昭和58年，165-183頁を参照されたい。

第3項 「まちづくり」視点重視型流通政策

近年，「中小小売業者の同業種・異業種の共同活動や，地域社会の住民と結びついた街づくりなど，中小業者の積極的で主体的な行動が，中小小売業者のあらたな存在根拠を示すものとして，注目されてきている」[1]。

国〔通産省（現・経済産業省）〕の流通政策においても，『80年代の流通ビジョン』において，「街づくり活動の支援——コミュニティー・マート構想の推進」として中小小売業者による自主的なまちづくり活動を積極的に支援する「まちづくり」視点の導入が，初めてなされた。この方向は『90年代の流通ビジョン』にも受け継がれ，意欲ある中小小売業を結集して商店街を「暮らしの広場」へとその機能を高めるため，コミュニティー・マート構想は「街づくり会社構想」へ昇華した。また，平成3年（1991年）には「商業集積法」（特定商業集積の整備の促進に関する特別措置法）が制定され，商業施設と公共施設（都市施設）を一体的に整備することによって，まちづくりを積極的に支援することが企図された。さらには，平成10年（1998年）には，地域の創意工夫を活かしつつ，中心市街地の整備改善，商業などの活性化を総合的・一体的に推進するための政策支援として，「中心市街地活性化法」〔中心市街地における市街地の整備改善及び商業等の活性化の一体的推進に関する法律。平成18年（2006年），「中心市街地の活性化に関する法律」に名称変更〕が制定された。

しかし，問題なのは，第8章第2節でも触れたように，従来から主流をなしている「まちづくり」は，行政主導型，資本依存型であり，実効性に欠けるということである。まちづくりを行う場合，誰が主導権を握るのかが重要なポイントとなろうが，政策的にも地域住民・地域商業者主導型へ転換していかなければならない。ディベロッパーや大手小売業中心の従来型のまちづくりは，消費者や地域商業者に対して，はたして真の意味での貢献をもたらすであろうか。はなはだ疑問である。

 さて，阿部真也氏は，国〔通産省（現・経済産業省）〕の流通政策に組み込まれた「まちづくり政策」の内容に対しては批判的検討を行いつつも，「まちづくり」視点の導入それ自体については，積極的な賛意を示している。そのうえで，「まちづくり」視点を重視した独自の流通政策体系を構築している。以下，阿部氏の所説を簡潔に紹介しよう[2]。

 阿部氏は，流通政策について，とくに大店法によって代表される「調整政策」に焦点を当てたうえで，これを競争政策（経済政策）として捉えるのか，それとも保護政策（社会政策）として捉えるのかといった二元的認識を，まず止揚しようとしている。そして，こうした二元的捉え方の背景には，「現代の中小小売業を経済システム，具体的には市場システムを構築する経済効率追求の主体とみるのか，それとも社会システムの構成要素として『社会的有効性』の視点からそれをみるのか」[3]という相違が存在するとし，前者の視点からは競争政策としての「調整政策」が重視され，後者の視点からは経済的弱者を守る「保護政策」が必要とされることになる，とする。後者の視点について，阿部氏もその重要性は認めるものの，「だが，流通の近代化・合理化志向と切断されたかたちでのこのような主張は，中小小売業者をはじめ国民の多数の支持を得ることができるだろうか」[4]とし，疑念を呈する。

 そして，阿部氏によれば，「社会的有効性」概念は，「経済システムを構成する中小小売業者の流通の近代化・合理化への主体的努力と経済的効率性の改善を前提としてのみ成り立ち受容されうる」[5]，とする。そのうえで，「経済的効率性」と「社会的有効性」の両者を包含したより拡大したフレームとして，「まちづくり」視点に立った中小小売業の振興の視点を積極的に評価している。

以上のような阿部氏の所説は，結局のところ，流通政策体系において「まちづくり」視点を導入することによって，「流通経済政策」と「流通社会政策」が調和的に融合されることになる，ということである。なお，付言すれば，阿部氏がいう「まちづくり」とは，「地方自治体の長を中心点として民主的に作成された都市計画の枠組みのなかで，大規模小売業と中小小売業の市場的競争関係をみなおすことであり，また中小小売業者相互の，あるいは中小小売業者と消費者市民との互酬的な関係をつうじて，競争的効率性のみを考えた街づくりとは異なった街づくり（傍点坂本）を実現することである」[6]。

ともあれ，まちづくりに中小小売業の存続を組み込んでいく視点は，今後ますます重要性を増すのではないか。

1) 阿部真也「中小小売業と街づくりの課題」阿部真也編『現代流通論4・中小小売業と街づくり』大月書店，平成7年，2頁。
2) 詳しくは，同論文，3-23頁を参照されたい。
3) 同論文，11頁。
4) 同論文，12頁。
5) 同論文，同頁。
6) 同論文，20頁。

第2節 小売流通政策の変遷[1]

現代の流通政策において重要な地位を占めている分野は小売流通政策である。小売流通政策は国が展開する流通政策として古い歴史をもち，小売機構の調整に関しては，昭和12年（1937年）の第1次百貨店法制定以降，現在まで流通政策の重要課題のひとつになっている。本節では，戦後日本において国が展開してきた小売流通政策に焦点を絞り，それがいかなる変遷過程をたどってきたのか概観していくこととする。

さて，戦後の小売流通政策の主なものを挙げれば，昭和31年（1956年）の第2次百貨店法，同33年（1958年）の小売商業調整特別措置法，同48年（1973年）の中小小売商業振興法および大店法，平成3年（1991年）の商業集積法，

同10年（1998年）の大店立地法（大規模小売店舗立地法）および中心市街地活性化法などがある。前四者は，日本経済の戦後の発展と構造の高度化に伴う流通機構の変化に対応して採られてきた政策であるが，いずれも大規模小売商と中小小売商との間の利害関係を調整し，中小小売商の振興を図ることを目的としてつくられてきたものである，という点で一致する。なお，商業集積法は，「商業の振興」と「良好な都市環境の形成」を柱とした「商業集積を核としたまちづくり」という新しい政策理念のもとに，商業振興とまちづくりを一体化して連動させ，消費者，住民の視点から見直すことにより，小売流通政策の積極的な展開を図ることを企図したものである。また，大店立地法，中心市街地活性化法の性格については，次章第3節および第4節を参照されたい。

　しかし，前四者のような考え方に立つ小売流通政策が戦後一貫して採られてきたのかというと，けっしてそうではない。これまでの小売流通政策を振り返ってみると，とりわけ昭和30年代前半以降にみられるのは，流通近代化への努力（流通効率化にかかわる中小商業の「近代化」政策）と，中小小売商の保護・育成への努力（中小商業保護のための大型店規制）との間の振子状の動きである。流通近代化と中小小売商の保護・育成は，概念的には必ずしも極端に矛盾し合うものではないであろう。しかし，現実には，通産省（現・経済産業省）の流通近代化政策のひとつの重点はスーパーの育成にあったし，それは，中小小売商の保護・育成とは，中小小売商の側からみる限り対立するものであった。

　以下，戦後日本の小売流通政策の変遷過程を簡潔に振り返っていこう。

　経済民主化政策が推進された戦後初期の段階では，営業の自由と公正な自由競争を保障することが商業政策の基本として再確認された。すなわち，独禁法の制定に基づいて戦前の商業統制は否定されたのである。当初においては，大規模小売商と中小小売商との関係を調整し，小売商業全般の円滑化を図るという小売流通政策の目的は，独禁法の適切な運用によって実現可能とみなされていた，ということである。

　それが，大規模小売商の営業に一定程度の制約を加えることによって中小小売商との間の調整を図る政策へ転換したのは，昭和30年代前半のことである。

その最初の立法化が第2次百貨店法であった。この政策転換は，第2次大戦による壊滅状態から回復する過程において力を蓄え始めた百貨店と，中小小売商との間に，深刻な摩擦が生ずるようになったためである。

しかし，昭和30年代後半に入ると，日本経済の高度成長，一般化した大量生産方式によって生み出された商品の価値実現のために，ネックとなっていた流通の効率化・近代化政策が採られた。中小商業に対しては，ボランタリー・チェーンの育成などの政策を採り[2]，一方では，スーパーの無政府的出店を野放しの状態においた。

そして，いわゆる疑似百貨店問題を契機として，再び中小小売商の保護・育成へと政策が転換したのは，昭和40年代後半のことである。その立法化が大店法であった。

その後，昭和50年代半ばにして，流通近代化は一定の成果を得たが，石油ショック以降の資本主義経済停滞のもとで，中小小売商の大型店出店反対運動はますます激化していった。問題は著しく社会問題化，政治問題化し，通産省（現・経済産業省）としても，大型店規制に政策の重点をおかざるをえない状態になっていったのである。その間の詳しい経過については，第9章第2節で分析した通りである。

しかし，昭和50年代末頃を境として，大店法は非関税障壁のひとつであるとするアメリカ・EC（現・EU）諸国，とりわけアメリカによる大店法批判もあって，政府の流通政策は規制強化から規制緩和へと流れを一転させた。いうまでもなく，大店法の規制緩和実施がそれである。その間の詳しい経過については，第9章第2節で分析した通りである。なお，規制緩和の見返りとしての小売商業振興政策も提示されたが，見返りとしてのアメにはなっていなかった。そして，次章で詳述するように，規制緩和の最強硬策としてついに大店法は廃止され，大店立地法が成立することとなった。途中10年の空白はあるものの，実質50年に及ぶ長い歴史が埋め込まれた大店法が，いよいよ流通政策の舞台から姿を消すこととなったわけであるが，まさに流通政策上の大転換である。

  1) 本節は，拙著『現代日本の中小商業問題』信山社，平成11年，300-302頁に加筆修正または削除を施し，再編成したものである。

2) 第7章第5節で触れたように，日本におけるボランタリー・チェーンは，百貨店が飛躍的に発展し始めた大正期にすでにいくつか存在していた。しかし，政策的には，昭和41年（1966年）からようやく中小企業庁によって小売業の連鎖化政策としてボランタリー・チェーンの育成が始められるまで，ボランタリー・チェーンの運動に対してはまったく無援助・未解決のまま放置されてきた。

第3節　規制緩和と国際流通政策[1]

第1項　進みゆく規制緩和の本質

　前章で把握してきたように，今日，グローバリゼーションの進展を反映して，さまざまな局面で流通の国際化が進みつつある。しかし，流通政策の面で国際的視点をも組み込んでいるのは，本章第1節で論及した保田芳昭氏の所説のみである。流通の国際化との関連からいえば，今後，保田氏が提唱する国際流通政策をさらに掘り下げ，これを発展的に継承していかなければならないことを痛感する。

　さて，国際流通政策と切り離せない関係にあるのは規制緩和である。なぜなら，後述するように，規制緩和の目的のひとつとして，市場開放につながる国際的調和があるからである。しかし，いま進行つつある規制緩和推進運動には，ある種の危うさがある。本項では，この点を明らかにしていきたい。

　周知の如く，政府は1980年代に入ってから，公社の民営化を含む規制緩和を数次にわたって進めてきた。臨時行政調査会，臨時行政改革推進審議会，そして行政改革委員会が舞台になってきた。

　政府規制の緩和による競争促進は，今後も場合によっては必要であろう。規制緩和が生活に対して目に見える効果をもたらした例も，確かに数多くある。しかし，いま進行しつつある規制緩和推進運動に対して，ある種の危うさに伴う懸念を感じているのは，著者のみであろうか。それは，緩和を唱えることが進歩的であり，反対すると反動のレッテルを貼られかねない風潮である。規制緩和推進運動それ自体がある種のファッションとさえ化してしまっている。

　規制には良い規制と悪い規制がある。そもそも規制緩和の目的は，①国民生

活の向上，②新しい産業を生み出すための産業構造の転換，③市場開放につながる国際的調和，にあったはずである。その目的からいっても，いかなる規制を緩和または撤廃するかについてはケース・バイ・ケースで議論すべきなのに，すべてを規制緩和の流れに取り込もうとするのは，明らかに誤りである。「規制緩和ブーム」といってもよい状況のなかでのそうした動きを懸念する。

規制緩和推進運動に伴う，現在のこうした危うい風潮の源は平成5年（1993年）の「経済改革研究会」（通称・平岩研究会）の結論から発している。

この平岩研究会は，当時，日米首脳会談が目前に迫っており，日本からの手土産が必要である，あるいは政治改革に続く目玉として経済改革というキャッチフレーズが必要であるという状況のなかで，泥縄式につくられたものである。そして，研究会のメンバーは，官僚OBとごく少数の経済学者であった。これは「軽井沢グループ」と呼ばれる細川・元首相の私的グループであるに過ぎなかった。

現在の「審議会」でさえ多くの問題を抱えているのに，それよりはるかに問題の多い「私的諮問機関」である平岩研究会で何が唱えられたかというと，「例外なき規制緩和」である。この例外なき規制緩和という平岩研究会における結論が，現在の論調における評価の基準になっている。

規制には良い規制と悪い規制があるにもかかわらず，規制緩和バンザイ論者や強硬な規制緩和推進論者は，規制緩和それ自体がもうすでに所与の条件であるという前提に立っている。

「規制緩和ブーム」の流れのなかで指摘しておきたいもうひとつの懸念は，アメリカニズム（アメリカ型の経済秩序）である。規制緩和はとりわけアメリカによる市場開放要求と連動し，アメリカ型ルールの採用を求められるため，日本型システムはアメリカ型のそれに接近している。しかも，規制緩和推進論の立場をとる学者，経営者には，アメリカ留学などを通じ，アメリカ社会を理想的なモデルと信じているアメリカ至上主義者が少なくない。

しかし，同じ資本主義であっても，アメリカの市場主導型，ヨーロッパ大陸の社会民主主義型，フランスの国・官僚主導型，日本の協力型など，さまざまなタイプがある。いずれのタイプにも長所，短所があり，改革の余地も残る

が，銘記しておかなければならないのは，いずれのタイプであれ，それぞれの国における永年の伝統，慣習，文化，価値観などに裏打ちされ，根づいてきたものである，という点である。日本型システムには日本型システムの良さがある。良さを無視して，アメリカ型システムに限りなく近づける必要はまったくない。アメリカ型システムが唯一最善のモデルであるわけではないし，ましてや日本はアメリカの一州などではない。

　以上，「規制緩和ブーム」に伴う２つの懸念を記してきたが，では，いま進みつつある規制緩和の狙いはどこにあるのであろうか。規制緩和の本来の目的が①国民生活の向上，②産業構造の転換，③国際的調和にあるという点は前述した通りであるが，この本来の目的から逸脱したところで規制緩和が進められようとしている。

　いま進みつつある規制緩和は，独禁法で禁じられてきた純粋持株会社の解禁や大店法の規制緩和（撤廃）などにみられるように，大手企業の企業行動を完全に自由化することを第１の狙いとしている。すなわち，規制緩和本来の目的とのすり替えが行われている。

　また，消費者の安全に絡むさまざまな規制の廃止も俎上に乗っている。さらには，強硬な規制緩和推進論者のなかには，PL法（製造物責任法）も望ましくないと主張する者さえいる。これは明らかに企業・資本，とりわけ大手企業の利益代弁である。

　さらに大きな問題は，政策決定の過程に当事者がまったく参加していない，という事実である。前述の平岩研究会のなかにも当事者はまったく不在である。規制緩和によってダメージを受ける当事者を加えない機関のもとに，今回の規制緩和というものが形づくられ，巨大な流れがすでに生まれてしまった，ということである。すなわち，本来の目的とのすり替えが行われた規制緩和が跋扈し，それが欺瞞的な巨大な流れと化してしまった，ということである。皮肉を込めていえば，その意味では，確かに「大きな時代の流れ」ではあろうが……。

　前述したように，市場開放要求と規制緩和とが連動するのは確かである。しかし，いま進められようとしている「欺瞞的な規制緩和」と連動させるわけに

はいかない。また，国内では，とりわけアメリカが要求しているので，国際協調のために規制緩和が必要だというような議論が，あたかも免罪符であるかのように跋扈している。確かに，国際協調のために規制緩和が求められる側面があることは事実であるとしても，だからといって免罪符になるわけではないことを銘記しておこう。

1) 本節は，拙稿「流通の国際化と流通政策」（岩下弘編著『流通国際化と海外の小売業』白桃書房，平成9年所収）の44-52頁に加筆修正または削除を施し，再編成したものである。

第2項　政府による国際流通政策の動向

　従来，日本の流通政策論は，一般に国内の流通問題にのみ視点を向けて論じられてきた。しかし，国内市場と世界市場の垣根がなくなりつつある今日，流通政策論体系はもはや国際的視点抜きには成り立たなくなっている。すなわち，現実面でも理論面でも，国際流通政策の早急な整備が要請されているということであるが，これまで国〔通産省（現・経済産業省）〕が展開してきた国際流通政策の代表的なものとしては，市場開放政策や輸入促進政策などを挙げることができる。

　以下，市場開放政策および輸入促進政策を中心として，政府が実施してきた国際流通政策の動向を分析・把握していこう。

　周知の如く，近年，日本の国際競争力は強まり，昭和56年（1981年）以降，貿易収支は黒字基調となり，経常収支の黒字は莫大な金額となっている。その結果，海外とりわけ赤字国のアメリカから厳しい対日批判が寄せられることとなった。

　こうした対日批判に応えるために，政府は昭和60年（1985年）7月，「市場アクセス改善のためのアクション・プログラムの骨格」を発表した。このアクション・プログラムは，原則自由・例外制限を基本原則とし，日本市場が国際水準を上回る開放度を達成しようとする，画期的な流通政策であるといわれた。なお，アクション・プログラムの主な内容は，①1,853品目の関税の撤廃または引き下げ，②基準・認証制度の緩和，③政府調達における外国製品調達

の拡大, ④金融・資本市場の自由化の促進, ⑤サービスの自由化と輸入促進, であった。

注目すべきもうひとつの国際流通政策は, 円高の推進策である。アクション・プログラム発表に際して, 当時の中曽根首相は総理大臣談話のなかで,「いっそうの円高となることを期待する」と内外に言明した。その2ヵ月後, 先に触れた昭和60年（1985年）9月のG5を契機に, 急激なドル安・円高が進展した。政府は, 円高下の製品輸入促進を図るため,「円高活用プラン」を推進し, 百貨店や大手スーパーに「目に見える形での輸入の即効的拡大努力」を要請した。

また, アクション・プログラムと関連して, 輸出主導型経済構造から国際協調型経済構造への抜本的転換政策〔いわゆる前川レポート, 昭和61年（1986年）4月〕も推進された。その結果, 産業の「空洞化現象」が進展した。流通産業でも海外店舗の新・増設や海外駐在事務所の展開などが進められ, 開発輸入も増加した[1]。

しかし, より問題なのは, アクション・プログラムや円高, 経済構造の転換政策にもかかわらず, 日本の巨額の貿易黒字は解消されなかった, ということである。そこで, 大幅赤字でいらだつアメリカの要求によって, 先に触れた「日米構造問題協議」が平成元年（1989年）9月から翌年（1990年）6月にかけて開催されることとなった。

日米構造問題協議においては, 日本側は, ①貯蓄・投資パターン, ②土地問題, ③流通, ④排他的取引慣行, ⑤系列関係, ⑥価格メカニズム, の6項目, アメリカ側には, ①貯蓄・投資パターン, ②企業の投資行動と生産力, アメリカの競争力強化, ③企業ビヘイビア, ④政府規制, ⑤研究開発, ⑥輸出振興, ⑦労働者の教育および訓練, の7項目が協議事項となった。この協議によって, 日本は内需振興策やいっそうの市場開放策など多くの改善策を求められたのであるが, 政治交渉の最大の焦点となったのは, 大店法の規制緩和問題であった。

大店法の規制緩和の方向をもたらす最大の契機となった, アメリカによる大店法批判は, 的を射た論理であるか否か疑わしい面がある[2]。

最大の問題は，大店法ははたして外国製品の輸入障壁となっていたか否か，ということである。アメリカは，日米構造問題協議の席上で，大店法は「外国製品の輸入障壁となっている」として強烈な外圧を加えた。外国製品をより多く取り扱うであろう大型店の出店が規制されていなければ，自国製品も日本市場にスムーズに参入でき，貿易不均衡も是正されるであろう，との論理に基づく外圧である。しかし，これは前提条件に誤りがある。確かに大型店の方が組織力，人材，資金力に富んでおり，輸入品を取り扱いやすいという側面はあるが，輸入品を取り扱うのは何も大型店だけに限られたものではない。中小商店も輸入を行っているし，通信販売とか個人輸入とかのルートもある。単に製品輸入を促進するだけであるならば，他に手段はいくらでもある。それどころか，事実をみると，大手小売業17社（大手百貨店8社，大手スーパー9社）の輸入額は，日本の総輸入額のわずか1～2％に過ぎないし，また，小麦・粗糖・飼料を除いた消費財輸入額の大部分は中小商店や飲食店などに依存しているのが実態であった[3]。

第2の問題は，大店法と同じ性格を有する中小企業分野調整法（中小企業の事業活動の機会の確保のための大企業者の事業活動の調整に関する法律）には何ら批判を加えず，大店法だけを批判の対象として取り上げている点についてである。大店法は規制法であるのか調整法であるのかという問題はさておくこととして，本法が利害関係の調整的性格をも有していたことは事実であり，少なくとも部分的には中小小売業者による主体的な運動の成果によってもたらされた法律である。すなわち，「経済の論理のなかから必然的に生まれたものではなく，政治の論理のなかで小売商業者各層の利害調整のうえで生まれたものであ」り，「しかも小売商業者の各層が同法に対して不満を持ってい」[4]たのである。この意味において，大店法は中小企業分野調整法と同じ性格を有している。したがって，アメリカが中小企業分野調整法には何ら批判を加えず，大店法だけを批判の対象として取り上げているのは，論理の整合性に欠けるといわざるをえない。

第3は，大店法は特殊日本的な法律ではないという点である。大型店の出店に対しては，国家法，州法，市条例などの相違はあれ，かなり厳しい規制を欧

米諸国は行っており，何も日本だけが責めを負う話ではない。「ジャパン・バッシング」の典型的な構図をそこにみてとれる，といったらいい過ぎであろうか。

　以上のように，アメリカによる大店法批判は論理的に誤っているが，しかし，伝統的に「外圧」に弱い日本政府は，大店法の本格的な規制緩和そして撤廃への道を歩むこととなった。

　著者は別稿で大店法規制緩和後の予測を試みたことがあるが[5]，全体的な傾向としては，小売業の地域寡占化が進展し，中小商店や既存商業地に対して大きなマイナスの影響がもたらされるであろう。そして，そのことよりももっと大きな問題は，消費者に対しても大きなマイナスの影響がもたらされる可能性がある，ということである。この点については，マリオン（Marion, B. W.）の論文「アメリカにおける食料品の小売業と卸売業」が大きな参考になるが，彼の研究によれば，小売業の地域寡占は高い消費者価格をもたらす，ということが実証されている[6]。日本とアメリカとでは流通システムが異なる以上，マリオンの研究をそのまま日本の場合に援用するわけにはいかない。しかし，日本とアメリカを比較した場合，小売業の地域寡占化がアメリカは日本よりもはるかに進んでおり，その意味において，マリオンの研究は，日本の小売業の地域寡占化が進展した場合にもたらされる問題を把握する際に，大きな示唆を与えてくれる。

　このように考えてくると，大店法の規制緩和（撤廃）ははたして必要であったか否かということ自体が問題として残る。規制であれ，調整であれ，法制定時にはそれなりの目標があったはずである。当初意図した目標が何であったのか，また，その目標をどのように達成するのか，を酌量することなく，規制緩和を行うというのでは，片手落ちというものであろう。

1)　以上詳しくは，保田芳昭『国際化時代の流通政策』ミネルヴァ書房，平成5年，104-186頁を参照されたい。
2)　詳しくは，拙著『現代日本の中小商業問題』信山社，平成11年，73-74頁を参照されたい。
3)　詳しくは，保田芳昭，前掲書，200-206頁を参照されたい。

4) 渡辺俊三「規制緩和と中小企業」中小企業事業団・中小企業研究所『中小企業の構造分析』（平成元年），253頁。
5) 詳しくは，拙著，前掲書，86-90頁を参照されたい。
6) 詳しくは，マリオン著，山中豊国訳「アメリカにおける食料品の小売業と卸売業」糸園・中野・前田・山中編『転換期の流通経済Ⅰ・小売業』大月書店，平成元年，205-213頁を参照されたい。

第3項　国際流通政策のあるべき姿

　本節では，国際流通政策は規制緩和と切り離せない関係にあるとしても，いま進みつつある「欺瞞的な規制緩和」と連動させるわけにはいかない，ということをまず明らかにした。そのうえで，従来より国〔通産省（現・経済産業省）〕が実施してきた市場開放政策や輸入促進政策を中心とした国際流通政策の動向を分析・把握してきた。問題なのは，にもかかわらず，日本の巨額の貿易黒字は解消されていない，ということである。また，大店法の規制緩和は貿易黒字を解消するどころか，より多くの問題を含んでいた。
　では，真の意味での国際流通政策とはいかにあるべきか。
　それぞれの国の流通政策の策定に際しては，国際的な諸関係を考慮に入れなければならないが，だからといって，その国の政策内容が他国の圧力によって強制的に左右されてもいいというものではない。そもそも，「各国が特殊的な諸条件下で経済的にいかなる政策を採用するか，あるいはどのような内容の経済法を定めるかということは，基本的にはそれぞれの国の経済主権に属する事柄なのである」[1]。しかし，「現代流通は，一国の経済・政治の変化ばかりではなく，諸外国の経済・政治の変化，経済・政治の国際関係の変化によって影響を受けるし，また相互に影響しあうとともに，ときにはそうした内外の環境変化に規定されることがある」[2]のも事実である。すでに明らかにしてきたように，ボーダレス時代などといわれ，国内市場と世界市場の垣根がなくなりつつある今日，流通政策にも国際的視点を組み込むことが不可欠となっている。
　貿易黒字の解消を目指すような政策のみが国際流通政策であるわけではない。

真の意味での国際流通政策とは，まず，国内の流通諸矛盾を国外に移転させるような政策であってはならない，ということである。大規模小売企業の海外進出はとりわけ1980年代後半以降活発化しているが，そのシワ寄せが現地の中小小売店にきている。大規模小売企業の海外出店については，事前に届出が行われるような指導，あるいはそれで不充分ならば規制をも行う必要があるのではないか。

　第2に，日本から進出する以上，海外小売企業の日本進出も認めなければならないが，政策的にも，進出しやすいような環境整備を行うべきである。ただし，大店法の規制緩和（撤廃）をもって進出しやすい環境整備とする論理には問題があり，承服できない。海外小売企業の日本進出に対しては，要は，国際的にも通用する取引ルールの明確化を図っていくことが肝要だ，ということである。

　第3に，貿易黒字など国際利害調整の問題に対する対応については，規制緩和の側面から考察すべきものではなく，石油ショック克服後顕著になった輸出依存体質を是正する努力を積み重ねていくことが先決であろう。政策的にも，そうした努力を支援していかなければならない。

1) 加藤義忠「流通規制緩和の展開」加藤・佐々木・真部著『小売商業政策の展開』同文舘，平成8年，88頁。
2) 保田芳昭『国際化時代の流通政策』ミネルヴァ書房，平成5年，214頁。

第15章　流通政策の大転換

第1節　本章の意義

　平成9年(1997年)12月24日，通産省(現・経済産業省)の産業構造審議会流通部会および中小企業政策審議会流通小委員会の合同会議は，現行の大店法(大規模小売店舗における小売業の事業活動の調整に関する法律)を廃止するとともに，既存の都市計画法体系を整備・充実し，あわせて大店立地法(大規模小売店舗立地法)を新たに制定すべきだとの「中間答申」をまとめ，通産大臣に提出した。これを受けて，大店立地法案と，関連の都市計画法改正案，中心市街地活性化法案(中心市街地における市街地の整備改善及び商業等の活性化の一体的推進に関する法律案)が閣議決定され，国会に提出されたが，平成10年(1998年) 5月27日，可決された。なお，公布されたのは平成10年(1998年) 6月3日であり，施行されたのは同12年(2000年) 6月1日である。これにより，大店法はついに流通政策の舞台から姿を消すことになった。

　振り返ると，大店法はそれが制定された昭和48年(1973年)以来20数年にわたって，小売業における規制ないし調整政策を代表する法律であり続けた。さらに，この種の調整政策としてさかのぼると，昭和12年(1937年)制定の第1次百貨店法に端を発するから，大店法には，途中で約10年の空白はあるものの，延べ60年，実質50年に及ぶ長い歴史が埋め込まれていることになる。その意味でも，大店法廃止と新法制定は流通政策史上きわめて重要な意義をもつものであることは間違いない。

　新制度では，まず改正都市計画法により，市町村が，まちづくりの観点から大型店が立地すべき地域あるいは立地すべきでない地域を，都道府県の承認を得て設定する。

出店希望者はそれに沿って，大店立地法をもとに，都道府県ないし政令指定都市に計画を提出し，交通や騒音など生活環境の面から指摘を受け，必要な点を改める。

審査基準の大枠は国で定め，具体的な基準の設定，運用は，都道府県・政令指定都市が行う。

かくして，大店法時代の競争制限的な出店調整から，大店立地法時代においては環境重視型の調整へと，政策重点が大きく転換するわけである。

かかる状況のなか，本章では大店法廃止と新法制定に光を当て，流通規制緩和（撤廃）の是非を問うていくこととする。なお，前記3法（まちづくり3法）は成立から8年後に大店立地法を除き改正がなされ，また，改正中心市街地活性化法の成立から8年後に再改正中心市街地活性化法が施行されているが，この点についても追加的に分析しておこう。

第2節　大店法規制緩和（撤廃）批判の論拠

著者は，流通規制緩和については批判的な眼でみている。では，なぜ流通規制緩和とりわけ大店法の規制緩和または撤廃に異を唱えるのか。この点については前章第3節ですでに部分的に明らかにしているが，これらをも織りまぜつつ，私見を整理しておこう。

第1は，流通規制緩和のゆきつく先は「市場原理重視型流通政策」のさらなる展開であり，それによってもたらされる弊害は人間を幸福にしないと，著者は考えているからである。

著者は競争それ自体は否定していない。政府規制の緩和による競争促進は，今後も場合によっては必要であろう。競争により活力が生まれ，生産性が向上するわけであるから，競争それ自体を否定することはできない。しかし，競争といっても，大と小とが公正かつ対等に競争するのでなければ意味がない。したがって，小に対しては，大と対等に競争できるような側面援助を与えるべきであろう。また，競争から脱落した者に対しては，流通政策のなかに社会保障的要素を組み込んでおくなどして，別の形で補償を与えるという後方支援をも

行っておくべきであろう。いずれにせよ，競争か保護かというのは二律背反的であるが，いずれを重視するのかということであれば，これはスタンスの相違に帰着する。経済的弱者，社会的弱者，国民本位の立場に立つのであれば，保護の方がより重視されて然るべきである。

　流通規制緩和のゆきつく先は，結局のところ，「市場原理重視型流通政策」のさらなる展開である。そこには，規制緩和を行えば，企業も消費者も合理的選択をする，という新古典派経済学が背景として存在している。しかし，新古典派的に市場原理を重視する政策によってもたらされる弊害を，我々は見過ごしてはならない。市場競争に委ねられることによって，さまざまな経済的・社会的格差が拡大している。たとえば，資産格差，所得格差，地域格差，さらには男女格差などがそれであるが，こうした格差が拡大した結果，きわめて不均等な時代になっている。また，市場原理は低所得者・弱者に対して厳しい経済秩序をもたらし，その結果，経済的・社会的弱者が増加している。効率重視の社会は，人間に対して，物質的にも精神的にも「豊かさ」をもたらすであろうか。

　第2は，いま進行しつつある規制緩和推進運動については，ある種の危うさを感ずるからである。緩和を唱えることが進歩的であり，反対すると反動のレッテルを貼られかねない風潮を憂慮する。規制緩和推進運動それ自体がある種のファッションとさえ化してしまっている。

　規制には良い規制と悪い規制がある。したがって，規制緩和にも良い規制緩和と悪い規制緩和がある。そもそも規制緩和の目的は，①国民生活の向上，②新しい産業を生み出すための産業構造の転換，③市場開放につながる国際的調和，にあったはずである。その目的からいっても，いかなる規制を緩和または撤廃するかについてはケース・バイ・ケースで論議すべきなのに，すべてを規制緩和の流れに取り込もうとするのは，明らかに誤りである。「規制緩和ブーム」といってもよい状況のなかでのそうした動きを懸念する。

　「規制緩和ブーム」の流れのなかで指摘しておきたいもうひとつの懸念は，アメリカニズム（アメリカ型の経済秩序）である。規制緩和はとりわけアメリカによる市場開放要求と連動し，アメリカ型ルールの採用を求められるため，

日本型システムはアメリカ型のそれに接近している。しかも，規制緩和推進論の立場をとる学者，経営者には，アメリカ留学などを通じ，アメリカ社会を理想的なモデルと信じているアメリカ至上主義者が少なくない。

しかし，同じ資本主義であっても，アメリカの市場主導型，ヨーロッパ大陸の社会民主主義型，フランスの国・官僚主導型，日本の協力型など，さまざまなタイプがある。いずれのタイプにも長所，短所があり，改革の余地も残るが，銘記しておかなければならないのは，いずれのタイプであれ，それぞれの国における永年の伝統，慣習，文化，価値観などに裏打ちされて形成され，根づいてきたものである，という点である。日本型システムには日本型システムの良さがある。良さを無視して，アメリカ型システムに限りなく近づける必要はまったくない。アメリカ型システムが唯一最善のモデルであるわけではないし，ましてや日本はアメリカの一州などではない。

規制には良い規制と悪い規制があるにもかかわらず，規制緩和バンザイ論者や強硬な規制緩和推進論者は，規制緩和推進論それ自体がもうすでに所与の条件であるという前提に立ってしまっている。

流通規制緩和（撤廃）に異を唱える第3の論拠は第2の論拠とも関連するが，いま進みつつある規制緩和は，大手企業の企業行動を完全に自由化することを第1の狙いとしており，規制緩和本来の目的とのすり替えが行われている，ということにある。

企業行動の完全自由化運動によって利益を得るのは主として大企業であるが，既得権益から新規権益への移行が正義だとされ，一種の精神運動と化してしまっている。そして，規制緩和によってダメージを受ける当事者を加えない機関のもとに，今回の規制緩和（撤廃）というものが形づくられ，巨大な流れがすでに生まれてしまったのである。すなわち，本来の目的とのすり替えが行われた規制緩和が跋扈し，それが欺瞞的な巨大な流れと化してしまった，ということである。

前述したように，市場開放要求と規制緩和とが連動するのは確かである。しかし，現在の「欺瞞的な規制緩和」と連動させるわけにはいかない。また，国内では，とりわけアメリカが要求しているので，国際協調のために規制緩和が

必要だというような議論が，あたかも免罪符であるかのように跋扈している。確かに，国際協調のために規制緩和が求められる側面があることは事実であるとしても，だからといって免罪符になるわけではないことを，銘記しておこう。

アメリカの要求に対して，確かに，技術革新などに対応して規制の組み替えを行うことは必要である。しかし，それと現在の日本での規制緩和論議とは区別しなければならない。短期，中期，長期的に，また地方と都市で，いかなる違いが生ずるかを洞察し，ゆるやかな緩和を行うべきであろう。

第4の論拠は，アメリカなどで規制緩和の成果があったから，日本でもその成果があがるはずだ，という論理の危うさにある。

規制緩和で先行したアメリカ，イギリス，ニュージーランドの「光」の部分だけが強調して伝えられた結果，地域社会の破壊や空洞化の危険を見逃した。現在では，たとえば駅前商店街の空き店舗率25％など珍しくもない。

地域社会に関する限り，アメリカも規制の国である。アメリカでは，地方自治体が展開するゾーニング制度によって地元商店街への大型店出店を規制している州が多く見受けられる。そして，日常生活に必要な店舗を州法や自治体法で多層的に守っている。流通の実態は規制緩和万能ではない。

第5の論拠は，大店法はもともと社会的規制の色彩を色濃く帯びた法であったのではないか，という点に求められる。

規制には経済的規制と社会的規制があるとすれば，前者については弱者に対して弊害をもたらさないのであれば緩和の条件が整うであろうし，後者については原則として緩和すべきではないと，著者は考えている。大店法については，規制法なのか調整法なのかという問題は残るが，前者であるとの立場に立った場合，本法は経済的規制法というよりも，むしろ社会的規制法ではないかと考えている。したがって著者は，大店法の規制緩和または撤廃には，当然，反対であるとの立場に立っているが，この点に関連して大野正道氏が，「大店法は，地域社会の分散化を防ぎ，社会的統合を達成することを目的として制定されたものであることは明白」[1]であるとの興味深い指摘をしているので，紹介しておこう。

第6の論拠は，国民が歴史的に形成してきた流通機構を上からの力による強

制で破壊させるようなことがあってはならない、という点に求められる。

　流通機構は、根本的には消費者の要求に応えるものであるから、消費者の生活の変化とともに、そのあり方を変えていかなければならないのは当然である。しかし、「問題は、その変化を主導する者は誰かということである」[2]。それが大資本の利潤追求の力であったり、外国の帝国主義的圧力であったりするのであれば、それぞれの国の資本主義の発展の特殊性に規定されつつ、国民が歴史的に形成してきた流通機構を、上からの力による強制で破壊するということである[3]。大店法規制緩和（撤廃）の問題は、まさにそのことを国民に問うていたわけである。

　ところで、大店法の規制があったために貧弱な品揃え、あるいは内外価格差に泣かされ、最も損をしてきたのは消費者であるから、消費者利益の実現のためにも、大店法の規制はいっそう緩和するか、または法を撤廃すべきだ、という主張があった。こうした主張のなかで展開された「消費者論」、「消費者利益論」は実に曖昧である。

　では、消費者とは何か。また、消費者利益とは何か。これらの点については、第11章第3節で詳述した通りであるが、再度、私見を整理しておこう。

　消費者は本質的に流砂と同じである。ディスカウントストアが大安売り中だと聞けば、そちらに流れていく。ロードサイドショップが開業謝恩セールのチラシを配布すれば、そこまで車で出かける。その買物行動自体には合理性がある[4]。しかし、その同じ消費者が、総理府の世論調査〔平成9年（1997年）6月実施〕によると、交通混雑、周辺商店街への影響、騒音・ゴミ公害などから「大型店について何らかの規制が必要だ」と回答している（回答率60.9％）。これをどう説明すればよいのか。

　そもそも消費者行動は人間行動の一側面であるに過ぎない。人間は「消費」のみを行って生きているのではない。人間は働きもすれば、飯も食う。日々の暮らしがある。また、地域社会とのつき合いもある。こうした営みの「全体」が生活である。営みの主は「生活者」であり、消費者は生活者の「一部」であるに過ぎない。そして、その生活の舞台は地域社会である。地域商業のあり方を生活者の視点から検討していかなければならない理由は、そこにある。

それとともに，近年，消費者のなかにコアとなるべき消費者，すなわち第11章第3節で触れた「自覚的消費者」が増えつつある動きに注目したい。市民社会の一員としての「自覚的消費者」であれば，まち並みが破壊され，まちそのものが解体されていくような動きは認めないであろう。こういう自覚的消費者の利益こそ，真の意味での消費者利益と考えたい。

1) 大野正道談，『朝日新聞』平成8年10月5日付。
2) 吉谷泉「日本構造協議の焦点・大店法問題」日本共産党中央委員会出版局編刊『日米構造協議』平成2年，143頁。
3) 同論文，143-144頁。
4) 矢作弘『都市はよみがえるか』岩波書店，平成9年，31頁。

第3節　大店法廃止と新法制定

第1項　ポスト大店法の新たな法体系

活力ある21世紀を目指して経済社会の諸システムの改革が行われており，その一環として，前述したように，大店法の廃止に向けて下記の3つの法律案が，平成10年（1998年）5月27日，国会で可決された。

以下，ポスト大店法の新たな法体系を簡潔に整理しておこう。

まず，小売業をめぐる経済・社会環境の変化を踏まえ，大型店と地域社会との融和を促進するために地元の判断を尊重した下記の新たな政策展開が図られる。

① 大型店の適正な立地の実現を図るための「都市計画法の改正」
② 大型店の立地に伴う周辺の生活環境への影響を緩和するための「大店立地法」（新法）の制定。

かくして，大型店の出店調整が，従来の「競争制限的な出店調整」から「環境重視型の調整」へと切り替わる。流通政策史上きわめて重要な意義をもつ，大きな政策転換である。

したがって，中小小売業の発展の基盤である地域振興はこれまで以上に重要となり，とくに空洞化が進行している中心市街地の活性化は現下の最重要課題であるということで，あわせて下記の政策展開が図られる。

③　地域の創意工夫を活かしつつ，中心市街地の整備改善，商業などの活性化を総合的・一体的に推進するための「中心市街地活性化法」（新法）の制定

　以上を要約すれば，要は，大型店の出店調整を「環境重視型の調整」へと切り替えるために「大店立地法」を新設するが，これを関連の都市計画法の改正で補い，大店法廃止の見返りとして「中心市街地活性化法」をも新設する，ということである。

　以上，ポスト大店法の新たな法体系を簡潔に整理したが，大店法廃止との関連でいえば，最大のポイントは大店立地法の制定である。以下では，紙幅の都合もあり，大店立地法に焦点を絞って論を進めていくこととしよう。

第2項　大店立地法の概要

　まず，大店立地法案の提案理由に触れておこう。

　「日本の小売商業は，需要面ではモータリゼーションの急速な進展と消費者の生活様式の変化により，また供給面では新たな業態の急速な成長等を背景に，大きな構造的変化を遂げつつある。こうしたなか，単に規模の経済を追求するよりも，魅力ある商業集積の構築や情報化・システム化を進めることが小売商業の競争上重要になっている。

　一方で，周辺の地域住民を主要な顧客とし，地域密着性が高いという特徴を有する小売商業が健全な発展を図るためには，地域社会との融和がきわめて重要であり，とくに，近年，大規模小売店舗の立地に伴う交通渋滞や騒音等の社会的問題への対応について要請が高まっている。

　これらを背景に，事業活動の調整を行う現行制度の限界が指摘されており，社会的問題に対応し，新たな実効性ある措置を講ずることが必要となっている。

　以上のような観点から，大規模小売店舗の設置者がその周辺の地域の生活環境の保持のための適正な配慮を行うことを確保することにより，小売商業の健全な発展を図るべく，店舗の新・増設に際し，都道府県等が生活環境の保持の見地から意見を述べるための手続き等を定めるとともに，その意見を

反映させるための措置を講ずるため，本法案が提案された」。
以上が提案理由であるが，本法の概要は下記の通りとなっている。
① 対象となる大型店
　大店立地法の対象となる大型店は，店舗面積が1,000m²超の新・増設店舗である。
② 調整事項
　大店立地法に基づく調整事項は，地域社会との調和・地域づくりに関する次の事項である。
・駐車場の充足その他による周辺の地域住民の利便および商業その他の業務の利便確保のために配慮すべき事項（交通渋滞，駐車・駐輪，交通安全その他）
・騒音の発生その他による周辺の生活環境の悪化の防止のために配慮すべき事項（騒音その他）
③ 法律の運用主体
　大店立地法の運用主体については，通産大臣（現・経産大臣）は大型店の立地に関し，その周辺地域の生活環境の保持を通じた小売業の健全な発達を図る観点から，大型店を設置する者が配慮すべき「指針」を定めて公表するが，大型店の新・増設に基づき，その後の調整は都道府県または政令指定都市が行うこととされている。なお，大店法では，大型店の店舗面積の大きさに応じて通産大臣または都道府県知事が調整することとされていた。
④ 広範な住民の意思表明の機会確保
　大店立地法においては，市町村の意見の反映を図ることとし，広範な住民の意思表明の機会が確保される。すなわち，大型店の新・増設の届出に係る公告があったときは，その居住者，事業者，団体などは意見書の提出により，これを述べることができ，とくに商工会議所または商工会も意見書を提出できる旨が法文上規定されている。
⑤ 「勧告・命令」から「勧告・公表」へ
　大店法では，店舗面積の削減，開店日の繰り下げなどを通産大臣・都道府県知事が勧告し，これに従わないときは命令を行うことができるとされてい

た。しかし，大店立地法では，大型店の届出者に対して必要な措置をとるべきことを都道府県・政令指定都市が勧告し，正当な理由なく勧告に従わないときはその旨を公表することができるにとどまっている。

⑥ 手続きに必要な期間

大店立地法に基づいて行う大型店の新・増設に関する調整の手続きの概要は図表15—1の通りであり，その届出から8ヵ月を経過しないと大型店を新・増設できない。また，都道府県・政令指定都市からその届出に対して意見が述べられた場合には届出者の自主的対応策の提示から2ヵ月を経過しないと大型店を新・増設できない。したがって，この期間に上記8ヵ月を加算

図表15—1 大規模小売店舗立地法の基本的な手続きの流れ

```
                    ┌─────────────────────────┐
                    │  大規模小売店舗の新・増設の届出  │ (公告)
                    │    （1000㎡超：政令事項）     │ (縦覧)
                    └─────────────────────────┘
              ┌─ 2ヵ月 ─┐            ↓
              │         │    ┌─────────────┐
       ┌ 4ヵ月           └──→│  説明会の開催  │
       │                      └─────────────┘
   8ヵ月│                           ↓
       │                    ┌─────────────────┐
       │                    │ 地元市町村の意見提出 │ (公告)
       │                    │ 地元住民等の意見提出 │ (縦覧)
       └                    └─────────────────┘
                                    ↓
                    ┌─────────────────────────┐
                    │ 都道府県・政令指定都市の意見  │ (公告)
                    └─────────────────────────┘ (縦覧)
                                    ↓
                    ┌─────────────────────────┐
                    │  出店者による自主的対応策の提示 │ (公告)
                    └─────────────────────────┘ (縦覧)
                                    ↓
                         ※都道府県・政令指定都市の
                           意見を適正に反映しておら
       ┌                   ず，周辺地域の生活環境に
   2ヵ月│                   著しい悪影響がある場合
       │                    ┌─────────────┐
       │                ←──│ 地元市町村の意見 │
       └                    └─────────────┘
                                    ↓
                    ┌─────────────────────────┐
                    │ 都道府県・政令指定都市による勧告等 │ (公告)
                    └─────────────────────────┘ (縦覧)
```

（資料） 信山社編刊『大店立地法（案）・改正都市計画法（案）正文』平成10年，4頁。

すると計10ヵ月になるが，届出者が自主的対応策を提示するために必要な検討期間（α月）を加えると，大型店の届出から新・増設まで期間は約1年と見込まれる。

⑦　新法の準備試行期間と大店法の廃止

　大店立地法は，公布の日から2年以内の政令で定める日から施行される（新法の円滑な運用を図るため，この種の施行の準備期間は一般の法律の場合よりも長い）とされたが，すでに触れたように，平成12年（2000年）6月1日に施行された。同時に，大店法は新法の附則に基づき廃止された。

第3項　大店立地法の分析

　産業構造審議会流通部会・中小企業政策審議会流通小委員会合同会議の席上において，いかなる論議が闘わされ，結果として，規制緩和の最強硬論としての大店法廃止の方向がなぜ導き出されたのかについては憶測に頼るしかないが，ここにひとつの象徴的な意見がある。矢作弘氏によると，合同会議の席上で，ある参考人（規制緩和派の経済学教授）は，次のような意見を述べたという[1]。引用が長くなるが，「国の政策，経済活動のすべては消費者のためにある。特定の事業者やそのグループの存続それ自体が政策目的になることはない。中小店舗と大店舗が自由に競争し，大店舗だけになることがあっても——事実はそうならないと思うが，そうなるのは基本的には消費者が支持したからなのだ。消費者のために規制緩和するのが政府の基本的なスタンスになっている。万が一，自由に任せて大店舗だけになっても，それほど中小店舗が情けない存在なら，消費者のためそうなるのも仕方がない」と。

　皮肉を込めていえば，大店法廃止に関する規制緩和派の主張としては，きわめて模範的な説明ではある。

　確かに，中小商店がすべて消え失せ，大型店だけが残るというような極端な状況にはなっていない。しかし，第8章第1節で触れたように，事実は，大型店の集中豪雨的な出店の結果，近隣型商店街や地域型商店街が衰退し，それどころか地域の「顔」である中心商店街がさびれ，都市が空洞化し，地域社会が崩壊しつつある，というのが実態である。極端にいえば，教授の主張は，地域

社会が崩壊したとしても，それは消費者が支持した結果だからあきらめろ，といっているも同然である。ところが，その同じ消費者が，前述したように，総理府の世論調査では，今度は生活者として「大型店について何らかの規制が必要だ」と回答している。これに教授は何と答えるのか。

それにしても，随分乱暴な見解である。第10章第4節でも触れたが，消費者の「選択の自由」は，それほどまでに神聖不可侵なものなのか。矢作氏もいうように，市場を野放しにすれば，地域社会は崩壊する。市場の無軌道さを調整するシステムが必ず必要になる。市場メカニズム自体にもそれを調整する機能は備わっているが，それに100％期待していては社会的コストがかさむ[2]。そのことをわかっていない。

要するに，教授に代表される規制緩和派の主張には，2本の需給曲線以外何も入っていないということである[3]。

さて，一般的には，大店法における中小小売業の事業機会の確保の観点からの大型店の店舗面積や開店日などの調整は「経済的規制」であり，大店立地法における地域社会との調和・地域づくりの観点からの調整は「社会的規制」である，と解されている。すなわち，経済的規制から社会的規制への政策転換であるというわけであるが，私見では異論がある。というのは，すでに前述した通りであるが，大野正道氏も「大店法は，地域社会の分散化を防ぎ，社会的統合を達成することを目的として制定されたものであることは明白」であると指摘していたように，著者は，大店法はむしろ社会的規制法であったのではないかと考えているからである。大店法によって守られていた利益は，地域社会とそこに住んでいる地域住民の生活者としてのトータルな権利であると解すべきであろう。

また，交通渋滞，駐車・駐輪，交通安全，騒音などの問題やまちづくりの問題に対処するためということであれば，何も大店法を廃止にまで追い込む必要などなかったのである。確かに，「大店法は，大型店が社会・自然の生態系を破壊する費用を内部化して評価する内容にはなっていな」[4]かった。大店法では，大型店の店舗面積，開店日，閉店時刻，および休業日数の4項目しか調整できず，一定の限界はあったであろう。しかし，だからこそ，大店法は「廃

止」ではなく，むしろ抜本的に強化改正し，「大型店の出店に対して広義の環境アセスメントの制度化を急ぐ必要があ」[5]ったのではあるまいか。すなわち，従来の調整4項目以外にも，たとえば自然環境，住環境，職場環境，社会環境（交通渋滞，駐車・駐輪，交通安全，騒音など），さらには経済環境などにかかわる要因をも調整項目として組み込むべきである，ということである。

ともあれ，大店立地法においては，地域社会における小規模零細店や商店街の存在意義に対する配慮，あるいは負の影響に対する考慮がまったくなされていない。規制緩和（撤廃）であれば何でもよいのではない。たとえば，安全や生活にかかわる分野では，副作用にも充分な配慮が必要である。そもそも規制緩和とは，自己責任に基づく自由な活動を通して日本の経済・社会を健全に発展させていく手段なのであって，それ自体が目的なのではない。にもかかわらず，規制緩和バンザイ論者や強硬な規制緩和推進論者は，規制緩和それ自体を目的化してしまった。そこに大きな誤りがある。

付言すれば，大店法廃止の見返りとして提示された「中心市街地活性化法」についてであるが，実質的な見返りとはならないものと思われる。大店法廃止と引き換えの中心市街地活性化事業総額（関係11省庁による市街地の整備および商業の活性化のための事業総額）としては，当初約1兆円が提示されていたが，かつてコメの部分開放と引き換えに提示されたウルグアイラウンド農業対策費約6兆円と比較すれば，いかにも少なすぎる。

以上のほか，実務的見地からみてもさまざまな問題が残る。

第1は，審査対象と調整事項に関する問題である。

前述したように，審査対象は店舗面積が$1,000m^2$を超える新・増設の大型店であり，調整事項は交通渋滞，駐車・駐輪，交通安全，騒音などである。しかし，単独立地の中小のコンビニエンスストアやロードサイドショップなどが，大型店と同種の問題を引き起こさない保証はどこにもない。大型店によって引き起こされる交通渋滞や騒音などが審査され，単独立地の中小のコンビニエンスストアやロードサイドショップなどが引き起こす同種の問題が対象にならない正当性はどこにあるのか[6]。

また，店舗面積$1,000m^2$超という基準も説得力に欠ける。おそらくは，大店

法において1,000m²未満の店舗の出店が原則自由であったことから生じた基準であるかと思われるが，かりに関係当事者間の政治的妥協の産物であったとすれば，早晩，基準見直しの政治ゲームが開始されるであろう[7]。

第2は，審査主体についてである。

大店立地法では，審査主体から国が外れ，都道府県や政令指定都市に完全に移行する。しかし，市町村にこそ審査の権限を委譲すべきである。大型店の出店によって引き起こされる環境変化は，その地域で暮らす生活者にとってこそ重大な問題であるからである。

これに対して，市町村では人材が不足しているという反論もあろう。しかし，人材不足であるか否かは市町村自らが判断すべきことである。場合によっては，人材のアウトソーシング（外部委託）の可能性もあろう。

第3は，審査期間についてである。

前述したように，審査期間については，大型店の届出に始まって，住民の意見表明，自治体と届出者との調整，立地の諾否までの期間を最長1年としている。届出側は審査の前に，出店に伴う交通量の変化，騒音対策，ゴミ処理対策などのシミュレーション結果や資料をあらかじめ準備することになる。これに対して，今後，大型店の新・増設を迎え審査する側にとっても，届出側の資料を充分に検討できるような態勢と期間が必要である。そのためにも「1年」は短すぎる。審査期間を一律最長1年とするような弾力性のなさは，かつての事前商調協（商業活動調整協議会）や事々前商調協と同種の問題を引き起こす可能性がある[8]。すなわち，法に明記されていない事前審査や事々前審査などの「新たな規制」を招きかねない。形式的なおざなりの審査では，届出側と迎える側の双方が，地域間競争を通じて手痛いしっぺ返しを受けることになるであろう[9]。

第4は，「勧告・命令」から「勧告・公表」への後退についてである。

前述したように，大店法では大型店が通産大臣・都道府県知事の勧告に従わないときは命令を行うことができたが，大店立地法では勧告に従わなくても公表することしかできない。明らかな後退であり，これではいかなる規制の網をかぶせようとも，実効性が伴わない。まさに規制の骨抜きである。市場を野放

しにし，それが暴走したとしても，これでは歯止めがかからないことは明白である。そもそも「一定のルール」なり「規制」なりは，市場のなかから自然発生的に生じる類のものではない。いわば市場の外側または上側から，より高次の価値判断に基づいて与えられるべきものであろう[10]。それだけに実効性を伴う規制でなければ意味がない。

1) 矢作弘『都市はよみがえるか』岩波書店，平成9年，10頁。
2) 同書，11頁。
3) 以上は，同書，9-11頁を参照している。
4) 同書，12頁。
5) 同書，同頁。
6) 細野助博談，『日本経済新聞』平成10年1月22日付。
7) 同談話。
8) 大店法の運用システムの最も基本的な特徴は「地元民主主義」と称されていたものであるが，昭和53年（1978年）改正大店法について実際の運用をみると，都道府県知事は，通産省の指導にもかかわらず，「地元への説明」を前提として初めて第3条に基づく大規模小売店舗の設置者の届出を受理する場合が多かった。これは，いったん第3条に基づく届出が受理されると，その後開催される商業活動調整協議会（以下，商調協と略す）は審議の難航が予想されるにもかかわらず，通産省通達（「商業活動調整協議会の運用について」昭和54年5月11日付）によって，最大8ヵ月間で意見をとりまとめ，一定の結論を出さなければならないとされていたからである。この行政指導は，調整期間の短縮化をもたらすどころか，実際には事前商調協に代わって事前説明が事々前商調協化する結果をもたらしてしまったのである。

　上記のような運用のもとで届出が受理されるためには，事前に地元小売業者との合意または少なくとも地元小売業者への充分な説明（実態的には事々前商調協の開催）が必要となる。したがって，事前商調協が開催され，あるいはまったく非公式の調整団体が出店予定大型店と交渉することを通して，実質的な調整が行われたのである。すなわち，消費者利益の保護に配慮しつつ，大規模小売店舗の事業活動と中小小売業者の事業機会とを調整するために，通産大臣もしくは都道府県知事がその責任において行うべき勧告制度は，出店予定地域の事前商調協での私的調整，または地元の非公式の調整団体と出店予定大型店との間の私的調整をもって代替されていたのである。

以上のような運用システムがもたらした問題点として，たとえば事前調整に対する理解の不一致，審議期間の長期化，非公式調整団体への出店調整判断の依存，非公式調整団体と出店予定大型店との間での金品の授受を伴う不透明な「取引」などを挙げることができる。こうした問題点はすべて大店法調整過程の不透明性をもたらし，当時，もはや無視できないほどに問題は深刻化していた。
　以上は，拙著『現代日本の中小商業問題』信山社，平成11年，100-101頁および107頁を参照している。
9)　細野助博，前掲談話。
10)　飯田経夫談，『日本経済新聞』平成10年5月7日付。

第4項　大店立地法施行後の状況[1]

　大店法の規制緩和（撤廃）は，中小商店や既存商業地にいかなる影響をもたらすであろうか。大店法規制緩和の進展と大店法撤廃によって，大型店の出店数増加に伴う競争の激化がもたらされたことは間違いない。そして，全体的な傾向としては，中小商店や既存商業地に対して大きなマイナスの影響がもたらされるであろう。こうした懸念は，すでに相当程度まで現実化している。以下では，とりあえず，大店立地法施行2年後の状況を把握しておこう。
　大店立地法が施行されてから平成14年（2002年）6月で2年が経過した。旧法下での駆け込み出店の反動で，大店立地法施行直後は新設物件の届出数は少なかったが，2年目以降は増加傾向が強まっている。経済産業省によると，新設の届出は初年度〔平成12年（2000年）6月～同13年（2001年）3月〕は193件で，1ヵ月平均20件弱であった。平成13年（2001年）4月～同14年（2002年）3月は449件で，1ヵ月平均37件と2倍近いペースになった。平成14年（2002年）4月以降は，届出のペースはさらに速まっている。
　さて，大店立地法における新設物件に関する「意見・勧告・公表」制度の概要については本節第2項で触れた通りであるが，平成14年（2002年）5月末時点で，都道府県・政令指定都市が事業者に対して意見を述べたのは79件，「意見なし」との回答をしたのは252件である。残りの310件は検討期間中で，都道府県・政令指定都市が態度を明らかにしていない物件である。
　大店立地法では駐車場の必要台数や騒音対策など周辺の生活環境保持のため

の目安となる指針を定めているが，事業者がこの指針通りに新設の届出をすれば，都道府県・政令指定都市が意見を述べるケースは少ない。意見が出た場合でも，事業者側は駐車場出入り口をわかりやすくするために案内板を設けるなどの対応をとり，勧告を回避している。意見が出た物件の大半で事業者は変更届を提出している。また，指針通りの計画でなくても，意見に対する合理的説明があれば，勧告には至らないケースもある[2]。

かくして，都道府県・政令指定都市が「勧告」を出した物件は平成14年（2002年）6月時点で1件もなく，大半の物件が順調に開業している。実態として，店舗面積が1,000m²を超える大型店の出店はほぼフリーパス状態で可能である，ということである。

勧告が1件もないことについて，経済産業省は「勧告に至るような案件は出ていない」とみているが，野口智雄氏は異なった見方をしている。すなわち，「中央の役所には業務経験があっても，立地法では自治体が判断し責任を負わなくてはならない。もしどこかの自治体が勧告を出した場合，最初に事例になるわけで，ちょっとしたニュースになる。どういう判断をしたのかが問われることになり，賛否両論出てくるのが怖いのだろう。だから事なかれ主義（傍点坂本）になる。勧告を出さなければすんなりいくわけだから」[3]と。経済産業省の見方と野口氏の見方とのいずれが真であるのかはさておき，野口氏が指摘する「自治体の事なかれ主義」には充分に留意しておく必要がある。

大店立地法に切り替わって，大店法時代と比べて大きく変わったのは営業時間である。大店法では営業時間の規制があったので，大半の大型店〔第1種大型店は店舗面積3,000m²以上（東京都23区および政令指定都市は6,000m²以上），第2種大型店は店舗面積500m²超3,000m²未満（東京都23区および政令指定都市は6,000m²未満）〕が夜8時までに閉店していた。しかし，大店立地法では営業時間の制限はなくなり，午後8時に閉店する店は2割程度にとどまっている。一方，新設店の届出で営業時間の長い出店計画を打ち出したり，既存店でも営業時間を延長して深夜営業や24時間営業を始めるスーパーも出現し始めた。

経済産業省の届出一覧などから推計すると，大店立地法が施行された平成12年（2000年）6月から同14年（2002年）3月までの出店の届出件数（642件）

のうち，午後10時より遅い時刻（10時を含む）まで営業する「深夜営業店」は266店あり，全店に占める割合は41.5％である。午後9時閉店の「準深夜店」も253店（同39.5％）ある。大店法時代に開業した店舗でも出店地の都道府県・政令指定都市に変更届を提出すれば，営業時間の変更は可能である。現在，大型店（店舗面積1,000m²超）は全国に3万店前後あるとみられるが，このうちスーパーを中心に平成14年（2002年）4月までに約1,500店が営業時間を変更している[4]。

深夜営業が増える背景には，小売業の市場が拡大しないなかで少しでも売上増加を図りたいという狙いがある。事実，たとえば西友は「営業時間を2，3時間延長しても光熱費や人件費などのコストはあまり増えないが，売上高は前年度比3％程度増えている」としている[5]。

深夜市場への対応についてはこれまでコンビニエンスストアやドン・キホーテなど一部のディスカウントストアが中心となってきたが，総合スーパー（GMS，量販店）や食品スーパー，ショッピングセンターなども参入し[6]，今後は競争がいっそう激烈化しそうである。市場のパイが拡大しない状況のなかでまさにパイの分捕り合戦の様相を呈しつつあるということであるが，これに対応できない中小小売業にとってはますます危機的な状況が創出されるであろう。

なお，経済産業省「商業統計」によると，図表15—2に示すように，平成19年（2007年）調査における全小売商店数は113万6,755店であり，そのうち前回調査〔平成16年（2004年）調査〕に引き続き営業している小売商店（以下，継続店という）は91万9,772店，小売商店全体の80.9％であった。また，開業等は21万6,983店〔平成19年（2007年）小売商店数に占める割合19.1％〕，転廃業等は31万8,277店〔平成16年（2004年）小売商店数に占める割合25.7％〕であり，転廃業等の小売商店数が開業等の小売商店数を大きく上回っている。

就業者規模別にみると，開業等の割合は20～29人規模（開業等割合26.9％），10～19人規模（同26.6％），30～49人規模（同24.9％）の順となっており，中規模事業所（5～49人規模＝狭義の中小小売業）で開業等の割合が高くなっている。転廃業等の割合は，4人以下の小規模事業所（零細小売業）が26.8％と平

図表15-2 小売業の開業等・転廃業等、継続店別にみた就業者規模別事業所数

就業者規模別	平成16年	平成19年	開業等	割合(%)	継続店	割合(%)	転廃業等	割合(%)(対H16)
小売業計	1,238,049	1,136,755	216,983	19.1	919,772	80.9	318,277	25.7
2人以下	539,299	486,920	68,253	14.0	418,667	86.0	151,777	28.1
3人～4人	289,027	254,902	49,720	19.5	205,182	80.5	70,106	24.3
5人～9人	219,839	208,976	50,618	24.2	158,358	75.8	53,005	24.1
10人～19人	120,437	118,218	31,407	26.6	86,811	73.4	29,311	24.3
20人～29人	34,730	33,402	8,994	26.9	24,408	73.1	7,605	21.9
30人～49人	18,674	17,980	4,480	24.9	13,500	75.1	4,016	21.5
50人～99人	11,153	11,339	2,491	22.0	8,848	78.0	1,821	16.3
100人以上	4,890	5,018	1,020	20.3	3,998	79.7	636	13.0
4人以下（小規模事業所）	828,326	741,822	117,973	15.9	623,849	84.1	221,883	26.8
5～49人（中規模事業所）	393,680	378,576	95,499	25.2	283,077	74.8	93,937	23.9
50人以上（大規模事業所）	16,043	16,357	3,511	21.5	12,846	78.5	2,457	15.3

(注1) 開業等は、平成19年事業所数から継続店を差し引いて計算したものである。継続店では平成19年と16年で規模変動があるため、各就業者規模について平成16年から転廃業等を差し引いた継続店数とは一致しない。
(注2) 就業者規模は、パート・アルバイト等について8時間換算をしていない数値で算出している。
(資料) 経済産業省『平成19年（2007年）商業統計速報』。

318

図表15-3 就業者規模別開業等・転廃業等、継続店の販売額前回比寄与度

就業者規模別	平成16年 (億円)	平成19年 (億円)	前回比 (％)	寄与度 (％ポイント)			
				開業等	継続店	転廃業等	規模移動
小売業計	1,332,786	1,345,717	1.0	20.8	▲1.2	▲18.7	―
2人以下	71,268	64,712	▲9.2	15.4	8.6	▲23.4	7.4
3人～4人	120,109	114,332	▲4.8	19.6	2.1	▲23.3	0.9
5人～9人	233,145	239,201	2.6	22.6	1.3	▲21.9	0.6
10人～19人	268,607	275,950	2.7	24.2	0.2	▲21.2	▲0.6
20人～29人	127,552	127,490	0.0	23.7	▲0.6	▲21.2	▲1.9
30人～49人	118,464	122,149	3.1	24.8	0.4	▲20.6	▲0.7
50人～99人	140,426	148,361	5.7	22.3	▲0.6	▲16.3	0.2
100人以上	253,216	253,520	0.1	13.6	▲2.3	▲9.8	▲1.3
4人以下（小規模事業所）	191,377	179,045	▲6.4	18.1	5.7	▲22.1	3.3
5～49人（中規模事業所）	747,767	764,791	2.3	23.7	0.5	▲21.5	▲0.4
50人以上（大規模事業所）	393,642	401,881	2.1	16.7	▲2.0	▲11.9	▲0.8

(注1) 就業者規模は、パート・アルバイト等について8時間換算をしていない数値で算出している。
(注2) この表でいう「寄与度」とは、区分ごとの前回比に対する寄与度であり、寄与度の内訳である開業等、継続店、転廃業等、規模移動を合わせると前回比となる。
(資料) 図表15-2に同じ。

成16年（2004年）調査を6.4％ポイント上回っており，なかでも1～2人規模店では同年に営業していた店のうち3割弱の店が転廃業するなど，規模が小さい小売商店ほど転廃業する割合が高くなっている。継続店（規模移動による増加を含む）の割合は，開業等の割合が高い中規模事業所で74.8％となり，平成16年（2004年）調査をさらに下回った。一方，小規模事業所では84.1％と8割を超えているが，これはもともと開業等の割合が低かったためである。

次に，図表15―3によって，継続店における就業者規模別年間商品販売額の前回調査比に対する寄与度を確認してみよう。本図表によると，継続店の寄与度は5～9人規模，10～19人規模でプラスの寄与に転じたことにより，中規模事業所全体でもプラスの寄与となっている。しかし，4人以下の小規模事業所でのマイナス寄与は平成16年（2004年）調査より若干改善されたものの，引き続き5％ポイントを超えるものとなっている。

こうした事実に照らすと，中小小売業とりわけ零細小売業においては，首尾よく店を継続できたとしても見通しはかなり厳しい，ということが類推できる。

1) 本項は経済産業省「商業統計」上の分析の部分を除き，拙著『日本中小商業問題の解析』同友館，平成16年，363-367頁を引用したものである。
2) たとえば，平成13年（2001年）11月に開業した大型ショッピングセンター「やまとオークシティ」（神奈川県大和市）の場合，神奈川県は駐車場の台数が指針上の計算では足りないため「合理的な説明が必要」という意見を出した。これに対して事業者側は駐車場台数算定の根拠を示したうえで，駐車場の設置台数自体は変更しない旨の回答を行った。それを受けた神奈川県は審議会で検討した結果，勧告を見送った。以上は，日経MJ（流通新聞）編『流通経済の手引（2003年版）』日本経済新聞社，平成14年，26-27頁を参照している。
3) 同書，27頁。
4) 大店立地法施行2年後の状況に関する以上の事実関係については，同書，25-28頁を参照している。
5) 同書，28頁。
6) 同書，同頁。

第4節　まちづくり3法の改正

第1項　まちづくり3法改正の背景

　平成10年（1998年）に成立したいわゆる「まちづくり3法」は，8年後に改正されることとなった。平成18年（2006年）5月31日，参議院本会議において改正中心市街地活性化法案が可決され，同年8月22日に施行された。平成18年（2006年）5月24日には都市計画法の改正法案も可決されているが，こちらは翌年（2007年）11月30日に施行された。また，平成17年（2005年）3月には，大店立地法（大規模小売店舗立地法）の指針も改正されている。

　かくして，「まちづくり3法」は改正法下での新たなスタートを切ることになったが，土肥健夫氏は改正に至った背景事情として「事業環境の激変状況」を挙げ，これを下記4点の要因に整理している。土肥氏の見解はきわめて妥当なものであり，以下，これを要約し，紹介していこう[1]。

　背景の第1の要因は，郊外居住・モータリゼーションのいっそうの進展である。これが中心市街地の空洞化を招き，中心市街地にとってはボディブローのようにきいている。

　第2は，産業構造の転換による影響である。製造業を中心に工場の海外進出・転廃業が進んだ結果，郊外の広大な工場跡地が遊休化した。また，農産物の輸入自由化の進展，農業従事者の人手不足などによって，遊休化する農地も多くなった。こうした遊休地に大手量販店チェーンが超大型のショッピングセンターを積極的に進出させた。これが中心市街地活性化に係る取組みを進めるうえでの大きな阻害要因となっている。

　第3は，小売業における構造変化である。近年の「経済産業省・商業統計」をみると，年間商品販売額こそ平成19年（2007年）調査で若干増加したものの，商店数，従業者数（就業者数）のいずれも減少傾向にある。留意しなければならないのは，零細商店（とりわけ1～2人規模店）のいっそうの退潮とその反面での大型店の成長である。昭和37年（1962年）調査では小売商店数総計のうち7割以上を占めた常時従業者数1～2人規模の限界的な零細商店は，平

成26年（2014年）調査では4割台に，年間商品販売額も2割台から数％台にまで低下している。これに対し，店舗面積1,000m²以上の大型店は，統計を取り始めた昭和57年（1982年）調査以降，一貫して増加している。大型店が中小商店に大きな影響を与えていることは明らかであり，その立地も郊外に片寄っている。小売業におけるこうした構造変化も，中心市街地活性化の担い手のひとつである地域の有力な商業者や商店街に深刻な打撃を与え，活性化への大きな阻害要因となっている。

　第4は，リーダー・人材の枯渇である。人口の減少，高齢化の進展，後継者難などもあって，まちづくりを担うリーダー・人材が枯渇しつつある。市町村，商工会・商工会議所等においても，リストラが進みつつあり，優秀な人材は限定されている。その結果，優れた中心市街地活性化基本計画やTMO（Town Management Organization）構想（中小小売商業高度化事業構想）ができたとしても，それを実施する主体それ自体が脆弱であり，具体的なまちづくりに取り組めない状況に陥っている。

　「まちづくり3法」が改正されるに至った背景には以上のような事情がある。
1) 詳しくは，土肥健夫『改正・まちづくり三法下の中心市街地活性化マニュアル』
　　同友館，平成18年，22-25頁を参照されたい。

第2項　まちづくり3法改正への流れ

　関東経済産業局調べによると，中心市街地活性化法が施行されて以降，平成18年（2006年）8月21日時点で，中心市街地活性化基本計画を策定・公表した市町村は690件，TMO構想を作成し，市町村の認定を受けたものは413件，さらに経済産業大臣の認定を受けたTMO計画（中小小売商業高度化事業計画）は233件となっている。基本計画からTMO計画へと進む段階で約3分の1にまで件数が減少しており，取組みが順調には進んでいないことがうかがえる。

　総務省による厳しい政策評価も提示されている。同省は平成10年（1998年）から同13年（2001年）にかけて中心市街地活性化基本計画を策定した市町村について調査を行い，同16年（2004年）9月，中心市街地活性化に関する行政評価・勧告を行った。そこでは，①人口・商業等の統計数値が活性化への取組み

にもかかわらず減少・低下基調にあること，②基本計画の策定方法や内容，事業の実施状況やその見直しなどが的確でないこと，③補助金の効果的・効率的な活用がなされていないことなどが問題視されている。

こうした状況のもと，中心市街地活性化法と大店立地法を所管する経済産業省では，平成16年（2004年）9月から産業構造審議会流通部会と中小企業政策審議会商業部会の合同会議において大店立地法の指針の改正について討議が行われ，翌年（2005年）3月，大店立地法の改正指針が提出された。続いて平成17年（2005年）4月からの合同会議では，3法に関する評価・検討が行われ，同年12月に「コンパクトでにぎわいあふれるまちづくりを目指して」と題する中間答申が提出された。

都市計画法を所管する国土交通省では，社会資本整備審議会のなかに中心市街地再生小委員会と市街地の再編に対応した建築物整備部会が設置され，平成17年（2005年）7月から検討が行われた。平成18年（2006年）には，「広域的都市機能の適性立地」と「機能集積を誘導する支援方策」を軸とする報告書が取りまとめられ，国土交通大臣に答申された。

与党である自民・公明両党では，まちづくり3法見直し検討チームを設けて検討が行われ，平成17年（2005年）に取りまとめの結果が公表された。

平成17年（2005年）の衆議院選挙でも，3法の抜本的見直しが公約に盛り込まれた。また，平成17年（2005年）12月には，用途地域における大規模集客施設の規制についても与党合意がなされた。

かくして，「まちづくり3法」は改正に向けて大きな流れをつくり出していったわけである[1]。

1) 以上詳しくは，土肥健夫『改正・まちづくり三法下の中心市街地活性化マニュアル』同友館，平成18年，25-27頁を参照されたい。

第3項　改正まちづくり3法のポイント

(1) 中心市街地活性化法の改正

中心市街地活性化法は「まちづくり3法」の中核的な位置を占める。今回の改正でも，その中心を占めた。以下，改正のポイントについて簡潔に記してい

こう[1]。

　第1は，法律名称の変更である。現行の「中心市街地の整備改善及び商業等の活性化の一体的推進に関する法律」を「中心市街地の活性化に関する法律」に改めている。この名称変更に端的に表れているように，市街地整備・商業活性化だけに片寄らない総合的な取組みの必要性が反映されている。

　第2は，認定の仕組みの導入である。改正法では，まず国（中心市街地活性化本部）が改正法に関する基本方針やマニュアルを作成・公表し，市町村がこれに基づく基本計画を作成したうえで，これを国（中心市街地活性化本部長である内閣総理大臣）が認定する，という構図になっている。

　第3は，基本理念・責務等の明確化である。中心市街地の役割や活性化の必要性が基本理念として法文上明記され，国・地方自治体・事業者（大型店等も含む）の責務も明記されている。

　第4は，選択と集中の考え方に則った支援である。中心市街地活性化本部の認定を受けた基本計画に基づき，重点的・集約的な支援を行うこととしている。従前は要件さえ満たせばどの市町村でも比較的支援を受けやすかったが，こうした状況が大きく変化するものと思われる。なお，助成措置については，経済産業省・国土交通省によるものがすでに明らかになっているが，基本計画の認定を受けられなかった場合は，関連した支援・助成措置は認定を受けた場合と比較して軽微にとどまろう。

　第5は，多様な関係主体が参画した中心市街地活性化協議会の法制化である。改正法では，中心市街地活性化協議会が本文中に明記されている。改正法に則った基本計画や，認定後に具体的な取組みに係る支援を受けるための特定事業計画等を策定する際には，協議会と密接な連携を図ることが求められている。

(2) **都市計画法の改正**

　中心市街地活性化に係る取組みを，土地利用・機能配置面で担保するのが都市計画法である。法改正以前の段階では，都市計画法で規制できる範囲が狭いこと，用途規制が充分に機能していないことなどがとくに問題視されていた。こうした問題に対応すべく，法改正がなされたわけである。以下，改正のポイ

ントについて簡潔に記していこう[2]。

　第1は，大規模集客施設を対象としたゾーニング規制である。店舗面積1万m^2以上の大型店のみならず，映画館，アミューズメント施設など，集客力が大きく，周辺・広域の都市構造や都市形成に大きな影響を及ぼす施設は，①近隣商業地域，②商業地域，③準工業地域の3種の用途でしか立地できないものとされている。大規模集客施設が立地可能とされている準工業地域についても，改正法に則った基本計画として認定を受けるためには，特別用途地区を準工業地域に上塗りする形で立地を抑制することが条件となっている。この条件は3大都市圏を除き，全国的に適用される。

　非線引き都市計画区域や準都市計画区域内の白地地域でも，地区計画等で定めない限り，大規模集客施設の出店は原則として不可能である。

　農地等の土地利用の整除が必要な区域についても，準都市計画区域の要件を緩和するとともに，指定権者を都道府県知事として，ゾーニング規制が着実に稼働するような配慮がなされている。

　第2は，開発整備促進区域制度の創設である。上記ゾーニング規制によって，大規模集客施設の立地は厳格に規制される。ただし，都市戦略上，第2種住居地域・準住居地域・工業地域や，非線引き都市計画区域・準都市計画区域内の白地地域に大規模集客施設の立地を図る場合には，都市計画提案制度に則った手続きを経て，市町村が都道府県知事の同意を得て「開発整備促進区域」を都市計画に定め，立地を認めることもできることとされた。

　第3は，広域調整手続きの充実である。大規模集客施設の立地に関して隣接市町村とも調整を行う必要がある場合，その調整はかなり困難であった。改正法では，都道府県知事が都市計画決定等に対する協議同意を行う際に，関係市町村から意見聴取をすることができることとしたり，準都市計画区域の指定権者を都道府県知事にしたりしている。しかし，一歩前進ではあるが，依然として複数の行政区域にまたがる調整の実効性等に課題は残る。

　第4は，開発許可制度の見直しである。市街化調整区域内の大規模開発を例外的に許可できるようになっていた規定を廃止するとともに，病院・福祉施設・学校・行政庁舎などの公共公益施設をも開発許可等の対象としている。こ

れによって，中心市街地活性化への注力を提唱しつつ，公共公益施設の郊外移転を進めるような矛盾した施策が抑止されることになる。

(3) 大店立地法の指針改正

　大店立地法の改正は，基本的には考慮されていない。平成17年（2005年）3月に改正された指針を運用していくことが基本となっている。改正指針のポイントは下記4点に集約される[3]。

　第1は，基本的な考え方についてである。対象施設を大型店に併設したサービス施設にまで拡大している。そのうえで，①都市計画・中心市街地活性化基本計画・景観計画など関連計画の参照，②住民意向の考慮，③深夜営業等における周辺環境への配慮など，事業者の社会的責任に触れ，法の運用者である都道府県知事等に公平性や透明性を保った範囲での弾力的な運用を認めている。

　第2は，交通についてである。立地後の交通流動を的確に予測することや自転車・自動二輪のための駐輪場を求める反面，必要な駐車台数については地域の実態・実情を考慮して検討することを認めている。

　第3は，騒音や防犯についてである。施設・機器の経年劣化対策，青少年の深夜徘徊による騒音や犯罪に対する対策などが盛り込まれている。

　第4は，廃棄物についてである。リサイクル促進のための廃棄物分別の細分化，悪臭対策などが盛り込まれている。

　なお，大店立地法では都道府県知事によるある程度の柔軟な運用が認められているが，これに伴って，地方自治体が関連した独自の条例を設けるケースも増えている。

　1）　詳しくは，土肥健夫『改正・まちづくり三法下の中心市街地活性化マニュアル』同友館，平成18年，28-31頁を参照されたい。
　2）　詳しくは，同書，31-33頁を参照されたい。
　3）　詳しくは，同書，33-34頁を参照されたい。

第4項　再改正中心市街地活性化法のポイント

　中心市街地活性化法は平成10年（1998年）の制定，同18年（2006年）の改正にもかかわらず，成果は不充分であり，同26年（2014年）7月3日，再改正中

心市街地活性化法（以下，再活性化法と略す）が施行された。なお，再活性化法施行に向けて，最終改正が行われたのは平成26年（2014年）5月21日である。

再活性化法施行の背景は下記2点に求められる。①少子高齢化の進展や都市機能の郊外移転により，中心市街地における商機能の衰退や空き店舗，未利用地の増加に歯止めがかからない状況にあること。②このような状況のなか，「日本再興戦略」[1]において定められた「コンパクトシティの実現」に向け，国土交通省とも連携を図りつつ，民間投資の喚起を軸とする中心市街地活性化を図ることが有効であること。

以下，再活性化法のポイントについて簡潔に記していこう。

第1は，民間投資を喚起する新たな重点支援制度の創設である。

中心市街地への来訪者や就業者，小売業の売上高を相当程度増加させることを目指して行う事業（特定民間中心市街地経済活力向上事業）を認定し，重点支援することで民間投資を喚起する制度が新たに創設される。特定民間中心市街地経済活力向上事業は民間業者（市町村経由）が作成するもので，「中心市街地活性化協議会」が承認し，経済産業大臣が認定する。認定を受けることで，①中小企業基盤整備機構による市町村を通じた無利子融資，②地元が望む大規模小売店舗の立地手続きの簡素化（説明会開催義務の免除等）の支援措置を受けることができる。また，上記のような法律上の支援策とあわせて，①認定された民間業者を直接支援する補助金の交付，②税制優遇措置（建物等の取得に対する割増償却制度，登録免許税の軽減）の適用，③施設整備者および店子に対するいっそうの低利融資，といった支援策が講じられる。

第2は，中心市街地活性化を図る措置の拡充である。

従来の「中心市街地活性化基本計画」の認定要件が緩和され，小売業の顧客の増加や小売業者の経営の効率化を図るソフト事業（民間中心市街地商業活性化事業＝イベント・研修を行う事業）を認定する制度が新たに創設される。民間中心市街地商業活性化事業は民間事業者（市町村経由）が作成し，経済産業大臣が認定するが，これにより資金調達を円滑化するなどの支援が行われる。また，国土交通省と連携して，認定を受けた基本計画に対し，①オープンカフ

ェ等の設置に際しての道路占用の許可の特例の創設，②それぞれの中心市街地に限って活動が認められる特例通訳案内士制度の創設，といった支援策が講じられる[2]。

なお，地方都市再興に向けた政府の取組みの一環として，中心市街地活性化法のみならず，都市再生特別措置法[3]，地域公共交通活性化・再生法（地域公共交通の活性化および再生に関する法律）[4] も改正されている。いわゆる「まちづくり3法」は平成10年（1998年）以来いわれた俗称であるが，今回の改正では上記の「地方都市再興3法」に入れ替わるかのような用語使いがなされており，「まちづくり3法」は終焉したかのような感がある。

1) いわゆる「アベノミクス」の「3本の矢」のうちの3本目の矢である成長戦略を指す。

 アベノミクスとは，平成24年（2012年）12月に誕生した安部晋三内閣の経済政策であるが，エコノミクスとかけ合わせた造語で，レーガノミクス（1980年代に展開された米レーガン政権の自由主義経済政策）にちなむ。①財政出動，②金融緩和，③成長戦略という「3本の矢」で，長期のデフレを脱却し，名目 GDP 成長率3％程度，実質 GDP 成長率2％程度を目指している。

 平成25年（2013年）6月14日には，日本経済の再生に向けた「3本の矢」のうちの3本目の矢である成長戦略，「日本再興戦略— JAPAN is BACK」が閣議決定された。日本再興戦略では，成長実現に向けた具体的な取組みとして，①日本産業再興プラン，②戦略市場創造プラン，③国際展開戦略という3つのアクションプランを掲げている。

2) 以上，再活性化法の背景およびポイントについては，下記資料を参照している。中心市街地活性化法の概要—中心市街地活性化協議会支援センター，http://machi.smrj.go.jp（平成26年10月25日アクセス）。

3) 本法は平成26年（2014年）5月14日に改正されているが，改正のポイントは下記の通りである。市町村は，住宅，医療施設，商業施設，その他の居住関連施設の立地を一定の区域に誘導する「立地適正化計画」を作成できることにし，この区域に記載された施設について，用途・容積率の規制の緩和を行う。以上は，都市再生特別措置法等の一部を改正する法律案について—国土交通省，http://www.mlit.go.jp（平成26年10月25日アクセス）を参照している。

4) 本法は平成26年（2014年）5月14日に改正されているが，改正のポイントは下記の通りである。従来は国が管轄していた地域公共交通網については，今後は地

方自治体が「公共交通網形成計画」を作成し，その計画に沿った再編事業を実施するため，再編実施計画を作成する。この計画を国土交通大臣が認定した場合，道路運送法の特例措置がある。以上は，報道発表資料：地域公共交通の活性化および再生に関する法律の一部を改正する法律案について，http://www.mlit.go.jp（平成26年10月25日アクセス）を参照している。

第5節　政策的提言

　大店法の規制緩和が3つの段階を経て実施され，平成12年（2000年）6月には，規制緩和の最強硬策としてついに本法は廃止され，代わって大店立地法が施行されることとなった。大店法の撤廃は関係各方面に対してはたしていかなる事態をもたらすであろうか。
　これまでの分析から明らかなように，大店法の規制緩和（撤廃）は，必ずしも中小小売業全体の活性化・効率化に寄与するとは限らない。大店法の存在が中小小売業者の適応能力を弱体化させたからといって，その反対に規制緩和（撤廃）が彼らすべての活性化動機をめざめさせ，中小小売業全体の活性化・効率化をもたらすとはいえないのである。なぜなら，そもそも中小小売業はけっして一枚岩的な存在であるのではなく，きわめて多様かつ異質な階層の集合体なのであり，したがって，インパクトに対する反応もそれぞれの階層ごとに異なってくるからである。規制緩和論の陰では，とりわけ零細自営業者の日々の暮らしの実態が忘れ去られているような気がしてならない。
　大店法に代わる大店立地法の規制が実効性を伴っているか疑わしいし，大店法廃止の見返りとして提示された中心市街地活性化法も，事業総額からいって実質的な見返りとはならないものと思われる。
　再度確認しておくが，自制なき過激な競争は必ず経済的・社会的混乱につながる。そのしわ寄せを被るのは生活者である。そして，その修復のため，より高いコストを社会全体で負担することになる。
　しかし，だからといって，著者は大型店は無用だといっているのではない。問題は商店街全体が崩壊するほどの規模の，あるいは量の大型店の乱立にある。著者の分析が取り越し苦労に過ぎないことを祈りたい。

崩壊しつつある既存商店街を再構築することは並大抵のことではない。しかし，これを何としてでも活性化させなければならない。人口の高齢化が進みゆくいま，ホスピタリティーのある地域社会を構築するためにも，「歩いて行ける商店街」は貴重である。その意味で，既存商店街をいかに活性化させるかということが，政策面でも喫緊の課題となる。流通政策としては，ヨーロッパの中小都市のように，最低限，最寄品は徒歩か少なくとも自転車で購入しに行くことに不便しないような地域商業構造を担保する必要があるのではないか。

　以下，望ましい小売流通政策（ないしは中小商業政策）を求めて，いくつかの政策的提言を行い，結びとしよう。

　望ましい小売流通施策（ないしは中小商業政策）のために決定的に重要なのは，国家独占資本主義のもとでの小売流通政策，とりわけ小売機構の調整に関する政策を真に民主的なものに改革しなければならないということである。その際，決定的に重要なのは，政策決定過程に当事者を何らかの形で参加させることであり，そうしてこそ，真の意味での民主的な改革が達成されよう。そして，民主的なものに改革していく過程のなかからつくり出される政策体系は，独占の流通支配に反対し，中小商業を守り，発展させ，それとの関連において，経済的・社会的・文化的視点から地域の振興を図ることを視点においたものでなければならない。

　上記の視点について，以下，具体的に論理を展開しよう。

　まず，このところ地域の商店街の衰退は著しく，大店法の規制緩和（撤廃）は商店街の衰退をさらに進めることになろう。商店街の衰退は，商店街がもっている地域住民に対する貢献の可能性を摘むものであり，地域住民にとっても不利益となる。さらには，商店街の衰退は小売業者の参入の場が制限されることでもあり，小売業の活性化にとっても重大問題である。

　そもそも小売業のあり方は地域単位で決めるべきものである。元来，地域差のある問題についての調整という厄介な問題を抱えている以上，全国一律に，あるいは都道府県単位，政令指定都市単位で一律に，画一的な出店規制緩和を行うことは本末転倒である。

　大型店の出店に係る調整については，都市政策や都市計画の観点から，市町

村単位できめ細かく対応させるべきである。そのためには，経済産業省や都道府県知事がもつ権限を全面的に各市町村自治体に委譲すべきであるが，権限の委譲がなければ，まちづくりの一環として小売業の発展を図ることは困難である。また，本章第3節で触れたように，大型店の出店に対して広義の環境アセスメントの制度化を急ぐ必要があろう。すなわち，従来の大店法の調整4項目（大型店の店舗面積，開店日，閉店時刻，および休業日数）以外にも，たとえば自然環境，職場環境，社会環境（交通渋滞，駐車・駐輪，交通安全，騒音など），さらには，経済環境などにかかわる要因をも調整項目として組み込むべきである，ということである。なお，市町村自治体が調整を行う際には，まず地域の消費者にとって適正な商業施設（集積）の規模はいかにあるべきか，という視点から調整を図ることが肝要であろう。なぜなら，「『あるべき流通政策』は何よりも消費者の要望にそうものであり，次いで流通に携わる多くの人々，価値の実現を流通に期待する生産者にとっての願いに応えるものでなければならない」[1]からである。

　とはいえ，以上のような見地から大型店の出店に係る調整を行ったとしても，問題はまだ残る。すなわち，アメリカ・EU諸国からの批判にどう対応するか，という問題である。日本が経済大国化した現在，国内利害調整と国際利害調整との両立をどう図るかが課題となっているのも事実である。しかし，海外からの規制緩和圧力については前章第3節で分析したように，的を射た論理であるか疑わしい面があった。国際利害調整の問題に対する対応については，規制緩和の側面から考察すべきものではなく，石油ショック克服後顕著になった輸出依存体質を是正する努力を積み重ねることこそが先決であろう。

　なお，小売商業調整政策（流通調整政策）を真に民主的なものに改革していく際，中小商業側に望まれるのは政治的・経済的民主主義に立脚したいっそうの主体的条件の強化である。

　以上，望ましい小売流通政策（ないしは中小商業政策）のために決定的に重要となる政策視点についてその論理を展開したが，以下は，決定的とまではいえないまでも，第二義的なものとして重要な政策視点となろう。

　第1は，対症療法からの転換である。競争により活力が生まれ，生産性が向

上するのはいうまでもないが，その際，小売流通政策，中小商業施策の一視座からは，大と小との公正な職能競争を期待したい。そのためには，小に対して，大と対等に競争できるような側面援助を与えるべきである。大店法以降の法規制は，大店法規制緩和がもたらされるまではおしなべて弱者「保護」の政策基調に貫かれており，中小商業内部の革新性や活性化にはあまり考慮を払ってこなかったのは問題である。政策は，単なる対症療法に終わるのではなく，中小商業をいかに活かしていくかという点にこそ重点をおくべきである。

　第2は，小売流通政策，中小商業政策への社会保障制度の組込みである。これは上記第1の提言とも関連するが，第1のような政策的転換を図ったうえで，競争から脱落した者に対しては，たとえば社会保障制度の充実を図るなどして，別の形で補償を与えるという後方支援をも行っておくべきであろう。第9章第1節でも触れたように，大型店問題は単なる流通問題の枠内で捉えきれず，社会保障問題とも大きく関連するが，日本の場合，欧米諸国と比較して社会保障制度の面で著しく立ち遅れていること自体が問題である。

　第3は，「上層・下層同時育成」という視点への転換である。政策はこれまで中小商業を援護してきたとしても，それは結果において「上層育成，下層淘汰」というものになっていた。たとえば，資金助成を伴う施策についてみても，現行の経営資源充実などのための資金助成策は一部の先進的な優良企業に対象が絞られ，本当に施策を必要としている普通の中小商業が対象外とされる嫌いがある。したがって，普通の中小商業がもっと利用可能となるように，施策の助成条件を緩和し，予算額を増やす必要がある。要は，「上層・下層同時育成」という視点があって初めて中小商業全般に対する有効な政策援護となるということである。

　第4は，多様な政策内容に見合うだけのいっそうの財政的基盤（中小企業対策費）の充実である。日本の中小企業政策は他の先進工業諸国に例をみないほどきわめて多面かつ多岐にわたっているが[2)]，中小商業政策実施にあたる財政的基盤は，金融対策に充当する財政投融資を除くときわめて貧弱である。しかも，貧弱な中小企業対策費の配分についても，中小工業に振り向けられる割合が相当に大きく，中小商業への割合は小さい。

図表15—4　流通政策の国際比較分析のフレームワーク

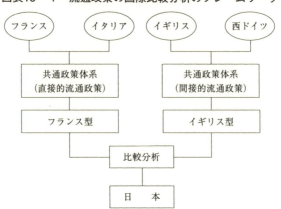

（資料）　拙著『日本中小商業の研究』信山社，平成元年，191頁。

　しかし，それにしても，望ましい小売流通政策（ないしは中小商業政策）のあり方について考えたとき，他の先進工業諸国に例をみないほどに多面かつ多様な政策が投入されていながら，流通政策論はその理論的基盤を提供するほどには成熟していない。今後この面での研究をいっそう推進していかなければならないことの必要性を強く感ずるが，とりあえずは，図表15—4に示すように，日本の場合のあるべき流通政策体系を導き出すフレームワークのみを提示しておこう[3]。

　図表15—4に示すフランスおよびイタリアの場合は，政府が直接的流通政策を採用して，そこに介入している。政策観点は，中小商店の事業機会の確保，大型店と中小商店との事業活動の調整に求められる。イギリスおよびドイツ（図表では西ドイツ）の場合は，直接的な商業活動への規制または立法措置は採られておらず，いわば間接的に流通部門へ影響を与えるような間接的流通政策が採用されている。イギリスおよびドイツは，基本的には自由競争の原理に立っており，政策観点は，地域開発計画，商業立地政策に求められる。

　以上のようなフランス型の直接的流通政策とイギリス型の間接的流通政策とを相互比較し，綿密に分析していくことによって，日本の場合のあるべき流通

政策体系を導き出すことが，大きな課題となる。

1) 糸園辰雄「流通政策の課題」糸園辰雄編著『現代資本主義と流通』ミネルヴァ書房，平成元年，224頁。
2) 詳しくは，拙著『現代日本の中小商業問題』信山社，平成11年，289-294頁を参照されたい。
3) 詳しくは，拙著『日本中小商業の研究』信山社，平成元年，補章「ヨーロッパ主要諸国の中小商業問題」，とりわけ191-192頁を参照されたい。

(付記)

本章の第1節～第3節は，拙著『現代日本の中小商業問題』(信山社，平成11年)の第8章「流通政策の大転換」の序，第2節，および第3節に，第4節は，拙稿「中小小売業の存在意義とまちづくり3法改正後の課題」〔『中小商工業研究（全商連付属・中小商工業研究所）』第92号，平成19年所収〕の第3章および第4章に，第5節は，拙著，前掲書，第8章の第4節および第15章の第4節にそれぞれ加筆修正または削除を施し，再編成したものである。

主要参照文献

本書執筆にあたり参考または引用に供した文献は数多いが，紙幅の都合上，各章ごとに主要なものだけを以下に列挙する。

(第1章)
1 浅井慶三郎「日本発のマーケティング概念」『企業診断』平成3年1月号。
2 宇野政雄「流通新時代における競争・協調・コンフリクト」『流通コンフリクトの研究』早稲田大学産業経営研究所・産研シリーズ第8号，昭和57年。
3 坂本秀夫『日本中小商業の研究』信山社，平成元年。
4 商業施設技術体系編集委員会編『商業施設技術体系』(社)商業施設技術団体連合会，平成3年。
5 白髭武『現代マーケティング論』日本評論社，昭和52年。
6 田島義博『流通機構の話』日本経済新聞社，昭和40年。
7 宮原義友「総論」宮原・望月・有田著『商学総論』同文舘，昭和62年。
8 American Marketing Association, *Marketing Definitions : A Glossary of Marketing Terms*, AMA, 1960. 〔(社)日本マーケティング協会訳『マーケティング定義集』(社)日本マーケティング協会，昭和38年。〕
9 Clark, F. E., *Principles of Marketing*, Macmillan, 1947.
10 McCarthy, E. J., *Basic Marketing*, 6th ed., Irwin, 1978.

(第2章)
1 荒川祐吉『体系マーケティング・マネジメント』千倉書房，昭和41年。
2 荒川祐吉「マーケティングの近代理論とその展開」荒川・山中・風呂・村田著『マーケティング経営論』日本経営出版会，昭和42年。
3 久保村隆祐・荒川祐吉編『商業辞典』同文舘，昭和57年。
4 坂本秀夫『現代マーケティング概論』信山社，平成5年。
5 白髭武『現代マーケティング論』日本評論社，昭和52年。
6 村田昭治「マーケティングとは何か」田内幸一・村田昭治編『現代マーケティングの基礎理論』同文舘，昭和56年。
7 保田芳昭「現代流通をどうみるか」保田芳昭・加藤義忠編『現代流通論入門(新版)』有斐閣，平成6年。

8 鷲尾紀吉『現代流通の潮流』同友館, 平成11年。
9 レイザー, W.「ソーシャル・マーケティング」村田昭治編著『ソーシャル・マーケティングの構図』税務経理協会, 昭和51年。
10 Converse, P. D., "Development of Marketing Theory : Fifty Years of Progress", in H. Wales (ed.), *Changing Perspectives in Marketing*, The University of Illinois press, 1951.
11 Fisk, G., *Marketing and Ecological Crisis*, Harper & Row, 1974.(西村・三浦・辻本・小原訳『マーケティング環境論』中央経済社, 昭和58年。)
12 Holloway, R. J. and R. S. Hancock, *The Environment of Marketing Behavior*, Wiley, 1964.
13 Kelley, E. J. and W. Lazer (eds.), *Managerial Marketing : Perspectives and Viewpoints*, 2nd ed., Irwin, 1962.
14 *Ibid.*, 3rd ed., 1967.(片岡・村田・貝瀬訳『マネジリアル・マーケティング(下)』丸善, 昭和44年。)
15 Kotler, P. and S. J. Levy, "Broadening the Concept of Marketing", *Journal of Marketing*, Vol. 33, No. 1, 1969.
16 Kotler, P., *Principles of Marketing*, Prentice-Hall, 1980.(村田昭治監修, 和田充夫・上原征彦訳『マーケティング原理』ダイヤモンド社, 昭和58年。)
17 Lazer, W., *Marketing Management : A Systems Perspective*, Wiley, 1971.(片岡一郎監訳, 村田昭治・嶋口充輝訳『現代のマーケティング』丸善, 昭和49年。)
18 Lazer, W. and E. J. Kelley (eds.), *Social Marketing : Perspectives and Viewpoints*, Richard D. Irwin, 1973.
19 McCarthy, E. J., *Basic Marketing*, 4th ed., Irwin, 1971.

(第3章)
1 江尻弘『流通経路』産業能率短期大学, 昭和48年。
2 坂本秀夫『現代日本の中小商業問題』信山社, 平成11年。
3 坂本秀夫『日本中小商業問題の解析』同友館, 平成16年。
4 佐々木銀弥『中世の商業』至文堂, 昭和41年。
5 佐藤肇『日本の流通機構』有斐閣, 昭和49年。
6 竹内誠「近世前期の商業」豊田武・児玉幸多編『流通史(Ⅰ)』山川出版社, 昭和44年。
7 田村正紀『日本型流通システム』千倉書房, 昭和61年。
8 中木康夫「商業の発達とギルド制の変容」大塚・高橋・松田編著『西洋経済史

講座（Ⅰ）』岩波書店，昭和35年。
9 　林玲子「近世中後期の商業」豊田武・児玉幸多編，前掲書。
10　諸田實「中世の商業組織」石坂・壽永・諸田・山下著『商業史』有斐閣，昭和55年。
11　山下幸夫「国内市場の形成と商業組織の発達」大塚・高橋・松田編著『西洋経済史講座（Ⅱ）』岩波書店，昭和35年。
12　Bucklin, L. P., *Competition and Evolution in the Distributive Trade*, Prentice-Hall, 1972.
13　Hampe Jr., E. C. and M. Wittenberg, *The Lifeline of America, Development of the Food Industry*, McGraw-Hill, 1964.（渡辺伍良訳『食品産業・アメリカの生命線』ダイヤモンド社，昭和43年。）
14　Revzan, D. A., *Wholesaling in Marketing Organization*, John Wiley & Sons, 1961.

（第4章）
1 　来住元朗「消費者行動」三浦・来住・市川著『新版マーケティング』ミネルヴァ書房，平成3年。
2 　杉野幹夫「流通における卸売商業の役割」保田芳昭・加藤義忠編『現代流通論入門（新版）』有斐閣，平成6年。
3 　住谷宏「卸売機構」久保村隆祐編著『商学通論（新訂版）』同文舘，平成3年。
4 　田村正紀「卸売業」鈴木安昭・田村正紀『商業論』有斐閣，昭和55年。
5 　羽田昇史『現代の流通・商業』学文社，平成7年。
6 　林一雄「卸売業」兼村・青木・林・鈴木・小宮路著『現代流通論』八千代出版，平成11年。
7 　鷲尾紀吉『現代流通の潮流』同友館，平成11年。

（第5章）
1 　公正取引委員会事務総局『卸売業者等の事業活動に関する実態調査報告書』（平成10年）。
2 　坂本秀夫『日本中小商業問題の解析』同友館，平成16年。
3 　杉野幹夫「流通における卸売商業の役割」保田芳昭・加藤義忠編『現代流通論入門（新版）』有斐閣，平成6年。
4 　羽田昇史『現代の流通・商業』学文社，平成7年。
5 　林一雄「卸売業の経営課題」兼村・青木・林・鈴木・小宮路著『現代流通論』

6　宮下正房『現代の流通戦略』中央経済社，平成8年。
7　横森豊雄「商業統計にみるわが国の卸売業の構造と変化」『専修大学商学研究所報』第81号，平成3年。
8　鷲尾紀吉『現代流通の潮流』同友館，平成11年。

(第6章)
1　青木均「小売業」兼村・青木・林・鈴木・小宮路著『現代流通論』八千代出版，平成11年。
2　糸園辰雄『日本中小商業の構造』ミネルヴァ書房，昭和50年。
3　宇野・金子・西村編著『現代商業・流通辞典』中央経済社，平成4年。
4　小堀雅浩「小売機構」宮澤・宮原・望月編著『現代商業学』同文舘，平成4年。
5　(財)広域関東圏産業活性化センター『郊外型ビジネスの実態把握と将来方向に関する調査研究報告書』(平成8年)。
6　坂本秀夫『現代日本の中小商業問題』信山社，平成11年。
7　坂本秀夫「ロードサイド商業の現況」川野・坂本・中山・鷲尾著『ロードサイド商業新世紀』同友館，平成11年。
8　鈴木安昭『新・流通と商業』有斐閣，平成5年。
9　関根孝「小売機構」久保村隆祐編著『商学通論(三訂版)』同文舘，平成8年。
10　田島義博『流通機構の話(新版)』日本経済新聞社，平成2年。
11　野澤建次『現代流通入門』中央経済社，平成9年。
12　羽田昇史『現代の流通・商業』学文社，平成7年。
13　鷲尾紀吉『現代流通の潮流』同友館，平成11年。

(第7章)
1　青木均「小売業」兼村・青木・林・鈴木・小宮路著『現代流通論』八千代出版，平成11年。
2　宇野・金子・西村編著『現代商業・流通辞典』中央経済社，平成4年。
3　大橋正彦『小売業のマーケティング』中央経済社，平成7年。
4　久保村隆祐・荒川祐吉編『商業辞典』同文舘，昭和57年。
5　小西滋人「流通業の業態変化」田内幸一・村田昭治編『現代マーケティングの基礎理論』同文舘，昭和56年。
6　坂本秀夫『現代中小商業問題の解明』信山社，平成6年。

7 坂本秀夫『現代日本の中小商業問題』信山社，平成11年。
8 坂本秀夫「ロードサイド商業の現況」川野・坂本・中山・鷲尾著『ロードサイド商業新世紀』同友館，平成11年。
9 鈴木安昭「小売形態の多様化」『消費と流通』第2巻第1号，昭和55年。
10 田口冬樹『現代流通論（新訂版）』白桃書房，平成6年。
11 竹林祐吉『ボランタリー・チェーンの研究』千倉書房，昭和51年。
12 中小企業事業団・中小企業研究所『中小小売商業の業態開発手法の研究』（昭和61年）。
13 中小企業事業団監修（編集代表・十合晄・坂本秀夫・鷲尾紀吉）『ロードサイドショップ』同友館，平成5年。
14 通産省商政課編『90年代の流通ビジョン』(財)通商産業調査会，平成元年。
15 同文舘編刊『マーケティング用語辞典（増補版）』昭和50年。
16 徳永豊『アメリカの流通業の歴史に学ぶ（第2版）』中央経済社，平成4年。
17 中村孝士監修『小売業のヴィジョン』日本小売業協会，昭和57年。
18 西岡俊哲「形態別にみた主要小売商業」保田芳昭・加藤義忠編『現代流通論入門（新版）』有斐閣，平成6年。
19 風呂勉『マーケティング・チャネル行動論』千倉書房，昭和43年。
20 本間重紀編『コンビニの光と影』花伝社，平成11年。
21 光澤滋朗「商業形態」森下二次也監修『商業の経済理論』ミネルヴァ書房，昭和51年。
22 向山雅夫「小売商業形態展開論の分析枠組（Ⅰ）・（Ⅱ）」『武蔵大学論集』第33巻第2・3・4号，昭和61年。
23 Davidson, W. R., A. D. Bates, and S. J. Bass, "The Retail Life Cycle", *Harvard Business Review*, Vol. 54, November–December 1976.
24 Gist, R. R., *Retailing : Concepts and Decisions*, John Wiley & Sons, 1968.
25 Hollander, S. C., "Notes on the Retail Accordion Theory", *Journal of Retailing*, Vol. 42, Summer 1966.
26 Izraeli, D., "The Three Wheels of Retailing : A Theoretical Note", *European Journal of Marketing*, Vol. 7, No. 1, 1963.
27 Kotler, P., *Principles of Marketing*, Prentice-Hall, 1980.（村田昭治監修，和田充夫・上原征彦訳『マーケティング原理』ダイヤモンド社，昭和58年。）
28 Lewison, D. M., *Retailing*, 4th ed., Macmillan Publishing, 1991.
29 Mason, J. B., M. L. Mayer, and J. B. Wilinson, *Modern Retailing : Theory and Practice*, 6th ed., Richard D. Irwin, 1993.

30 McNair, M. P., "Significant Trends and Developments in the Postwar Period", in A. B. Smith (ed.), *Competitive Distribution in a High-Level Economy and Its Implications for the University*, University of Pittsburgh Press, 1958.
31 Neilsen, O., "Development in Retailing", in M. kjær-Hansen (ed.), *Reading in Danish Theory of Marketing*, North-Holland, 1966.
32 Stanton, W. J., *Fundamentals of Marketing*, 5th ed., McGraw-Hill, 1978.

(第8章)
1 小林憲一郎「エクセレントな中小商店」『企業診断』平成10年1月号。
2 坂本秀夫『現代日本の中小商業問題』信山社, 平成11年。
3 坂本秀夫『大型店出店調整問題』信山社, 平成11年。
4 坂本秀夫『日本中小商業問題の解析』同友館, 平成16年。
5 志沢芳夫「規制緩和の影響と対応の方向」田中・波形・志沢編著『成功事例にみるポスト大店法時代の商店経営』同友館, 平成3年。
6 土肥健夫『改正・まちづくり三法下の中心市街地活性化マニュアル』同友館, 平成18年。
7 鍋田英彦「90年代の中小小売業と商店街の活性化」『流通とシステム』第60号, 平成元年。
8 日本商工会議所『商店街空き店舗対策モデル事業報告書』(平成9年)。
9 樋口兼次「大店法関連5法案を斬る」『月刊専門店』平成3年3月号。
10 三浦明定「商業者と商店街が生まれ変わる時」宮澤健一・高丘季昭編『流通の再構築』有斐閣, 平成3年。
11 三浦功「出色小売店の条件は何か」(社)流通問題研究協会編『出色小売店の条件』中央経済社, 平成元年。
12 向山雅夫「地域と小売商業」全国商店街振興組合連合会編刊『商店街再構築とその方向』平成2年。
13 矢作弘『都市はよみがえるか』岩波書店, 平成9年。
14 (財)流通経済研究所『中小小売店経営活性化方策調査』(昭和62年)。

(第9章)
1 秋本育夫「流通革新と中小企業」藤田敬三・竹内正巳編『中小企業論(新版)』有斐閣, 昭和47年。
2 糸園辰雄『日本中小商業の構造』ミネルヴァ書房, 昭和50年。
3 岡村明達「現実離れの『流通革命論』」『エコノミスト』昭和38年9月3日号。

4　岡村明達「大型店規制の新段階——破たんにむかう通産型流通近代化政策——」『経済』昭和57年6月号。
5　片山又一郎『日本の流通理論』ビジネス社，昭和56年。
6　清成忠男『地域小売商業の新展開』日本経済新聞社，昭和58年。
7　坂本秀夫『現代日本の中小商業問題』信山社，平成11年。
8　坂本秀夫『日本中小商業問題の解析』同友館，平成16年。
9　佐藤肇『日本の流通機構』有斐閣，昭和49年。
10　鈴木安昭『昭和初期の小売商問題』日本経済新聞社，昭和55年。
11　竹林庄太郎『日本中小商業の構造』有斐閣，昭和16年。
12　田島義博『日本の流通革命』日本能率協会，昭和37年。
13　田村正紀『日本型流通システム』千倉書房，昭和61年。
14　中小企業庁編『中小企業施策のあらまし（昭和62年度版）』（財）中小企業調査協会，昭和62年。
15　日経流通新聞編『大型店新規制時代の小売業』日本経済新聞社，昭和57年。
16　日本経済新聞社編刊『改正大店法は小売業をこうかえる』昭和54年。
17　林周二『流通革命』中央公論社，昭和37年。
18　樋口兼次「大店法関連5法案を斬る」『月刊専門店』平成3年3月号。
19　古田肇「大店法関連5法案の概要」『月刊専門店』平成3年4月号。

（第10章）
1　糸園辰雄『日本中小商業の構造』ミネルヴァ書房，昭和50年。
2　岩間信之編著『フードデザート問題』（財）農林統計協会，平成23年。
3　宇野政雄「これからの流通展望」『早稲田商学（早稲田大学）』第296号，昭和57年。
4　改訂増補・商業施設技術体系編集委員会編『商業施設技術体系（改訂・増補版）』（社）商業施設技術団体連合会，平成4年。
5　坂本秀夫「中小零細小売業存立を支える理論的根拠の一般化」『商学研究科紀要（早稲田大学）』第18号，昭和59年。
6　坂本秀夫「零細小売店激減現象の理由および社会的インパクト」『経済学研究紀要（明星大学）』第38号第2号，平成19年。
7　坂本秀夫「中小小売業の存在意義とまちづくり3法改正後の課題」『中小商工業研究（全商連付属・中小商工業研究所）』第92号，平成19年。
8　坂本秀夫『現代中小商業論』同友館，平成24年。
9　竹林庄太郎『現代中小商業の構造』有斐閣，昭和16年。

10 馬場雅昭『日本の零細小売商業問題』同文舘，平成18年。
11 番場博之『零細小売業の存立構造研究』白桃書房，平成15年。
12 マリオン著，山中豊国訳「アメリカにおける食品の小売業と卸売業」糸園・中野・前田・山中編『転換期の流通経済Ⅰ・小売業』大月書店，平成元年。
13 三浦展『ファスト風土化する日本』洋泉社，平成16年。
14 矢作弘『都市はよみがえるか』岩波書店，平成9年。
15 吉谷泉「日米構造協議の焦点・大店法問題」日本共産党中央委員会出版局編刊『日米構造協議』平成2年。

(第11章)
1 市川貢「流通管理」三浦・来住・市川著『新版マーケティング』ミネルヴァ書房，平成3年。
2 江尻弘『流通系列化』中央経済社，昭和58年。
3 江尻弘『マーケティング思想論』中央経済社，平成3年。
4 木綿良行「チャネル戦略」田内幸一・村田昭治編『現代マーケティングの基礎理論』同文舘，昭和56年。
5 久保村隆祐・荒川祐吉編『商業辞典』同文舘，昭和57年。
6 坂本秀夫『現代日本の中小商業問題』信山社，平成11年。
7 清水滋『マーケティング機能論』税務経理協会，昭和55年。
8 三上富三郎『現代マーケティングの理論』ダイヤモンド社，昭和49年。
9 宮澤永光「物流戦略」田内幸一・村田昭治編，前掲書。
10 鷲尾紀吉『現代流通の潮流』同友館，平成11年。
11 American Marketing Association, *Marketing Definitions : A Glossary of Marketing Terms*, AMA, 1960.〔(社)日本マーケティング協会訳『マーケティング定義集』(社)日本マーケティング協会，昭和38年。〕
12 Converse, P. D. and Others, *The Elements of Marketing*, 6th ed., Prentice-Hall, 1958.
13 Howard, J. A., *Marketing Management : Analysis and Planning*, Irwin, 1957.
14 Kotler, P., *Marketing Management*, 4th ed., Prentice-Hall, 1980.（稲川・浦郷・宮澤訳『続マーケティング・マネジメント』東海大学出版会，昭和55年。）
15 Rosenbloom, B., *Marketing Channels*, The Dryden Press, 1978.
16 Saunders, W. B., "Designing a Distribution System", *Distribution Age*, Vol. 64, No. 1, 1965.

(第12章)
1 岡田和典・松川孝「流通再編と卸売業の経営革新」『一橋ビジネスレビュー（一橋大学）』第49巻第2号，平成13年。
2 岡本広夫『超価格革命が図解でわかる本』山下出版，平成6年。
3 小山周三「流通革新と中小企業」中村秀一郎・金谷貞夫編『エレメンタル中小企業』英創社，平成7年。
4 坂本秀夫『日本中小商業問題の解析』同友館，平成16年。
5 中小企業庁編『中小企業白書（平成7年版）』大蔵省印刷局，平成7年。
6 中内功『わが安売り哲学』日本経済新聞社，昭和44年。
7 野口智雄『ビジュアル・マーケティングの基本』日本経済新聞社，平成6年。
8 羽田昇史『現代の流通・商業』学文社，平成7年。
9 柳沢靖三「どうなる・どうする価格破壊」柳沢・石井・神田著『価格破壊で中小小売業はどうなる・どうする』同友館，平成7年。

(第13章)
1 糸園辰雄『日本中小商業の構造』ミネルヴァ書房，昭和50年。
2 川端基夫「小売国際化の深化とアジア市場の特徴」『生活協同組合』通巻350号，平成17年。
3 小島郁夫『日本の流通が壊滅する日』ぱる出版，平成13年。
4 後藤亜紀子「90年代に日本市場に参入した外資系流通業」根本重之・為広吉弘編著『グローバル・リテイラー』東洋経済新報社，平成13年。
5 坂本秀夫「IT革命がもたらす小売流通システムの進化と変貌」明星大学経済学部編刊『グローバル化時代における経営の課題と展望（Ⅱ）（平成15年度共同研究）』平成15年。
6 鈴木・関根・矢作編『マテリアル流通と商業（第2版）』有斐閣，平成9年。
7 清尾豊治郎『小売業BtoB巨大連合が世界市場を支配する』ダイヤモンド社，平成12年。
8 田島義博「流通『グローバルスタンダード』で日本の取引慣行の破壊を目論む外資勢」『エコノミスト』平成13年2月20日特大号。
9 月泉博『流通激震！これからの「勝ち組」戦略』日本実業出版社，平成13年。
10 日経MJ（流通新聞）編『流通経済の手引（2004年版）』日本経済新聞社，平成15年。
11 番場博之「グローバル化に伴う流通構造の変化と中小零細小売業」『商工金融』第51巻第11号，平成13年。

12　二神康郎「高まってきた先進商業国の市場占拠率」『流通とシステム』第108号，平成13年。
13　二神康郎「グローバルチェーンの動向とわが国小売市場」『TRI-VIEW（東急総合研究所）』第15巻第6号，平成13年。
14　丸山秀樹「カルフールの混迷と課題」同誌，第17巻第1号，平成14年。
15　丸山秀樹「ウォルマートの海外戦略と対日戦略」同誌，第17巻第2号，平成14年。

（第14章）
1　阿部真也「中小小売業と街づくりの課題」阿部真也編『現代流通論4・中小小売業と街づくり』大月書店，平成7年。
2　糸園辰雄「商業政策の本質」糸園・加藤・小谷・鈴木著『現代商業の理論と政策』同文舘，昭和54年。
3　糸園辰雄『現代の中小商業問題』ミネルヴァ書房，昭和58年。
4　加藤義忠「流通規制緩和の展開」加藤・佐々木・真部著『小売商業政策の展開』同文舘，平成8年。
5　清成忠男『地域小売商業の新展開』日本経済新聞社，昭和58年。
6　久保村隆祐「流通政策の目的・体系・研究」久保村・田島・森著『流通政策』中央経済社，昭和57年。
7　坂本秀夫「流通の国際化と流通政策」岩下弘編著『流通国際化と海外の小売業』白桃書房，平成9年。
8　坂本秀夫『現代日本の中小商業問題』信山社，平成11年。
9　鈴木武「流通政策の基盤と目標」鈴木武編『現代の流通問題』東洋経済新報社，平成3年。
10　田島義博「流通機能の効率化政策」久保村・田島・森著，前掲書。
11　田島義博「小売商業調整政策」同書。
12　田島義博「競争維持政策」同書。
13　原田英生「日米流通業の効率性比較に関する批判的検討（その1・2）」『流通経済大学論集』通巻77・78号，昭和62年。
14　マリオン著，山中豊国訳「アメリカにおける食料品の小売業と卸売業」糸園・中野・前田・山中編『転換期の流通経済Ⅰ・小売業』大月書店，平成元年。
15　森宏「農産物流通政策」久保村・田島・森著，前掲書。
16　保田芳昭『国際化時代の流通政策』ミネルヴァ書房，平成5年。
17　渡辺俊三「規制緩和と中小企業」中小事業団・中小企業研究所『中小企業の構

造分析』(平成元年)。

(第15章)
1　糸園辰雄「流通政策の課題」糸園辰雄編著『現代資本主義と流通』ミネルヴァ書房，平成元年。
2　坂本秀夫『日本中小商業の研究』信山社，平成元年。
3　坂本秀夫『日本中小商業問題の解析』同友館，平成16年。
4　坂本秀夫「中小小売業の存在意義とまちづくり3法改正後の課題」『中小商工業研究（全商連付属・中小商工業研究所）』第92号，平成19年。
5　信山社編刊『大店立地法(案)・改正都市計画法(案)正文』平成10年。
6　土肥健夫『改正・まちづくり三法下の中心市街地活性化マニュアル』同友館，平成18年。
7　日経MJ（流通新聞）編『流通経済の手引き（2003年版）』日本経済新聞社，平成14年。
8　矢作弘『都市はよみがえるか』岩波書店，平成9年。
9　吉谷泉「日米構造協議の焦点・大店法問題」日本共産党中央委員会出版局編刊『日本構造協議』平成2年。

事　項　索　引

あ行

IT 革命 ······································ 253, 271
アウトレットストア ····················· 102
アウトレットモール ·············· 102, 240
空き店舗 ·································· 143, 145
新しい販売システム ····················· 277
アベノミクス ································ 327
アメリカ商業統計 ························· 110
アメリカニズム ····················· 290, 301
新たな零細小売業問題 ·················· 190
あるべき流通政策体系 ·················· 332

い

EOS ··· 57, 81
e コマース ···································· 271
EC ·· 80
ECR ··· 80, 81
EDI ·· 80, 81
e リテイル ···································· 271
市 ·· 37, 50
一手販売代理店契約 ····················· 213
移動卸売業 ····································· 62
インターディシプリナリー・アプローチ ··· 20

う

Web-EDI ·· 80
上乗せ規制 ···································· 182
運用適正化措置等 ················· 146, 180
運用等の適正化 ···························· 179

え

営業形態 ··································· 95, 96
営利説 ··· 4

エコロジカル・アプローチ ············ 24
エコロジカル・マーケティング ······ 24
NB 商品 ·· 237
FC ·· 158
M&A ····························· 266, 268, 272, 274
円高 ·· 239, 293

お

OEM 供給 ···································· 236
大型店出店反対運動 ····················· 288
大型店問題 ················ 163, 164, 167, 189, 194
オープン価格制 ············· 78, 231, 238
卸売 ··· 55
卸売業 ·· 55
卸売業者の機能 ···················· 34, 41, 46
卸売業の概念 ·································· 55
卸売業の基本機能 ·························· 56
卸売業の社会的役割 ······················ 64
卸売商 ·· 55
卸売商主宰ボランタリー・チェーン ··· 133
卸・小売商共宰ボランタリー・チェーン
 ·· 134
卸中抜き現象 ···················· 76, 79, 275

か

改正商調法 ···································· 175
改正大店法 ······················ 146, 176, 182, 196
改正中心市街地活性化法 ····· 161, 300, 320
開発許可指導要領 ························· 256
開発輸入品 ···································· 248
開放的チャネル政策 ·············· 213, 214
買回品 ···································· 17, 123
買物弱者 ·································· 188, 194
買物弱者問題 ································ 198

価格破壊‥‥‥‥‥‥‥‥78, 163, 229, 230
価格破壊の発生要因‥‥‥‥‥‥230, 232
価格破壊のメカニズム‥‥‥‥‥230, 232
勝ち組外資‥‥‥‥‥‥‥‥‥‥‥262
カテゴリーキラー‥‥‥‥‥‥‥‥128
株仲間‥‥‥‥‥‥‥‥‥‥‥‥‥‥36
環境重視型の調整‥‥‥‥‥‥‥300, 305
間接的流通政策‥‥‥‥‥‥‥‥‥332
完全機能卸売業‥‥‥‥‥‥‥‥‥‥61
管理価格‥‥‥‥‥‥‥‥‥‥‥‥222
管理的系列化‥‥‥‥‥‥‥‥‥218, 219

き

企画提案型の卸売業者‥‥‥‥‥‥‥87
機関商業‥‥‥‥‥‥‥‥‥‥‥‥‥‥7
企業家‥‥‥‥‥‥‥‥‥‥‥‥‥‥151
企業家精神‥‥‥‥‥‥‥‥‥‥‥151
企業家的リーダー‥‥‥‥‥‥‥‥158
企業主義‥‥‥‥‥‥‥‥‥‥‥‥172
企業政策‥‥‥‥‥‥‥‥‥‥‥‥279
企業的経営‥‥‥‥‥‥‥‥‥‥‥200
企業メセナ‥‥‥‥‥‥‥‥‥‥‥155
疑似百貨店‥‥‥‥‥‥‥‥‥‥170, 171
疑似百貨店問題‥‥‥‥‥‥‥‥172, 288
規制緩和‥‥‥‥‥‥‥‥‥‥‥‥289
規制緩和推進運動‥‥‥‥‥‥‥289, 301
規制緩和の目的‥‥‥‥‥‥‥‥289, 301
規制緩和ブーム‥‥‥‥‥‥‥‥290, 301
擬制的労働者‥‥‥‥‥‥‥‥‥‥203
機能主義‥‥‥‥‥‥‥‥‥‥‥‥‥19
機能的アプローチ‥‥‥‥‥‥‥‥‥17
欺瞞的な規制緩和‥‥‥‥‥‥‥291, 302
客層専門店‥‥‥‥‥‥‥‥‥‥‥131
キャッシュ＆キャリー‥‥‥‥‥‥‥88
QR‥‥‥‥‥‥‥‥‥‥‥‥‥‥80, 81
90年代流通ビジョン‥‥‥‥‥‥178, 179
狭義商業‥‥‥‥‥‥‥‥‥‥‥‥‥‥6
狭義の中小小売業‥‥‥‥‥‥‥‥‥94

狭義の中小商業問題‥‥‥‥‥‥189, 194
協業的卸売機関‥‥‥‥‥‥‥‥‥‥63
業種‥‥‥‥‥‥‥‥‥‥‥‥‥‥94, 95
業種別限定卸売業‥‥‥‥‥‥‥‥‥61
業種別総合卸売業‥‥‥‥‥‥‥‥‥60
競争維持政策‥‥‥‥‥‥‥‥‥‥280
競争制限的な出店調整‥‥‥‥‥‥300
業態‥‥‥‥‥‥‥‥‥‥‥‥‥95, 107
業態小売業‥‥‥‥‥‥‥‥‥‥‥272
業態認識‥‥‥‥‥‥‥‥‥‥‥107, 109
協同組合卸売業‥‥‥‥‥‥‥‥‥‥63
共同専売代理店契約‥‥‥‥‥‥‥213
局地卸売業‥‥‥‥‥‥‥‥‥‥‥‥61
巨大流通外資‥‥‥163, 250, 258, 266, 268, 273
ギルド‥‥‥‥‥‥‥‥‥‥‥‥‥41, 42
近隣型商店街‥‥‥‥‥‥‥98, 144, 154, 309

く

クリアランスストア‥‥‥‥‥‥‥102

け

計画的陳腐化‥‥‥‥‥‥‥‥‥‥‥23
経済政策‥‥‥‥‥‥‥‥‥‥‥‥279
経済センサス‥‥‥‥‥‥‥‥‥‥‥71
経済的規制‥‥‥‥‥‥‥‥‥‥303, 310
系統販売卸売機関‥‥‥‥‥‥‥‥‥63
契約による系列化‥‥‥‥‥‥‥‥218
系列‥‥‥‥‥‥‥‥‥‥‥‥‥‥252
限界集落‥‥‥‥‥‥‥‥‥‥‥‥146
限界商店街‥‥‥‥‥‥‥‥‥‥‥146
現金問屋‥‥‥‥‥‥‥‥‥‥‥‥‥62
現金持ち帰り卸売業‥‥‥‥‥‥62, 88
現代マーケティングの構図‥‥‥‥‥23
限定機能卸売業‥‥‥‥‥‥‥‥‥‥62

こ

広域卸売業‥‥‥‥‥‥‥‥‥‥‥‥61
広域型商店街‥‥‥‥‥‥‥‥‥‥‥98

事項索引 347

交換機能 …………………………7, 17
交換説 ……………………………………3
広義商業 …………………………………6
広義の環境アセスメント …………311
高級ブランド専門店 ………………240
工業化の論理 ………………………229
公共政策 ……………………………279
小売 …………………………………91
小売アコーディオン仮説 …………116
小売市場 ……………………………99
小売業 ………………………………91
小売業態 ………………107, 112, 123
小売業態化 …………………………152
小売業態経営 ………………………152
小売業態創造型卸売業 ………………87
小売業態論 …………………………109
小売業の概念 …………………………91
小売業の基本機能 ……………………92
小売業の社会的役割 ………………103
小売業のタイプ分類 ………………110
小売兼営卸売業 ………………………63
小売支援 …………………………58, 84
小売直取引卸 …………………………59
小売集積 ……………………………98
小売商 ………………………………91
小売商業調整政策 ……………251, 280
小売商業調整特別措置法 ……175, 286
小売商主宰ボランタリー・チェーン …134
小売店舗 ……………………………91
小売の輪仮説 ………………………112
小売ミックス ………………………96
小売3つの輪仮説 …………………118
小売ライフ・サイクル ……………121
小売ライフ・サイクル仮説 ………120
小売流通政策 ………………………286
顧客志向の経営 ………………151, 152
国際流通政策 …………283, 289, 296
国内流通政策 ………………………282

5条届出 ………………………………180
個別的契約形態 ……………………219
コミュニティー・マート構想 ……284
コンシューマリズム …………222, 227
コンビニエンスストア ……………126

さ

再改正中心市街地活性化法 ……300, 325
最終卸 ……………………………46, 59
最終消費者 …………………………56
再販売購入行為説 ……………………4
座商人 ……………………………34, 35
産業購買者 …………………………56
産業財卸売業 ………………………60
産業の空洞化 ………………………239
3条届出 …………………………145, 180
産地卸売業 …………………………61

し

GMS ………………………………126
C to C ……………………………271
C to B ……………………………271
G5 …………………………………247
自覚的消費者 …………………217, 305
直取引卸 ……………………………59
時間的距離 ……………………………1
市場開放政策 …………………292, 296
市場原理 ……………………………301
市場原理重視型流通政策 ……279, 300
システムズ・アプローチ ……………19
事前説明 ……………………………179
資本参加による系列化 ………218, 219
資本統合的流通政策 ………………214
地元民主主義 ………………………313
社会的危険負担機能 …………………67
社会的規制 ……………………303, 310
社会的規制法 …………………303, 310
社会的距離 ……………………………1

社会的排除問題 …………………188
社会的有効性概念 ………………285
社会保障制度 …………………283, 284
シャンパーニュの大市 …………43, 50
集荷卸売業 ………………………61
集荷分散機能 ……………………64
就業者 ……………………………71
集散地卸売業 ……………………61
集中貯蔵の原理 …………………66
需給結合機能 ……………………65
需給調整機能 ……………………65
出色小売店 ……………………151
出店規制強化策 ………………251
主婦の店運動 …………………125, 230
主要小売業態 …………………123
純粋流通 …………………………2
商業 ……………………………3, 13
商業機能 ………………………3, 7
商業者商標 ……………………93
商業者メセナ …………………155
商業集積 ………………………98, 105
商業集積法 ……………………284, 287
商業先進国 ……………………272
商業統計 ………59, 71, 91, 94, 110, 139, 187, 316
商業における自由参入 …………36, 49
商業の空洞化 …………………105
商業の領域 ……………………6
商圏 ……………………………61
上層・下層同時育成 …………331
商店街 …………………………98, 143
商店街の崩壊現象 ……………143
商取引慣行 ……………………252, 275
商人ギルド ……………………42, 49, 50
消費財卸売業 …………………60
消費者 …………………………304
消費者運動 ……………………227
消費者主義 ……………………227
消費者主権統合型マーケティング・チャネル …………………………222
消費者の低価格志向 …………232
消費者の4つの権利 …………227
消費者保護 ……………………172, 174
消費者保護運動 ………………227
消費者利益 ……………………185, 215, 304
消費地卸売業 …………………61
消費の二極化現象 ……………240
商品券 …………………………165
商品3分類法 …………………17
商品別アプローチ ……………16
商法上の問屋 …………………56, 63
情報提供機能 …………………84
情報的距離 ……………………1
情報伝達機能 …………………57, 93
商流 ……………………………2, 17, 92
商流機能 ………………………7, 17
助成的機能 ……………………7, 17
ショッピングセンター …………100
ショップ ………………………152
ショップ化 ……………………150
所有権移転機能 ………………92
真空地帯仮説 …………………114
新古典派経済学 ………………301
新ベンダー型の卸売業者 ………87

す

数量的距離 ……………………1
ストア …………………………152
ストア化 ………………………150
ストア・ブランド ……………93
スーパーマーケット …………124

せ

生活者 …………………………191, 217, 304
生活者運動 ……………………227
生業的経営 ……………………200

政策 …………………………………279
政策的系列化 ……………………219
生産営利区別説 ……………………4
生産説 ………………………………4
政治家的リーダー ………………158
製造卸売機関 ………………………63
製造卸売業 ……………………62, 63
製造小売業 ……………62, 63, 91, 92
制度的(機関的)アプローチ ………15
製販同盟 …………16, 79, 85, 226, 248
世界流通ビッグバン ……………271
セールス・プロモーション ………12
全機能卸売業 ………………………62
専業卸売業 …………………………60
全国卸売業 …………………………61
全国商標 ……………………………86
潜在的失業者のプール ……………45
専属的チャネル政策 ……………213
選択的チャネル政策 ……………213
専門卸売業 …………………………61
専門店 ……………………………131
専門品 ………………………………17

そ

総合卸売業 …………………………60
総合スーパー ……………………126
ソサイエタル・マーケティング …24
組織化小売業 ………………………97
ソーシャル・アプローチ …………22
ソーシャル・マーケティング ……22

た

第1次卸売業 ………………………59
第1次百貨店法 ……………165, 166, 167
第1種大型店 …………146, 176, 182, 315
第1種零細小売商業施設 ……196, 198
第1種零細小売商(層) ……………196
第3次卸売業 ………………………59

大衆消費市場 ……………………125
対症療法からの転換 ……………330
大店法 …………145, 172, 175, 184, 238, 251, 275, 283, 285, 288, 294, 299, 300, 303, 305, 314
大店法関連5法 …………………180
大店法調整過程の不透明性 ……314
大店法の規制緩和 ……146, 178, 184, 238, 288, 293, 296, 300, 314, 328
大店立地法 ……146, 185, 287, 299, 306, 309, 314, 325
大店立地法施行後の状況 ………314
大店立地法の概要 ………………306
第2次卸売業 ………………………59
第2次百貨店法 ……168, 170, 171, 251, 286
第2種大型店 …………146, 176, 182, 315
第2種零細小売商業施設 ………196
第2種零細小売商(層) ……………196
代理商 ………………………56, 63, 64
対立型マーケティング・チャネル …222
建値制 ………………………77, 78, 238
楽しいまちづくり ………………154, 156
他部門直取引卸 ……………………59
W/R比率 …………………………51
ダブル・ブランド ………………226
単一商品専門店 …………………131

ち

地域卸売業 …………………………61
地域型商店街 ………98, 144, 145, 185, 309
地域公共交通活性化・再生法 …327
チェーン・オペレーション …97, 132
チェーン・ストア ………………97, 132
チェーン・ストア経営 …………97, 132
地方卸売業 …………………………61
地方都市再興3法 ………………327
地方都市の空洞化 ………………147
チャネル ……………………………15, 205

チャネル・アドミニストレーター ……210
チャネル管理政策 ………………216
チャネル・キャプテン …………16, 209
チャネル・コマンダー …………210
チャネル・コントロール …………213, 218
チャネル修正政策 ………………216
チャネル設計政策 ………………215
チャネル・ミックス戦略 …………226
チャネル・リーダー ……………210
中央卸売業 ………………………61
中間卸 ……………………………46, 59
中継卸売業 ………………………61
中小企業基本法 …………………59, 94
中小企業分野調整法 ……………175, 294
中小小売業 ………………………94
中小小売商業振興法 ……………283, 286
中小商業問題 ……………………53, 163
中心市街地活性化協議会 ………323, 326
中心市街地活性化法 ……105, 160, 284, 287, 311, 322
中心市街地の空洞化問題 ………190
中心商店街 ………………147, 185, 191, 202, 309
帳合料（ペーパーマージン）……80
超広域型商店街 …………………98
直接的流通政策 …………………332
直送卸売業 ………………………62
地理的距離 ………………………1
陳列棚卸売業 ……………………62

つ

通信卸売業 ………………………62

て

DIY 店 ……………………………129
ディスカウンター ………………127
ディスカウントストア …………127, 231, 235
ディスカウントハウス …………128
ディーラー・ヘルプス …………210

デパートメント・ストア宣言 ……124, 164, 165
店舗営業 …………………………37, 50
店舗主義 …………………………172

と

問 …………………………………34
問丸 ………………………………34, 35
同業組合 …………………………165
独占産業資本 ……………………126
独占的流通経済政策 ……………283
特約店制 …………………………76, 77
独立卸売業 ………………………63
独立小売業 ………………………97
都市計画法の改正 ………………305, 306, 323
都市再生特別措置法 ……………327
都市の空洞化現象 ………………202
独禁法 ……………………………280, 291
特権的商人組織 …………………49
ドラッグストア …………………128
取引企業説 ………………………5
取引総数極小化の原理 …………65
取引チャネル ……………………206

な

仲買商人 …………………………208
仲立業 ……………………………56, 63, 64
ナショナル・チェーン …………98
ナショナル・ブランド …………85

に

日米構造問題協議 ………………180, 182, 257, 293
日本型パワーセンター …………100, 101

の

望ましい小売流通政策（ないしは中小商業政策）………………329, 330, 332

は

配給 …………………………………5, 13
配給組織体説 ………………………………5
80年代の流通ビジョン ……………178, 284
歯抜け商店街 …………………………98, 185
バラエティストア ………………………128
パワーセンター …………………………100
パワーリテイラー ………………………101
VAN ………………………………………80
反産運動 …………………………………166
反百貨店運動 ………………165, 166, 168

ひ

B to C ……………………………………271
B to B ……………………………………271
PB 商品 ………………231, 235, 236, 237
100円ショップ …………………………240
百貨店 ……………………………………123
百貨店大衆化の時期 ……………………164
百貨店問題 ………………………………164
品質的距離 …………………………………1

ふ

VC …………………………………………158
フードデザート ……………………192, 200
フードデザート問題 ………………192, 193
不確実性プールの原理 …………………66
不完全機能卸売業 …………………………62
複合的チャネル・システム ……………226
複合的なチャネル政策 …………………226
物的流通チャネル ………………………205
物品販売施設 ……………………………195
物流 ……………………………2, 17, 205
物流機能 …………………7, 17, 83, 93
物流システム ………………………205, 206
プライベート・ブランド …………………92
フランチャイザー ……………………137, 197

フランチャイジー ………………………137
フランチャイズ・システム ……127, 135, 137, 158
フランチャイズ・チェーン …98, 135, 138
フランチャイズ・フィー ………………137
ブランド別専門店 ………………………131
プロダクト・ミックス …………………209
プロモーション …………………………11
分散卸売業 ………………………………61

へ

弁証法仮説 ………………………………117
ベンダー・システム ………………………86

ほ

包括的契約形態 …………………………219
傍系商業 ……………………………………7
POS システム …………………81, 150
ホーム・インプルーブメント・センター
………………………………………129
ホームセンター …………………………129
ボランタリー・チェーン …97, 133, 134, 288
ボランタリー・チェーン・システム …158
本・支店経営 ………………………………97

ま

前川レポート ……………………………293
マクロ的チャネル概念 …………………206
負け組外資 ………………………………262
マーケティング …………………7, 8, 9, 13
マーケティング環境 ………………11, 18
マーケティング機能 ……………………17
マーケティング経済論 ……………………26
マーケティング・コンセプト ……………18
マーケティング事象の分類 ……………10
マーケティング・チャネル ……30, 206, 222
マーケティング・マネジャー ……………11
マーケティング・ミックス ………………11

ま

まちづくり ················105, 148, 284
街づくり会社構想 ··················284
まちづくり3法 ·········159, 300, 320
まちのシンボル化 ··················155
マネジリアル・アプローチ ········18
マネジリアル・マーケティング ···18
マルティプル ·······················255

み

ミクロ的チャネル概念 ············206

む

無店舗小売業 ·······················98
無店舗販売 ··························92

め

メインの原則 ···············59, 91, 94
メーカー希望小売価格 ···78, 229, 238
メーカー系列化組織 ···············210
メーカー・サポート機能 ············85
メーカー主宰ボランタリー・チェーン ···133
メーカー主導型チャネル・システム ···222
メーカー主導型流通 ············77, 222
メーカー主導型流通システム ···249

も

元卸 ······························46, 59
最寄品 ································17

ゆ

有店舗小売業 ·······················98
輸出限界レート ····················239
輸入促進政策 ················292, 296
輸入の形態 ····················247, 248

よ

用途別専門店 ······················131
横出し規制 ························182

寄合スーパー ·······················99
寄合百貨店 ·························99
4P ································8, 11

ら

楽市・楽座 ··························36
ラック・ジョバー型の卸売業者 ···87
ラファラン法 ······················255

り

リージョナル・チェーン ············98
リテイル・サポート ·················84
リベート ·····························78
流通 ·······························1, 13
流通外資 ············247, 249, 251, 254
流通外資の脅威 ····················258
流通外資の進出状況 ···············256
流通革命論 ··················172, 174
流通関連法規 ··················27, 28
流通機関 ·····························16
流通機構 ····2, 29, 30, 43, 51, 52, 126, 200, 304
流通規制緩和 ···········275, 300, 301
流通機能 ···························3, 17
流通機能の効率化政策 ············280
流通競争政策 ······················281
流通経済政策 ················282, 283
流通系列化 ················163, 218, 220
流通系列化政策 ··············220, 221
流通経路 ··············29, 30, 44, 52
流通システム ··················29, 33
流通社会政策 ················282, 283
流通情報システム化 ············80, 81
流通振興政策 ······················281
流通政策 ··········279, 280, 281, 299, 329
流通政策の目的 ····················280
流通チャネル ·················205, 206
流通チャネルの系列化 ············218

流通チャネルの決定要因 …………………208
流通チャネルの類型 ……………………207
流通調整政策 ……………………………281
流通の国際化 …………………………82, 247
流通有効性 ………………………………280
量販店 ……………………………………126

れ

例外なき規制緩和 ………………………290
零細小売業問題 ……………………188, 190
零細小売商業施設 ……………187, 196, 198
零細小売商業施設の存在意義 ……188, 198
レギュラー・チェーン ………………97, 132

ろ

ロイヤルティー …………………………137, 158
ローカル・チェーン ………………………98
ローコストオペレーション ………83, 235
ロジスティックス ………………………205
ロードサイドショップ ……………129, 130
ロードサイドリテイラー ………………130

人名・団体名索引

あ行

IGA …………………………………134
阿部真也 ……………………………285
アホールド …………………………267
アメリカマーケティング協会（AMA）…8, 207
eマーケットプレイス ………………271
イオン ………………………………249
イズラエリ（Izraeli, D.）……………118
糸園辰雄 ………………………94, 166, 282
岩間信之 ………………………188, 200
ウォルマート …………250, 255, 261, 267
宇野政雄 ………………………191, 200
A＆P …………………………………133
江尻弘 ………………………………214
大型店問題懇談会 …………………176
大野正道 ………………………303, 310
大橋正彦 ……………………………107
オ・ボン・マルシェ（Au Bon Marché）
 ………………………………………123
オルダーソン（Alderson, W.）…15, 19, 20, 24, 209

か行

軽井沢グループ ……………………290
カルフール ……250, 259, 263, 267, 273
カレン, マイケル（Kullen, Michael）…125
川端基夫 ……………………………248
ギスト（Gist, R. R.）………………117
紀ノ国屋 ………………………125, 170
行政改革委員会 ……………………289
キング・カレン（King Kullen）……125
久保村隆祐 …………………………279

クラーク（Clark, F. E.）……………3, 7
経済改革研究会 ……………………290
ケリー（Kelley, E. J.）…………19, 20
コカ・コーラボトラーズ …………138
小島郁夫 ………………………253, 272
コストコ ………………250, 258, 259
コックス（Cox, R.）…………………20
コトラー（Kotler, P.）…22, 110, 208
小西滋人 ……………………………107
コープランド（Copeland, M. T.）……17
コンバース（Converse, P. D.）…15, 206

さ行

GNX …………………………………271
事々前商調協 …………………312, 313
事前商調協 ……………180, 312, 313
ショー（Shaw, A. W.）………………7
商業活動調整協議会（商調協）…169, 181, 312, 313
白髭武 ………………………………13
シンガー・ミシン社 ………………138
杉野幹夫 ……………………………82
鈴木武 …………………………279, 280
鈴木安昭 ……………………………107
スタントン（Stanton, W. J.）………110
正式商調協 ……………………180, 181
世界小売業購買連合 ………………271

た行

ダイエー ………………………125, 170
ダイエー薬局・主婦の店 …………229
大規模小売店舗審議会（大店審）…180, 186
竹林庄太郎 ……………………164, 189
田島義博 ……………………………279

人名・団体名索引　355

ダビッドソン（Davidson, W. R.）……120
WWRE ……………………………271
地方大店審 ………………………182
通産省大店審 ……………………182
テスコ ……………250, 261, 267, 274, 277
トイザらス ………………249, 256, 257
土肥健夫 …………………………320

な行

中内㓛 ………………………125, 170, 229
並木貞人 …………………………173
日本小売業協会 …………………107
日本マーケティング協会（JMA）……8
ニールセン（Nielsen, O.）…………114
野口智雄 …………………………315

は行

バス（Bass, S. J.）…………………120
馬場雅昭 …………………………196
ハロウェイ（Holloway, R. J.）………24
ハワード（Howard, J. A.）…………206
ハンコック（Hancock, R. S.）………24
番場博之 ………………………197, 251
樋口兼次 ………………52, 156, 199
百貨店委員会 ……………………166
百貨店審議会 ……………………169
平岩研究会 ………………………290
フィスク（Fisk, G.）………………25
福田敬太郎 ………………………5
ブーシコー，アリスティド（Boucicaut, Aristide）………………………123
二神康郎 …………………………272
フランクフォード・グロウサリー……134
ブランド（Brand, E.）………………116

ベイツ（Bates, A. D.）………………120
ホランダー（Hollander, S. C.）………116
ホール（Hall, M.）…………………65
ボルティモア・ホールセイル・グロウサリー ……………………………134

ま行

マイカル ………………………240, 250
マクネア（McNair, M. P.）…………112
マッカーシー（McCarthy, E. J.）……18
マリオン（Marion, B. W.）………199, 295
マルクス（Marx, K.）………………2
三浦展 ……………………………202
三浦功 ……………………………151
三上富三郎 ………………………222
三橋重昭 …………………………146
宮原義友 …………………………6
向山雅夫 …………………………109
メトロ ……………250, 261, 267, 277
森宏 ………………………………279

や行

保田芳昭 ………………………26, 282, 289
矢作弘 ……………………146, 199, 309

ら行

臨時行政改革推進審議会 …………289
臨時行政調査会 …………………289
レイザー（Lazer, W.）………19, 20, 22, 23
レッド・アンド・ホワイト ………134
ローゼンブルーム（Rosenbloom, B.）…215

わ行

鷲尾紀吉 …………………………86

〈著者紹介〉

坂 本 秀 夫（さかもと ひでお）

昭和28年	福井県春江町に生まれる
昭和51年	早稲田大学商学部卒業
昭和54年	早稲田大学大学院商学研究科博士前期課程修了
昭和62年	同大学院同研究科博士後期課程修了
現　在	明星大学経済学部・大学院経済学研究科教授，中央大学経済学部講師，中央学院大学大学院商学研究科講師，博士（商学）

主要著書
(単　著)
『日本中小商業の研究』（信山社，平成元年），『現代マーケティング概論』（信山社，平成5年），『現代中小商業問題の解明』（信山社，平成6年），『現代日本の中小商業問題』（信山社，平成11年），『大型店出店調整問題』（信山社，平成11年），『現代流通の解読』（同友館，平成13年），『日本中小商業問題の解析』（同友館，平成16年），『現代マーケティング概論（第2版）』（信山社，平成17年），『新版・現代流通の解読』（同友館，平成17年），『現代流通の解読（三訂版）』（同友館，平成20年），『日本中小商業問題の解析（改訂版）』（同友館，平成22年），『現代中小商業論』（同友館，平成24年）

(共編著)
『ロードサイドショップ』（同友館，平成5年）

(共　著)
『最新マーケティング総論』（実教出版，昭和60年），『現代資本主義と流通』（ミネルヴァ書房，平成元年），『21世紀型企業』（同友館，平成2年），『新時代のマーケティング理論と戦略方向』（ぎょうせい，平成4年），『現代経営学要論』（同友館，平成6年），『現代経営管理の研究』（信山社，平成8年），『流通国際化と海外の小売業』（白桃書房，平成9年），『ロードサイド商業新世紀』（同友館，平成11年），『基本マーケティング用語辞典（新版）』（白桃書房，平成16年），『経営管理論』（理想書林，平成18年），『現代流通事典』（白桃書房，平成18年）

学会賞　第2回日本商業施設学会賞（平成17年9月）および第9回日本流通学会賞（平成17年10月）受賞

現住所　〒339-0065　埼玉県さいたま市岩槻区宮町2-6-1

2016年1月27日　初版第1刷　発行

現代流通の諸相

著　者　©坂本秀夫
発行者　脇坂康弘

発行所　株式会社　同友館

〒113-0033　東京文京区本郷3-38-1
TEL　03-3813-3966
FAX　03-3818-2774
URL　http://www.doyukan.co.jp/

ISBN978-4-496-05179-1　C3034
落丁・乱丁本はお取り替え致します。

シナノ印刷／東京美術紙工
Printed in Japan